絵と文
増田 奏

そもそも
こうだよ
住宅設計

X-Knowledge

はじめに

まずはじめに、住宅設計を始めたあなたに「おめでとう！」と
言いましょう。なぜならば、住宅設計とはモノを扱うようでいて
じつはヒトのほんの一瞬から一生までを考える仕事だからです。
言い換えれば、モノを通して人の想いや人々の暮らしを
深く考える作業です。素敵じゃありませんか？
そんな仕事を始めたあなたの門出を私はお祝いします。
住宅設計の根本にあるべきものが、カタチではなくキモチであると
知ってさえいれば、あなたの行く道は遠いモノではなく
いつもあなたの足元にあります。まず、自分はどう考えるのか。
次に、相手がそれをどう思うか。ここから思い起こしてください。
判断の起点は、いつもキモチにあります。
とはいえ、足元には問題が山積みです。床・壁・天井・窓・屋根……
カタチにまつわる事柄は膨大だし、簡単ではない。たいへんです。

目が回るほどです。だからこそ、自分の素直な感覚を大切にし
素朴な疑問を抱き、足元から問い直す姿勢を忘れないでいただきたい。
住宅設計に日夜いそしんでいるうちに、ともすれば
遠い彼方をさまよいがちなあなたを、私は心配します。
何を隠そう、私自身がこれまで遠い彼方を彷徨してきました。
この歳になってやっと自分の足元から考えられるようになりました。
当たり前のことを普通にです。すると……住宅設計について
思い込んでいたり、勘ちがいしていた数々のことに気が付いたのです。
あなたに私と同じ遠回りをしてほしくない。それで、この本を書きました。
住宅設計上で疑いもせず盲信していたこと、考え過ぎて本末転倒していたこと。
住宅設計全般にわたって並べたつもりですが
私個人の興味に偏っていることは否めません。ただ、この本のどこかで
たまたまあなたと出会って、「思えば遠くへ来たもんだ」と
笑いながら一緒に家路に着ければ、嬉しくおもいます。

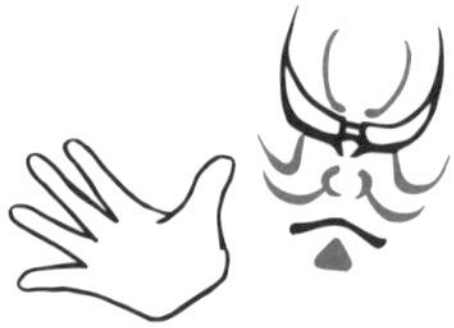

そもそもこうだよ住宅設計　目次

第2章 設計のキモ

第3章　空調と構造

装丁・デザイン　山田知子（chichols）
DTP　ユーホーワークス

第1章

図面と現場

キホン

その一

建物は水平・垂直・直角がシャンとしてこそ凛々しい

水準器、下げ振り、水糸

精度を高めるのは単純明快なこんな道具たち。

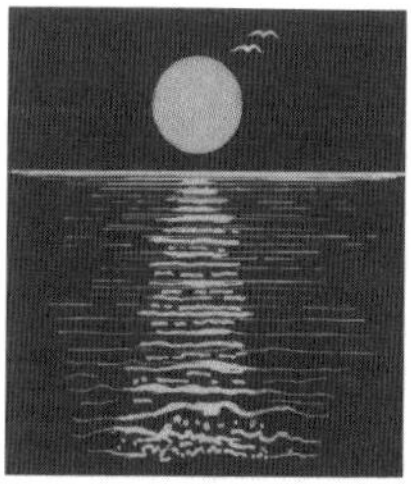

ロクでなしの「ロク」とは？

一級建築士資格検定試験を受験したのはもう40年以上も前のことだ。試験内容はもうすっかり忘れちまったが、クソ真面目な問題のなかでひとつだけニヤッとさせられた1問をおぼえている。次の5種類の動物のなかで、建築用語でないものはどれか？——サル・ウマ・ネコ・トラ・ラクダ（キリンだったかな？）

正解は「ラクダ」。

建物の中には、人とペットのほかにもさまざまな生き物が棲んでいる。ハト、トンボ、イナゴ、アンコウ、デンデン、アリ……。棲み込まなかったけれど、建設時に活躍してくれたトビやクレーン（鶴）。

日常用語として使われている建築用語やフレーズもあるぞ。「ガラン（伽藍）としている」「釘を刺す」「いの一番（通り芯符号）」「はめ（羽目板）をはずす」「しのぎ（鎬）を削る」「うだつ（卯建）が上がらない」「建前」「几帳面」……。そんななかから取り上げたいのが、「ロクでなし」と「タチが悪い」のふたつ。チャンとしていない厄介者の代名詞だな。「ロク」「タチ」は漢字で「陸」「建ち」と書き、もともとは建築用語で水平・垂直を意味する。これに、直角の「カネ（矩）」も加えよう。

建物は、水平・垂直・直角がシャンとしていなければ凛々しくないし、品性に欠ける。安全性や耐久性に支障をきたすことだってある。優雅な曲線やお洒落な斜めも結構だけれど、基本を押さえておかなければ幼稚な化粧に過ぎず、意匠とは言えない。

水平・垂直・直角の三拍子がそろっているのが「精度」。「精度」と唱えると厳しく聞こえるかもしれないが、そんなことはない。この三拍子を整えるのは、いたって簡単なことなのです。

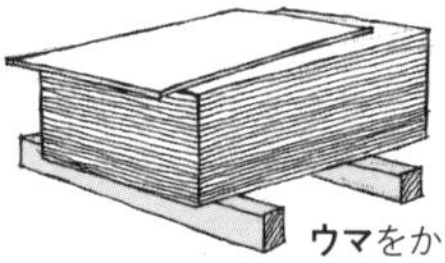

ウマをかます

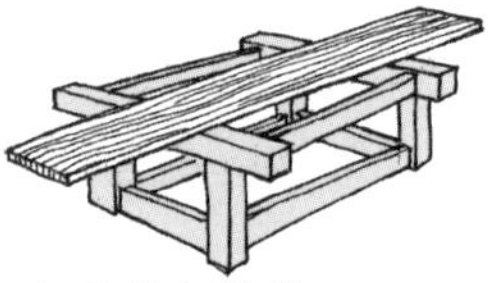

ウマに乗せて作業

ネコ（車）

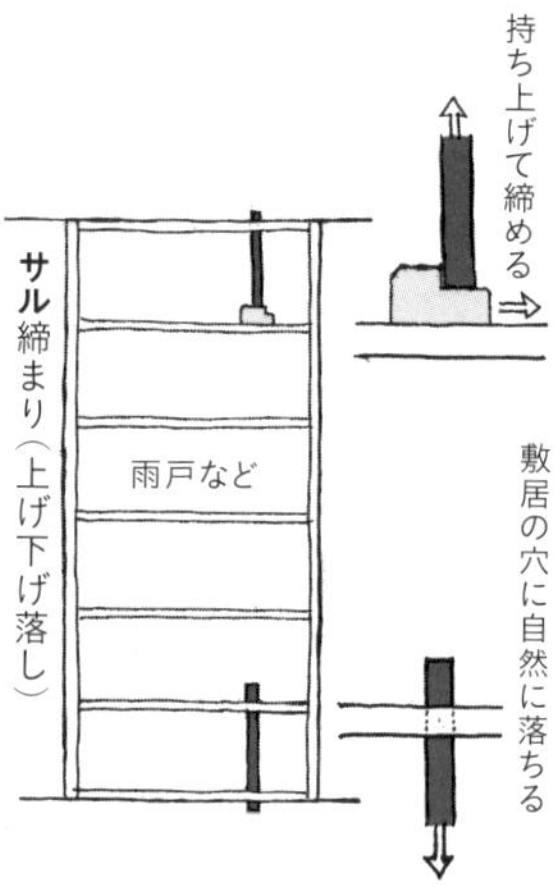

サル締まり（上げ下げ落し）

クレーン

トビ

トラロープ（黄色と黒）

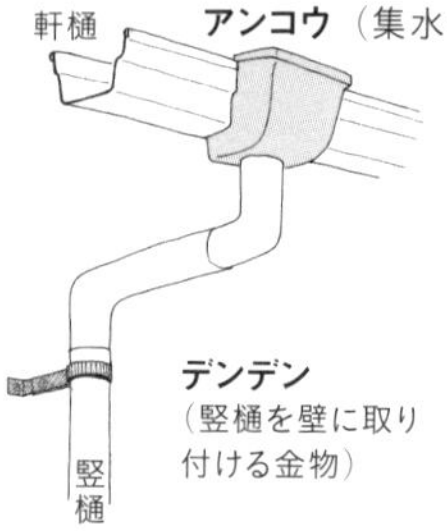

アンコウ（集水枡）

デンデン（竪樋を壁に取り付ける金物）

棹縁天井の裏側で天井板をくわえる**イナゴ**の群れ（天井板ははずせる）

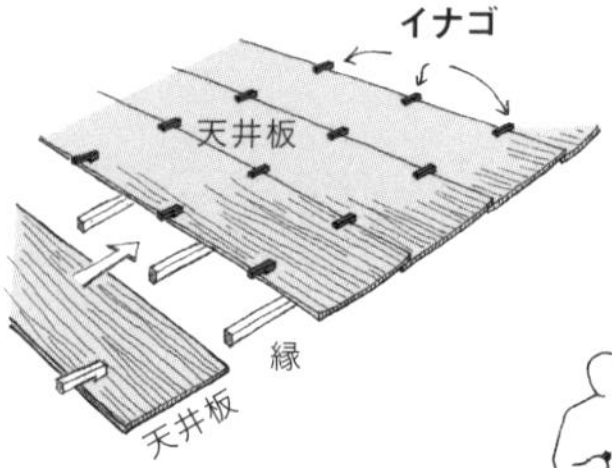

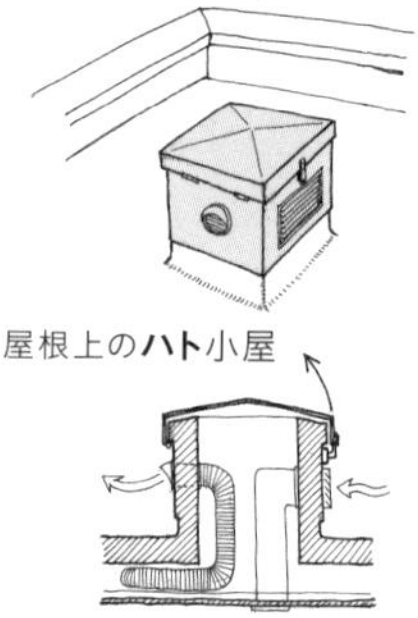

屋根上の**ハト**小屋

横架材どうしの継手の一種「腰かけ**蟻**継ぎ」

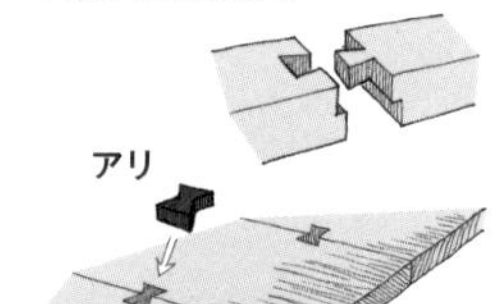

アリ

厚い板材どうしを接《は》ぐための堅木製ジョイント

トンボ

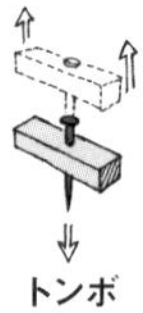

トンボ

接着剤が乾くまで板材を仮止めしておく引き抜き棒が付いたピン釘

トンボ

左官材が下地材によくからむように下地材に打ち込むスサ付ピン

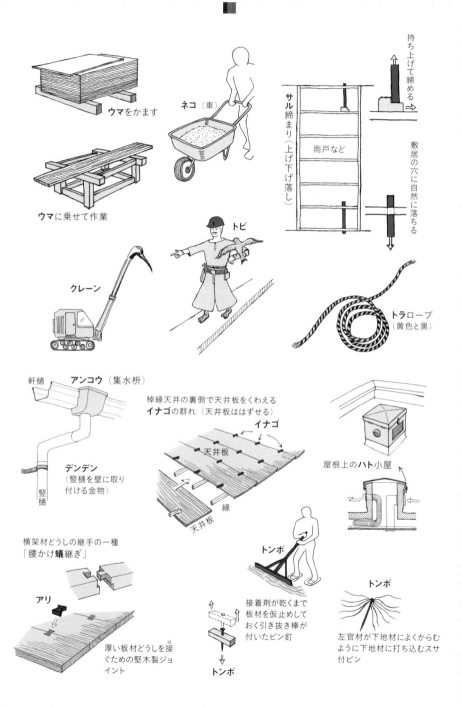

ロク＝水平

文字どおり、水は放っておけば勝手に平らになる。
地球のどこでも、雨上がりの水たまりは完璧な水平なのだ。

水準器

部材の水平を測る水準器は、水の単純明快な原理を利用している。泡の左右で、水が平らになろうとしているのさ

電気工事で使われる
水準器付テンプレート定規

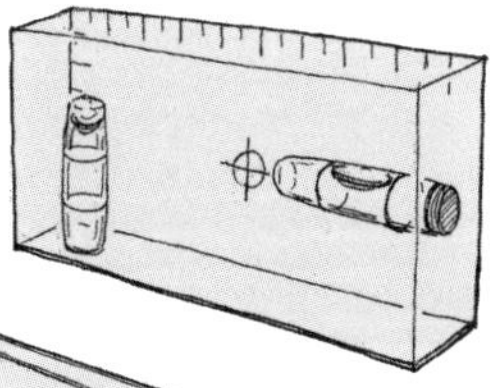

水平でないことを「陸がとれていない」という

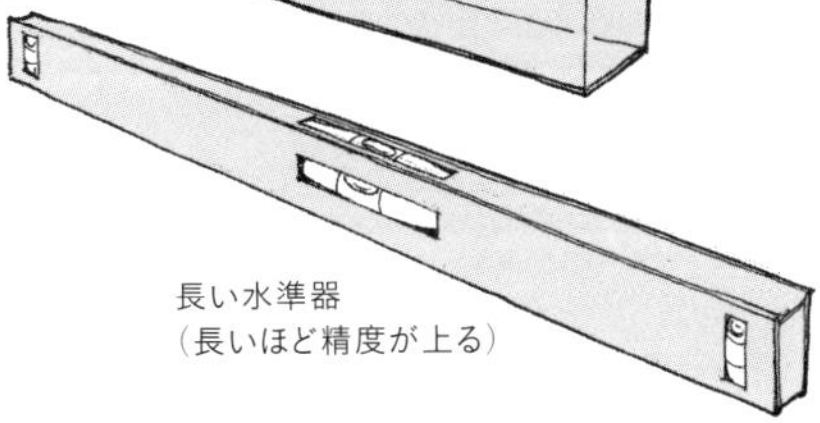

長い水準器
（長いほど精度が上る）

レベラー

基礎の上端や床仕上げの水平精度を高めるためのレベラーにいたっては、液体の性質をそのまま利用している。たいへん素直でよろしい

基礎天端均し
「レベラー」

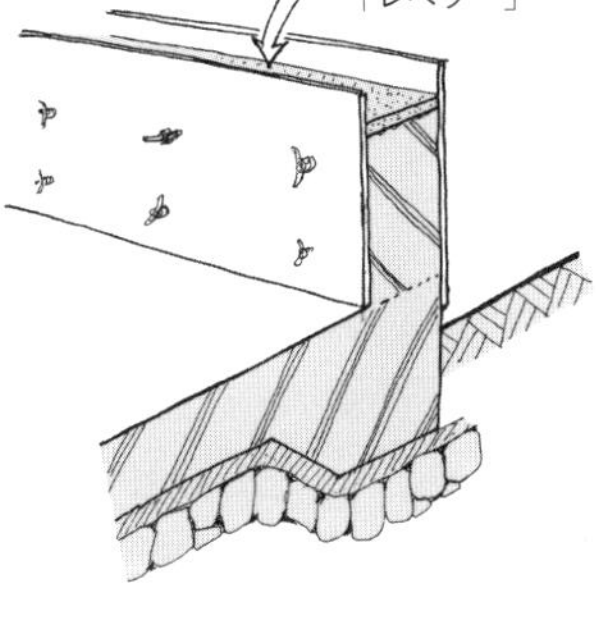

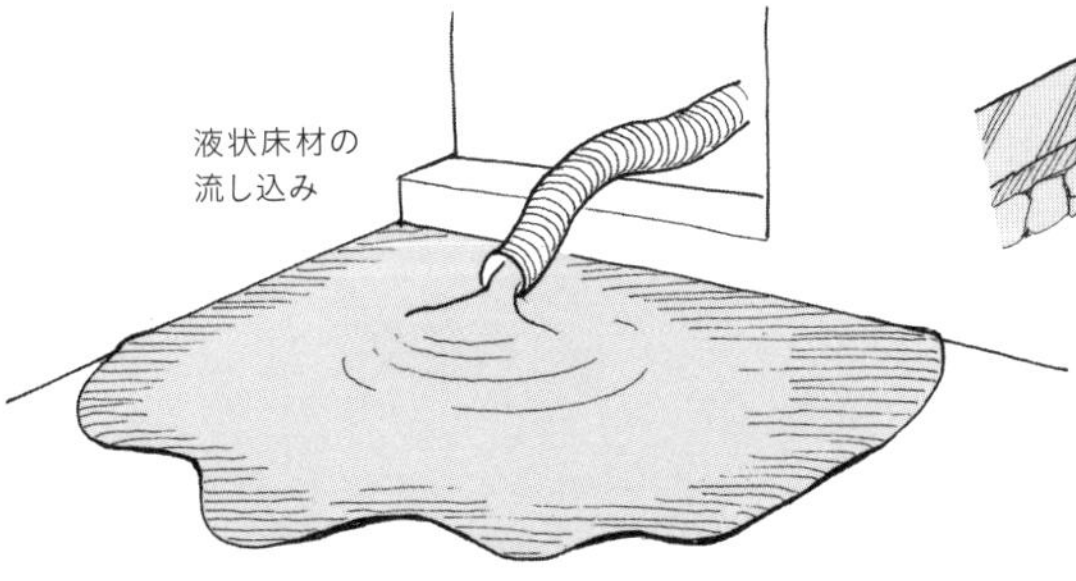

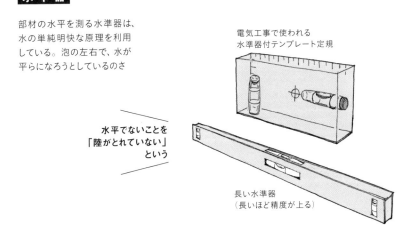

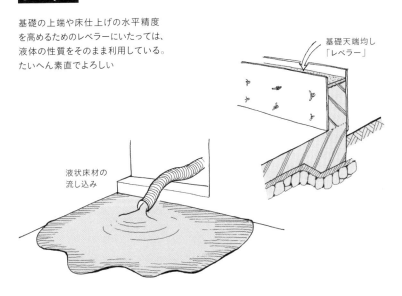

タチ＝垂直

垂直とは、地球からの万有引力の方向のこと。
「タチが悪い」とは垂直がいい加減なことを言う。

下げ振り

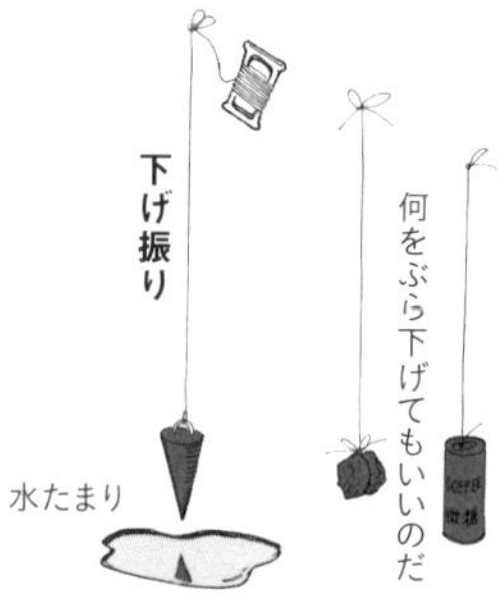

垂直を正すには、水準器に並設されているもうひとつの泡目盛を使ってもよいが、もっと簡単で正確なのが下げ振り。下げ振りも、これまた素直でよろしい

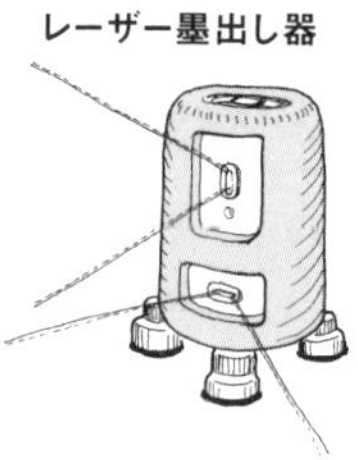

レーザー墨出し器も、ケースの中には重りがぶら下がっていて、その垂線を基準に垂直と水平を割り出しているだけだ

直角＝90°

「矩《かね》が狂っている」とは直角のはずが、わずかでも直角でないこと。
89.5度だろうが90.5度だろうがダメなものはダメです。

スコヤ

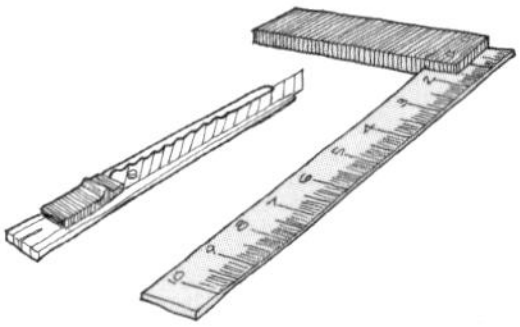

小さな細工物や模型づくりなら、スコヤで十分だろう〈スコヤはスクエア（square）がなまった語〉

曲尺

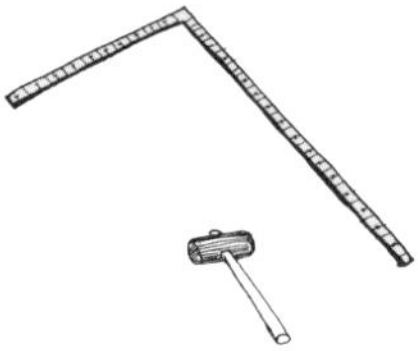

もう少し大きなものを扱うなら、曲尺《かなじゃく》（矩尺とも）でよい。余談になるが、曲尺は寸法を測ったり、矩を得たりするだけでなく、その裏面の目盛を使って、周長や対角長を知ることもできる

カネ＝直角

「矩形《くけい》」や「矩計《かなばかり》」の「矩《かね》」。隅っこでいい加減なことをしていると
建物全体では大事に至る。では、正しいカネを得るにはどうすればよいのか?

答えは三・四・五

いやあ、これが実にうれしくなるほど簡単なのだ

棟梁
「いいかテメェ。覚えとけよっ。
カネはなぁ、サン・シッ・ゴだ!」

小僧
「へぇ、わかりやした!
ですが棟梁……何で
イチ・ニッ・サンじゃ
ネェんですかい?」

棟梁
「んっ?　ええと……うるセェ!
サン・シッ・ゴは、
サン・シッ・ゴだ、馬鹿!」

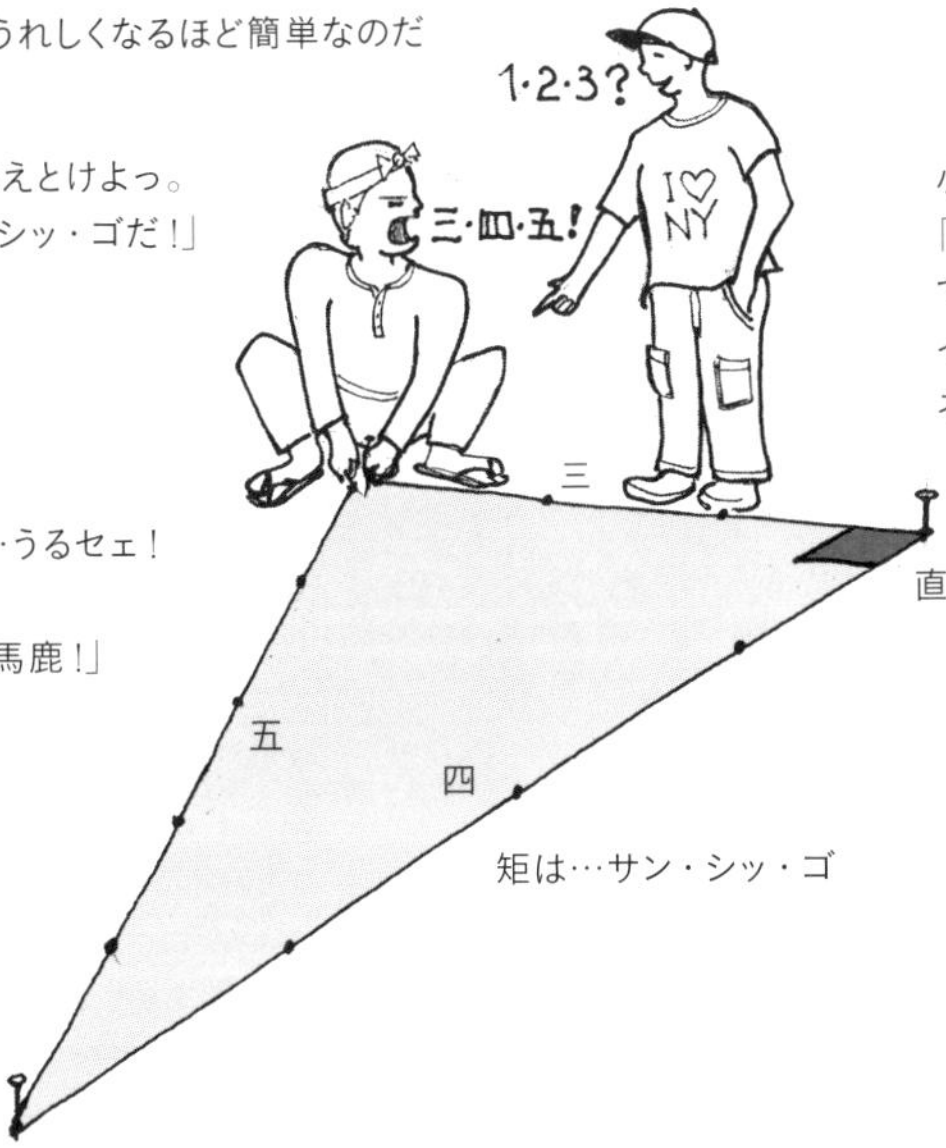

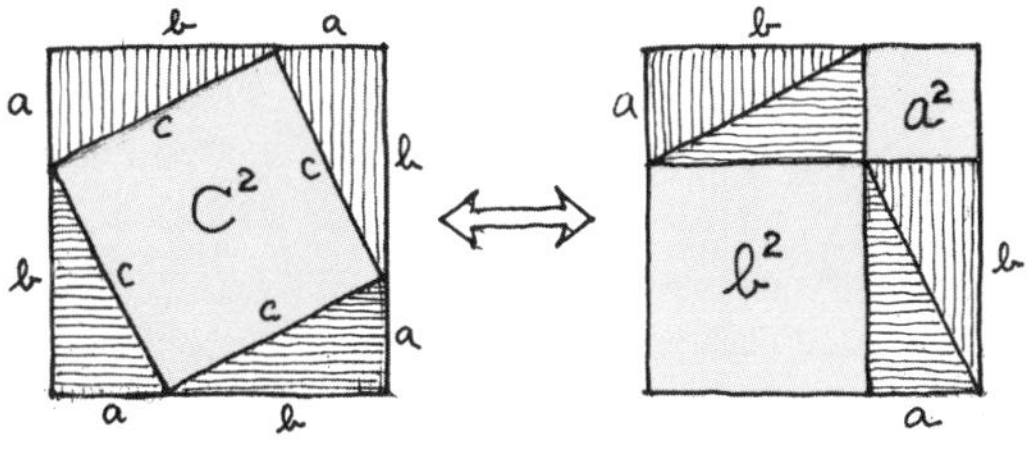

斜辺の長さをc、ほかの2辺の長さをa、bとすると、$c^2=a^2+b^2$

図で解る「ピタゴラスの定理」の証明

棟梁はピタゴラスの定理なんて知らない。三辺が3・4・5の比の三角形は直角三角形だ、と知っているだけ。3m・4m・5mでもいいし、15尺・20尺・25尺だっていい。現場で水糸で大きな直角三角形をこさえて確かめれば、それで大丈夫。お見事!

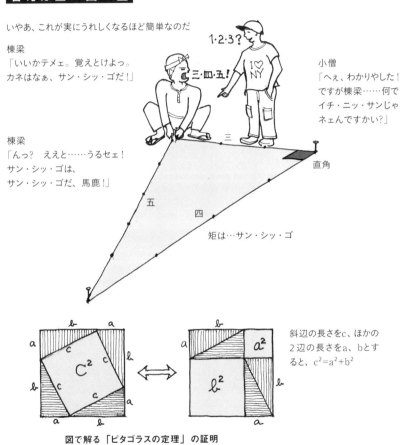

キホン

その二

寸法単位はどれもシャク然としない

永六輔さん

尺、フィート、メートル

完全無欠な寸法体系というものはないのです。

自分なりのモジュールを飼いならそう。

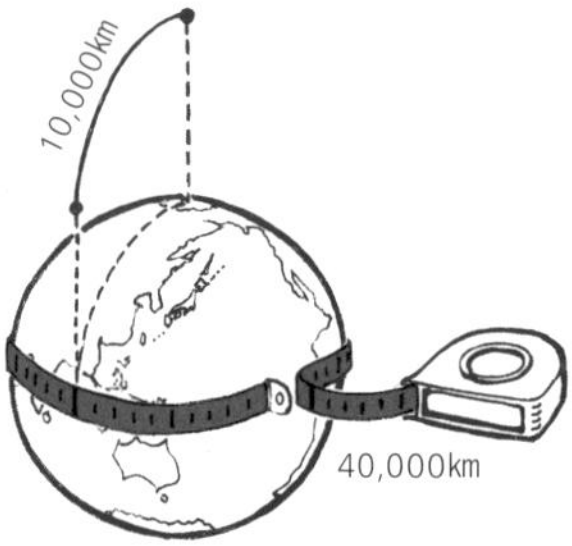

世界の寸法体系

「地球の周長、たとえば赤道１周はちょうど４万㎞なんだよ」と言うと、たいていの人は、「へぇ、そうなんだ！」と驚く。〝ちょうど〟というから、何かの偶然か奇跡なのかと勘ちがいされるが、ちょうどどころか〝ぴったり〟なのである。

北極点から赤道までの子午線の１万分の１を、１㎞と定めている。18世紀末、革命に成功した「パリ野郎」が浮かれついでに決めてしまった。１㎞をさらに１０００等分したのが１ｍ。世界各国で長さの基準がマチマチだから、俺たちで新しく決めようぜ、という気概はたしかに偉かった。

ただ、その基準に地球を選んだのが大袈裟で、実感を伴わなくなっちまった。もともと中国や日本には腕の長さを基準にした「尺」、英米には足の長さを基準にした「フィート」という（メートルより短い）身近な単位があったのに、「標準化」を掲げて、身体感覚に寄り添った民族由来の寸法体系を踏み潰してしまった。

日本でも計量法において尺貫法の使用が禁じられている。この愚行に対して果敢に反旗を掲げたのが、２０１６年に他界された永六輔氏だった。全国津々浦々を歩いて、日本の伝統技の職人たちの嘆きを知った氏は、ひとり霞ヶ関に乗り込んで愚法の是正を訴え、持ち前の情報網を駆使して尺貫法の存続を呼びかけた。この六輔氏のお陰で、計量法に変更はないものの、今では尺貫法を使っても罰金の沙汰は下らない。永六輔氏の多彩な活躍のなかでこの快挙はあまり知られていないが、日本のモノづくりの歴史に特筆されてよい。

注・地球の周長は、現在ではもっと正確な計測が可能になっており、ピッタリ１万㎞・４万㎞という数値ではありません。また、正確な１ｍは、もはや地球から定義されているわけではなく、光によって定義されています

身体感覚に即した尺とフィート

1尺は303mm。1フィートは305mm。その僅差を強調してはイケナイ。
身体感覚に即した寸法単位で、どちらもおよそ30cmだ。

尺とフィートの起源

尺は腕（手）の長さが
基準

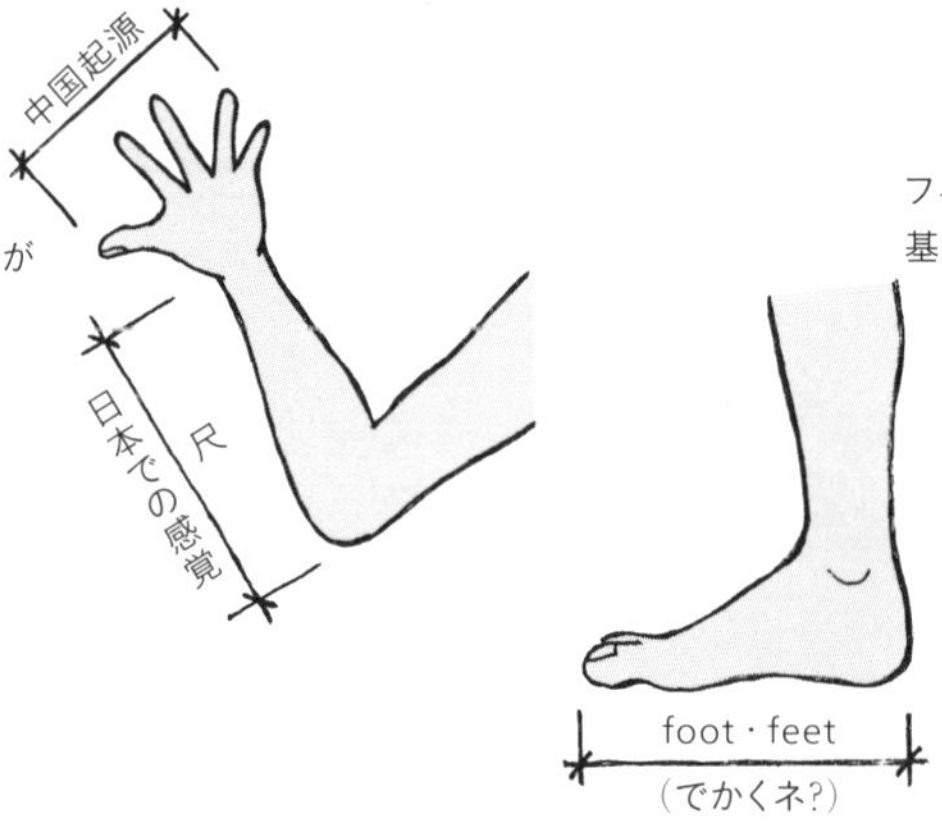

フィートは足の長さが
基準

30cmなら一目瞭然

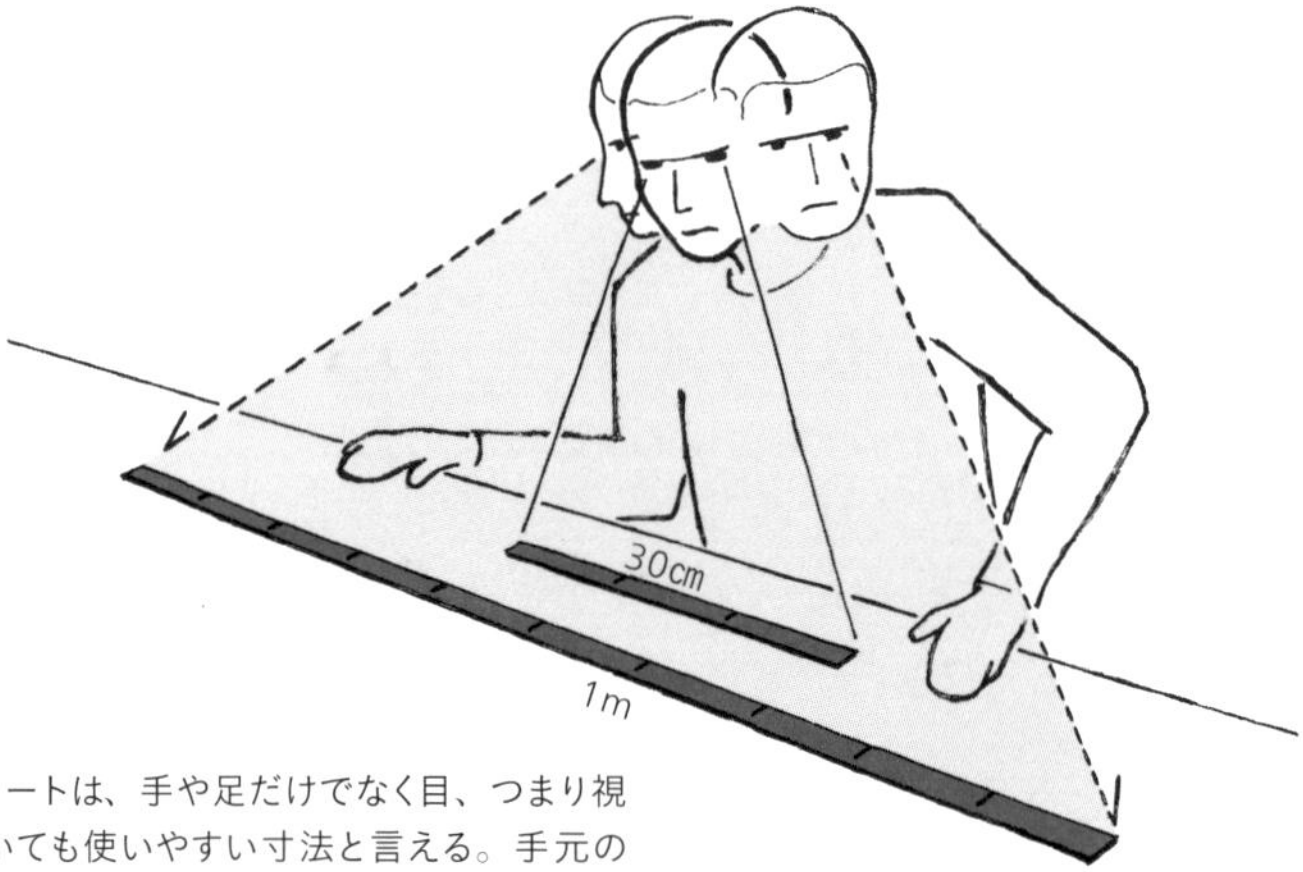

尺とフィートは、手や足だけでなく目、つまり視覚においても使いやすい寸法と言える。手元の長さを確認する際に、30cmなら一目で把握できるが、1mだと顔を動かして全体を追わなければならない。30cmは絶妙な「一目瞭然」なのだ

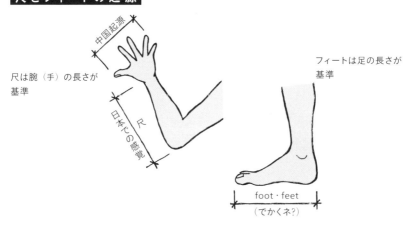

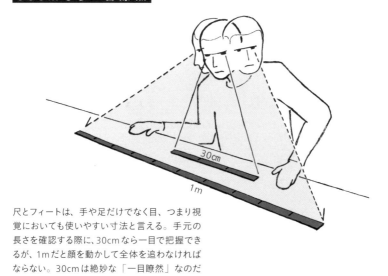

身体寸法に即したサブロク

サブロクは3×6尺（909×1,818㎜）の愛称。
標準的な畳の大きさもコレだ。

全身を包み込む3×6尺

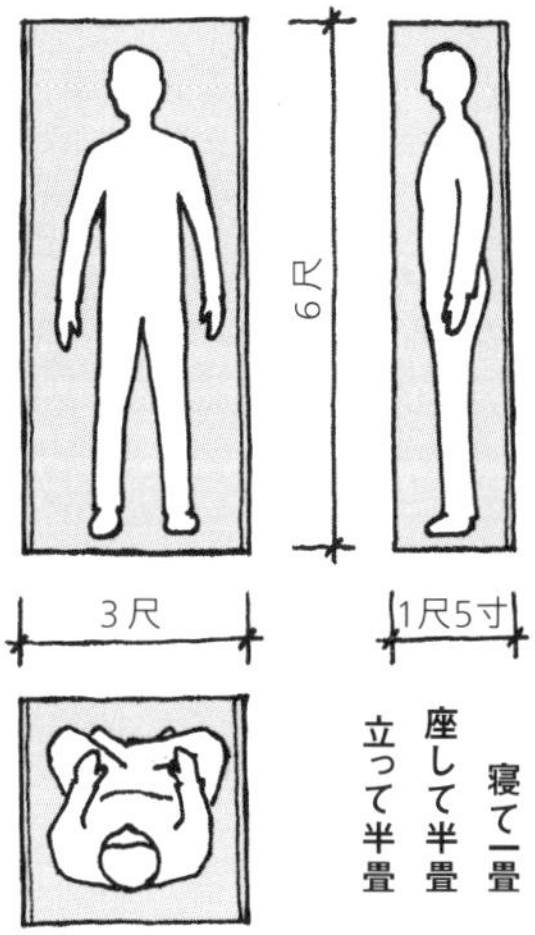

そして3×6尺は、畳の平均寸法である。いよっ！「サブロク」の御登場だ。「立って半畳、寝て一畳」もしくは「座して半畳、寝て一畳」と喩える

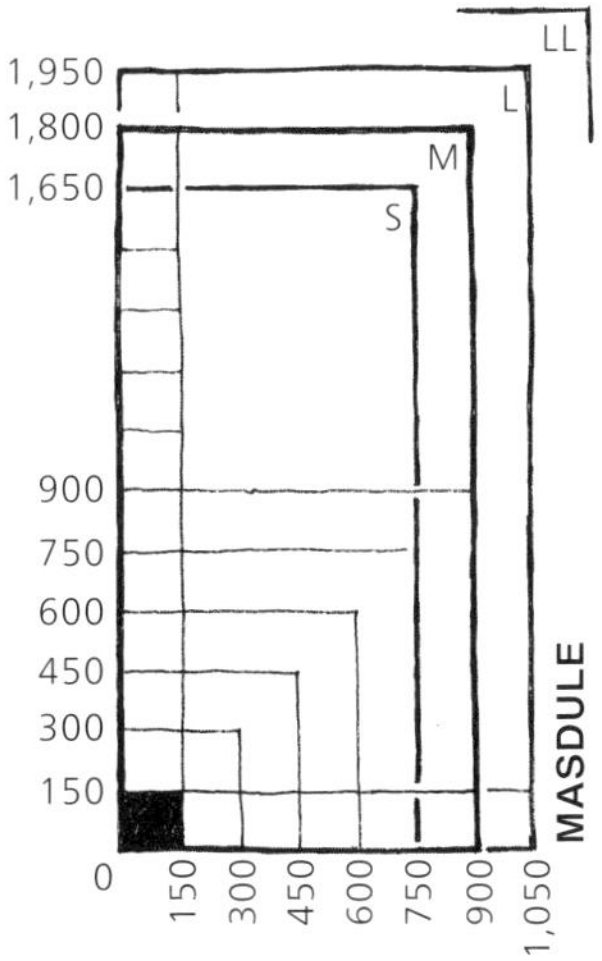

んっ？　平均身長が伸びた現代では1×2mのほうが現実的だって？　わたしの場合は0.5尺≒150mmを愛玩して育て、サブロクを基調としながらも、3.5×6.5尺（≒1,050×1,950mm）というLサイズを重宝している（誠に申し訳ございませんが、1mや2mという中途半端なサイズは、御用意いたしておりません）

注・尺もフィートも、歴史的な変遷があり、今でも一義的に定まっているワケではありません
・尺については、和洋裁などに使われる鯨尺《くじらじゃく》もありますが、それには触れませんでした
・畳寸法には、京間から関東間、さらには団地サイズまでイロイロありますが、ここでは平均的な大きさ（中京間くらい）で述べました

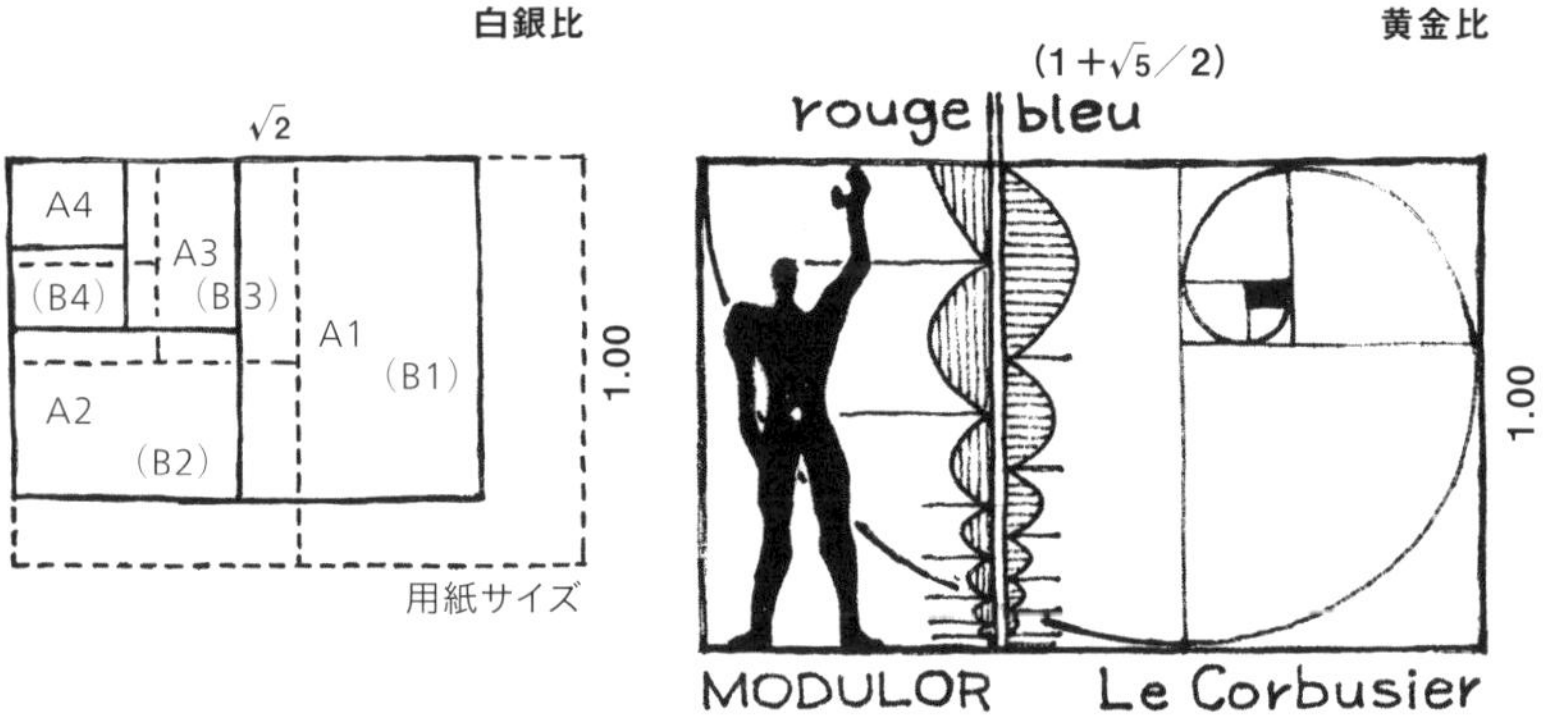

寸法体系に対する説明と評価は、もちろん私の独断に過ぎません。アシカラズ

モデュロールはもはやレジェンド

全身寸法といえば、コルビュジエ大先生の「モデュロール」があるよね。「モデュール・オール」とは〝黄金の寸法基準数列〟。人の身長とヘソまでの高さの比を黄金分割して、建物に使える寸法群を提案した。ただ、等比数列によるものだったので、実際は使いにくかった。等分するのが申し訳ないような代物である。等比的だから、面積(平方)体系であって、寸法体系とは認めがたい。サイズが大きくなるにつれ、間が抜けてくる。その欠点を補うために、モデュロールには人の身長を基準にした赤系列のほか、人が手を挙げた高さを基準にした青系列も用意されているのだが、これが余計にややこしい。わたしたちが日頃使っている用紙サイズにAサイズ系列とBサイズ系列があるのと同じ幾何なのだが、たとえばA4とB4を併用したりは、なさいませんでしょ?

尺・フィート・メートルの分割と拡張

さて、ここで尺・フィート・メートルの単位がどんな風に短く、
あるいは長く、展開するのか見てみよう。これが実にややこしいのだ。

尺

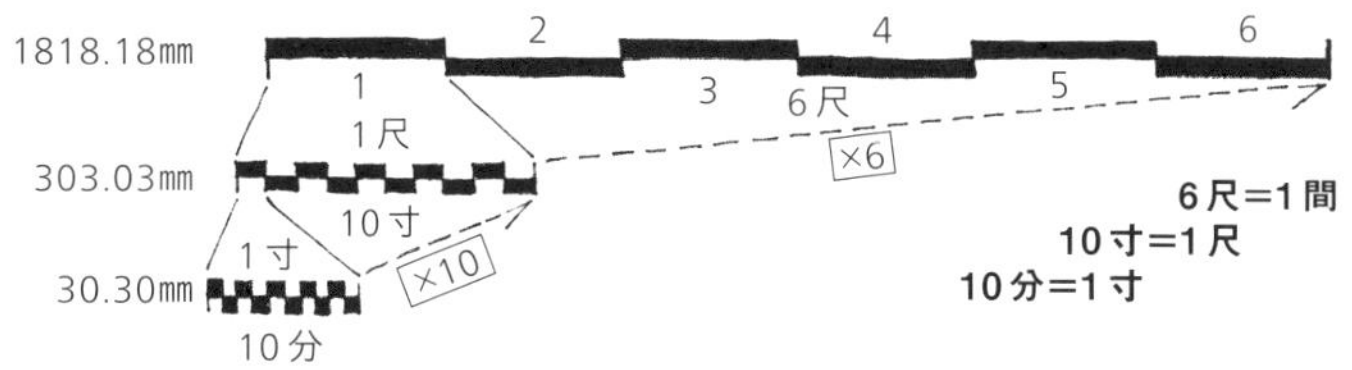

短いほうへは10等分する。1尺=10寸、1寸=10分、1分=10厘だ。
ところが、長いほうへは6の倍数で位が上がる。1間=6尺、1町=60間、1里=36町だ。
(1丈=10尺は例外とみていい)

フィート

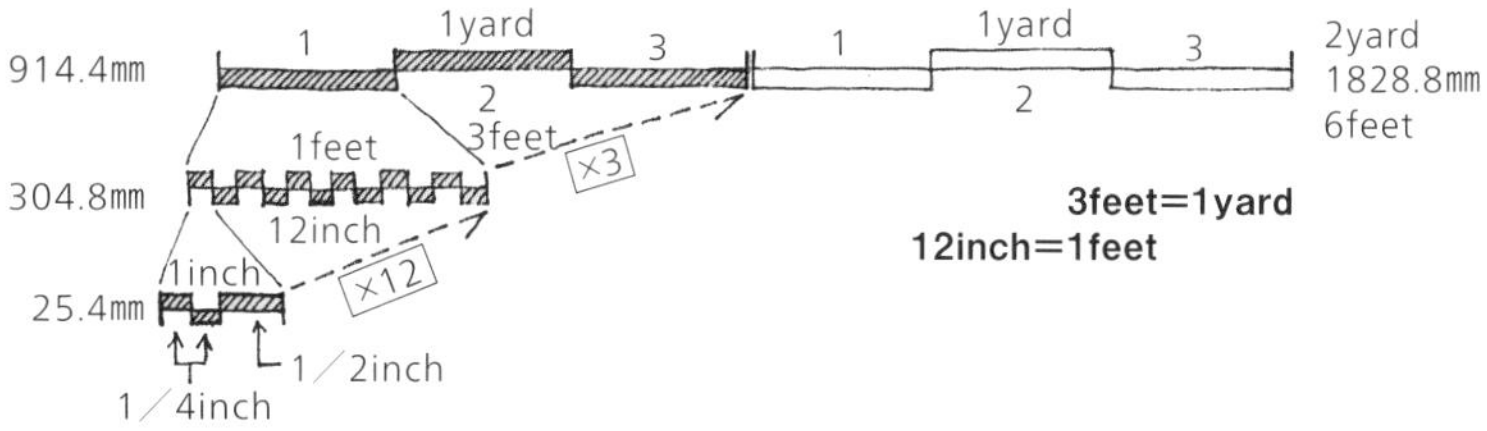

短いほうへは始め12等分する。1フィート=12インチだ。
だが、それより小さい寸法は1／2インチ、1／4インチなどと分数で割っていく。
長いほうへは、まず3倍する。1ヤード=3フィート。
だがやはり、1マイル=1,760ヤードで……もうオテアゲ。
1,760は12の倍数どころか3の倍数ですらないじゃないか

つ、つまりだな、尺もフィートも10進法と12進法を混用しているのである。
人間の指が、両手で10本であることと、12の数には2・3・4・6という約数が多いことが、
その原因として語られる

メートル

1㎞=1,000m、1m=100cm、1cm=10mm、の隊列強し

というワケで、あなたはどうする? 1／3尺≒100mmという、尺貫法と
メートル法が和解(妥協)したような手もありますぜ

キホン

その三

誰が為に図面はある

基本編：向きとレイアウト

道理を踏まえて空間をイメージ

図面は、初めて見る人の眼を想像して描くべし！

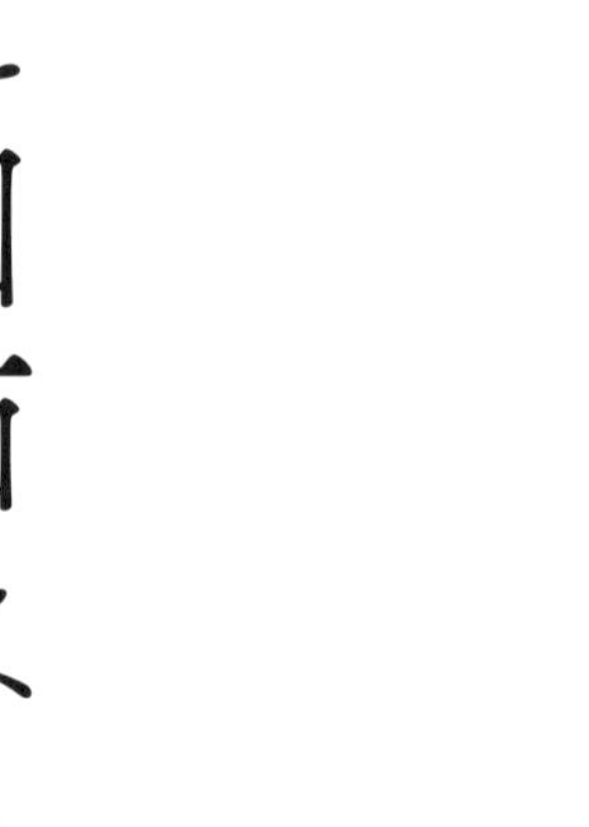

見ると同時に素直に頭に入りやすい図面

製本された図面は、アチコチのページをめくって見比べながら、立体のイメージを浮かばせるモノなんじゃないかな？　単行本の小説のように順繰りにページをめくって読み進んでゆくのとは、ワケが違う。図面を描いて枚数を重ね、それを綴じればいい、としか考えないのなら、大きな勘ちがいでしかない。

というワケで、まずは配置図と方向の向きについて考えてみよう。

下図はある住宅の配置図だ。西側の前面道路からアプローチして、西面に主な出入口（玄関）が、南東にはテラスがある。前面道路や隣地も含んだこの住宅の配置図を図面用紙上にどの向きで描くべきかを考えるんだ。図面の向きは、相手にどう見てもらいたいのかによって決めるべきだね。

図面の向き1つにも、あなたの設計意図を込めることができるのです。

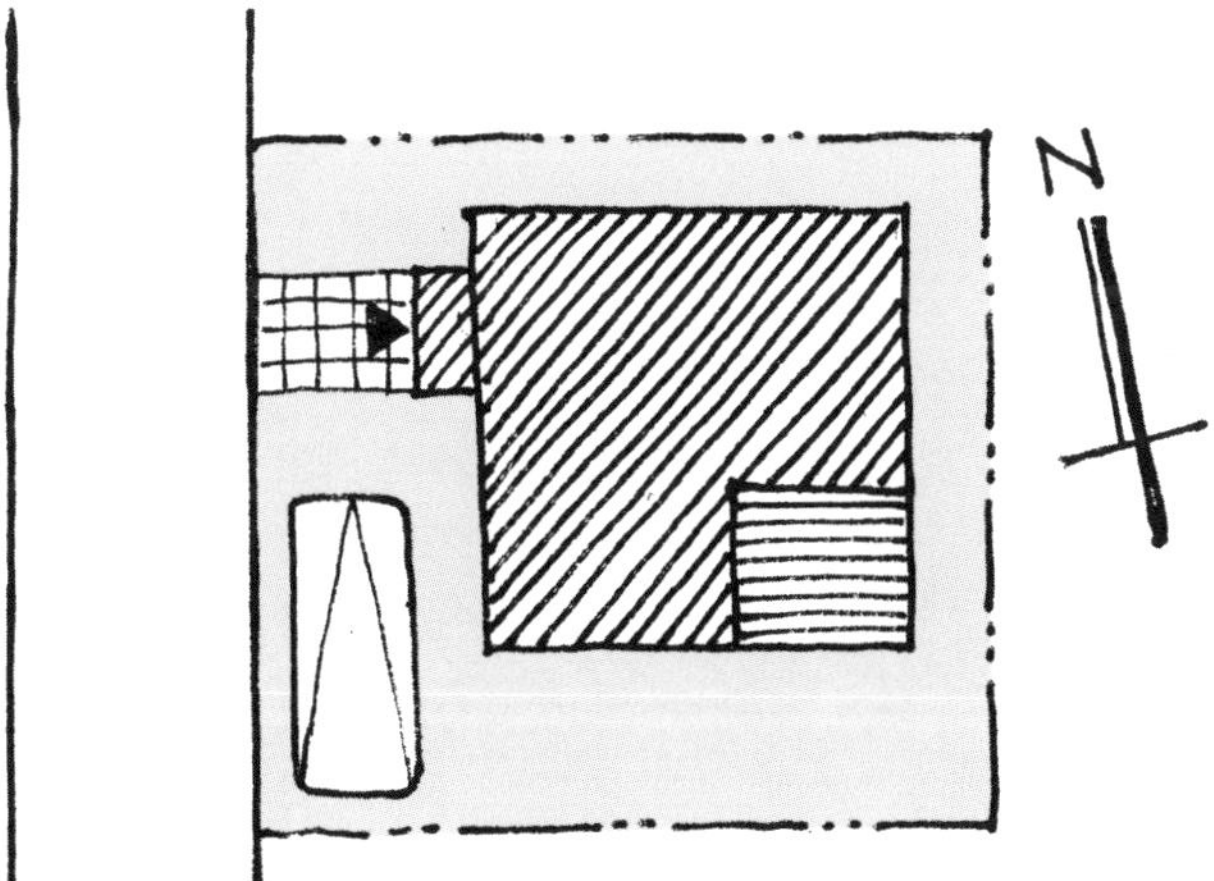

配置図・平面図はどの向きがいい？

「建物の平面図は北を上にして描く」と教えられるのが
一般的だろうな。しかし、実際はどんな向きもアリなのだ。

北を上に

北を上といっても、Aのように真北を真上にして、建物を斜めに描くような馬鹿正直者は、まさかいませんよね。設計者の多くは、Bの向きで平面図を描いているはずだ（疑いもせず）

A

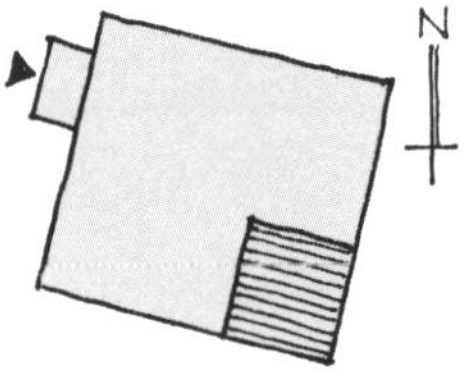

B

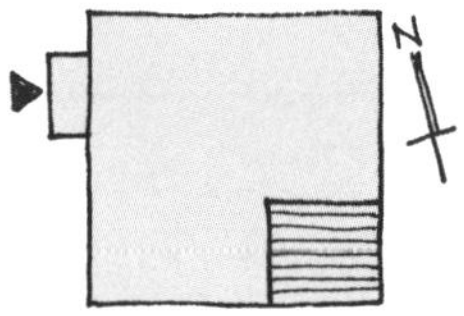

テラスがある南面を上に

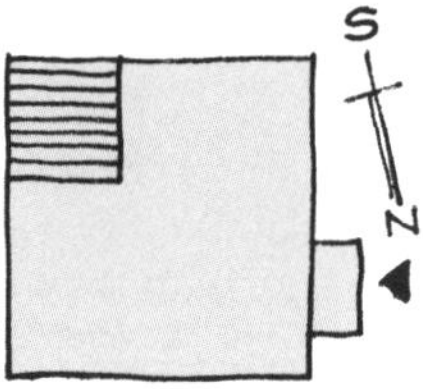

わたしたちは無意識のうちに、光は前方頭上にあるものと感じている。だから南が上の平面図を見ると、上方から日照を得られるイメージをごく自然に思い浮かべられる。清家清氏をはじめ多くの住宅設計の大家が、「住宅の平面図は南を上に描くべし」と唱えている

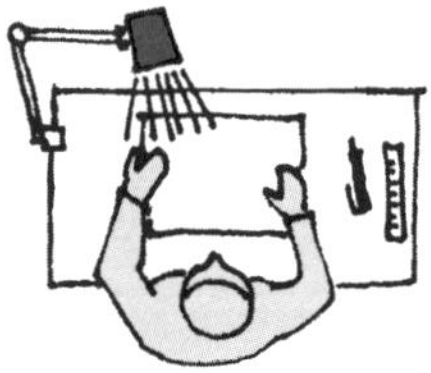

西面を下に

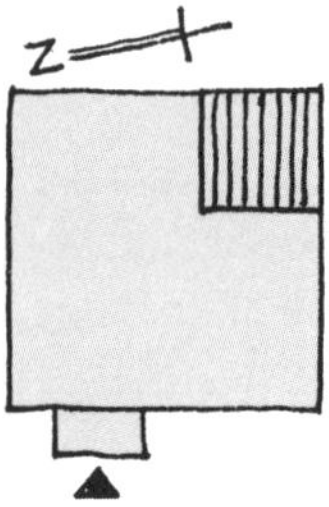

これは方位の問題ではない。西側道路からアプローチして玄関から入り、住宅の内部を通り抜け南側のテラスに出る道行き、すなわち動線をたどりやすい向きである。多くの人は、自分の道行きを下から上へと見上げるからね

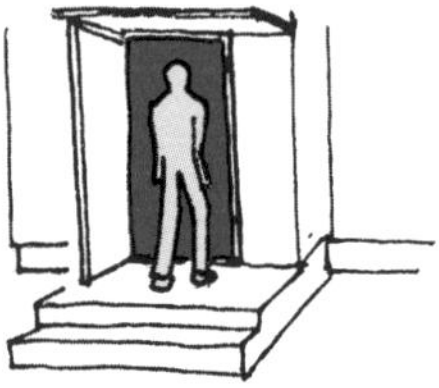

図面レイアウトは道理を踏まえて

各階平面図の並べ方だって、スッと頭に入るようにしたいよね。
道理を踏まえないと、判読しづらくなっちまう。

下から上へ

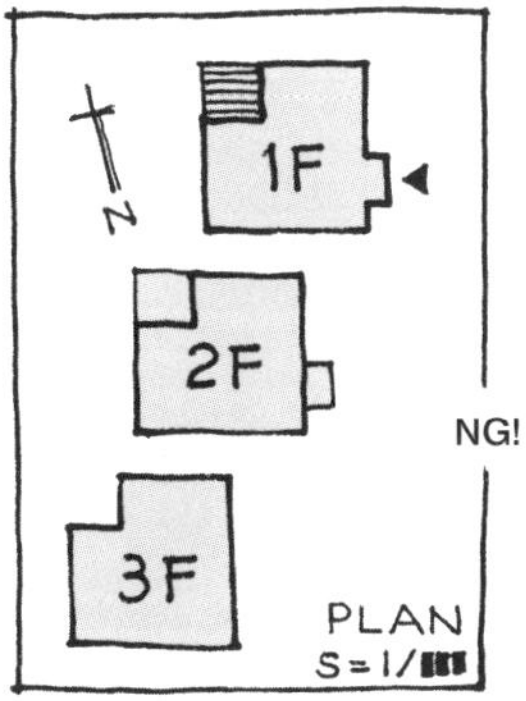

図は1枚の用紙に描かれた3階建ての住宅の各階平面図である。そして無残にも2つの間違いを犯している

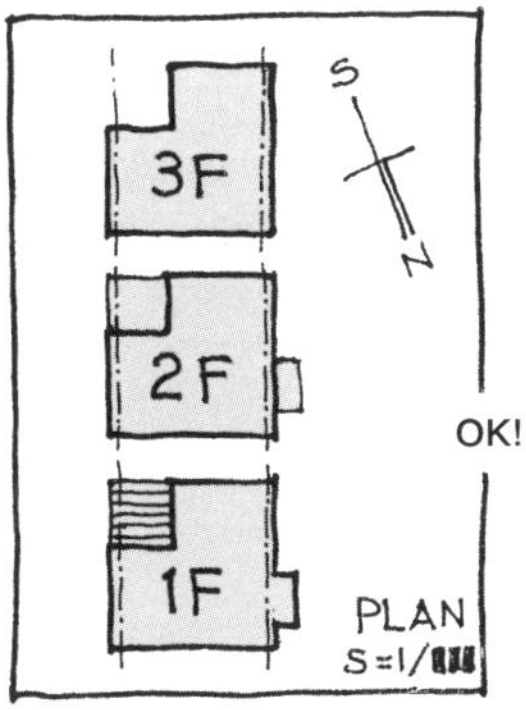

正しくは、このようにレイアウトすべきだよね。まず、Y方向の基準線をそろえること。そして各階は下から上へと並べること。上階は上、下階は下。それが道理だ

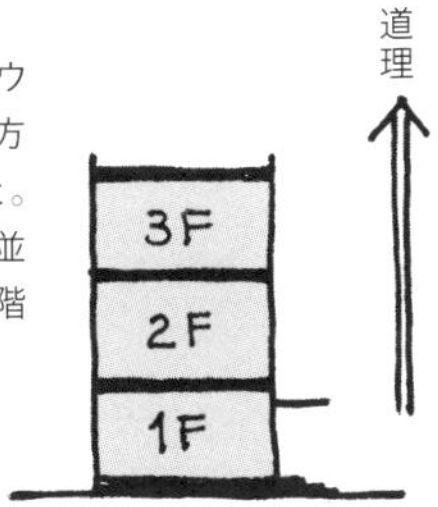

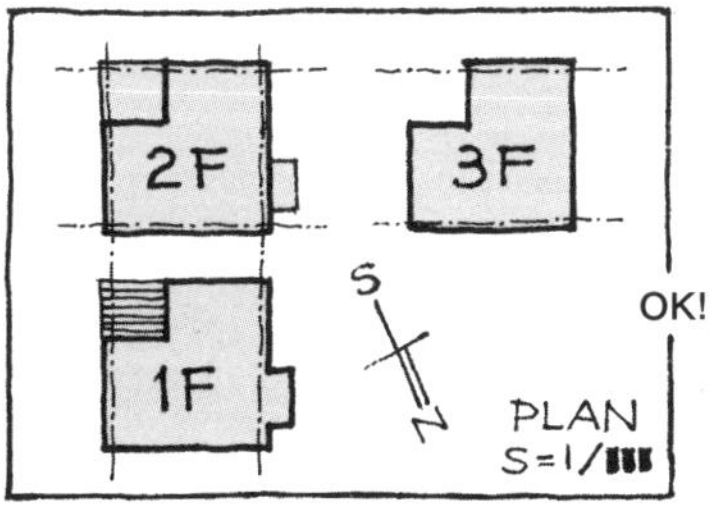

用紙を横長に使うなら、このようなレイアウトが自然だろう

まわる立面図・展開図

立面図・展開図だって、並べ方には配慮が必要だぞ。
左右に「展開」するままに並べれば、頭に入りやすいでしょ。

立面図は反時計回り

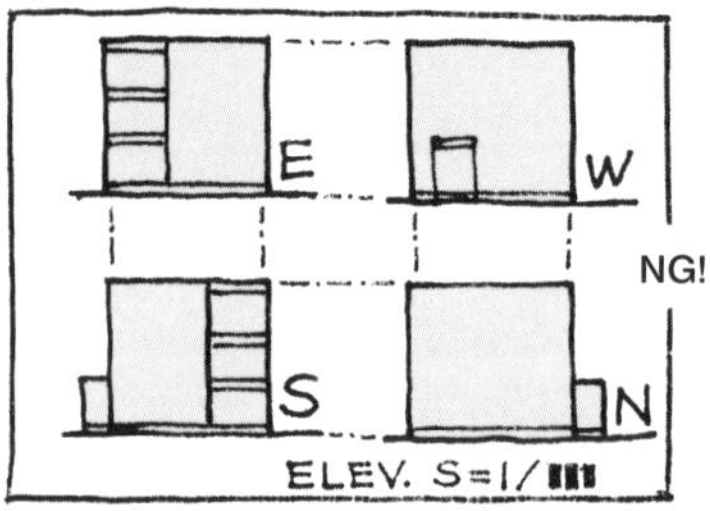

横長の用紙に4面の立面図を描く際、上下左右で基準線をそろえることは、言うまでもない。けれど、図はそれでも間違いがある。何がイケナイのか?

反時計回り
E→N→W→S→E→N→W→S

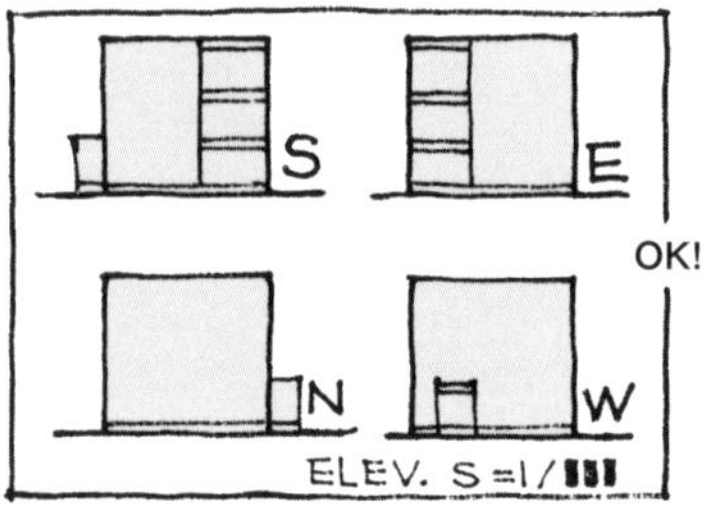

こちらが正しくレイアウトされた立面図。立面図は、東西南北どの面から描き始めてもいい。あなたが一番重要だと考える面を最初にしても、主な出入口のある面から見せてもいい。ただし、その次の面の方角は、反時計回りにすること!そうすれば、2つの図面の隣り合う辺は一緒になって、自然に頭に入ってくるでしょ。これが道理だ

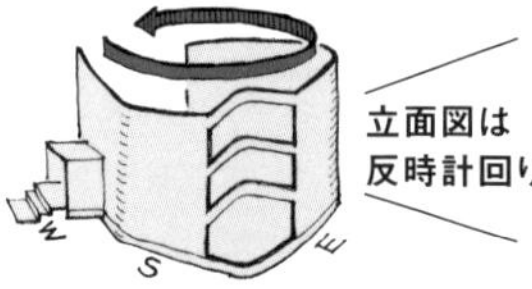

展開図は時計回り

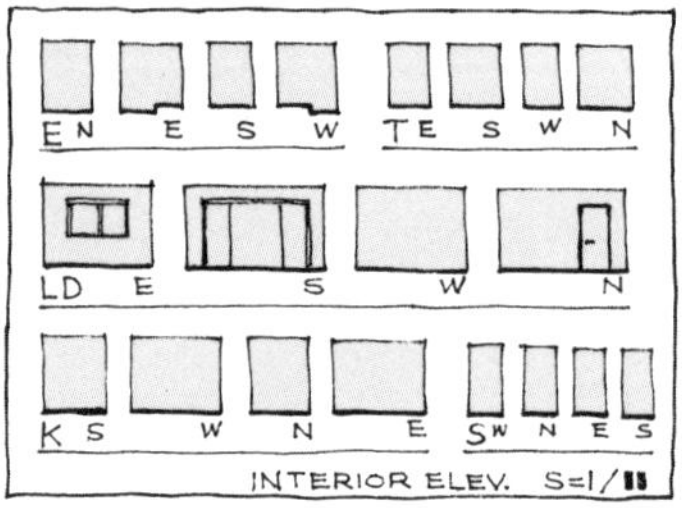

E→S→W→N→E→S→W→N→E→S
時計回り

1室の展開図は、東西南北どの面から描き始めてもいい。ただし立面図とは逆で、時計回りだ
(クドイ説明は省く。イメージされたし)

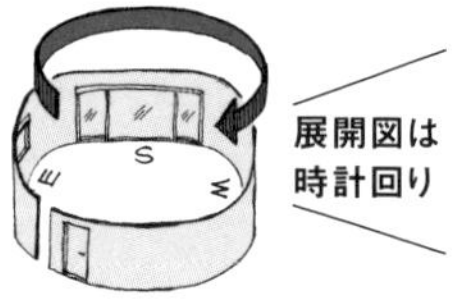

♫めくる　めくるよ　図面はめくる♪

最後に、綴じた製本での図面の見え方にも思いを馳せてほしい。
各ページのレイアウト位置をそろえていないのは、不親切だぞ。

製本図面のレイアウト位置

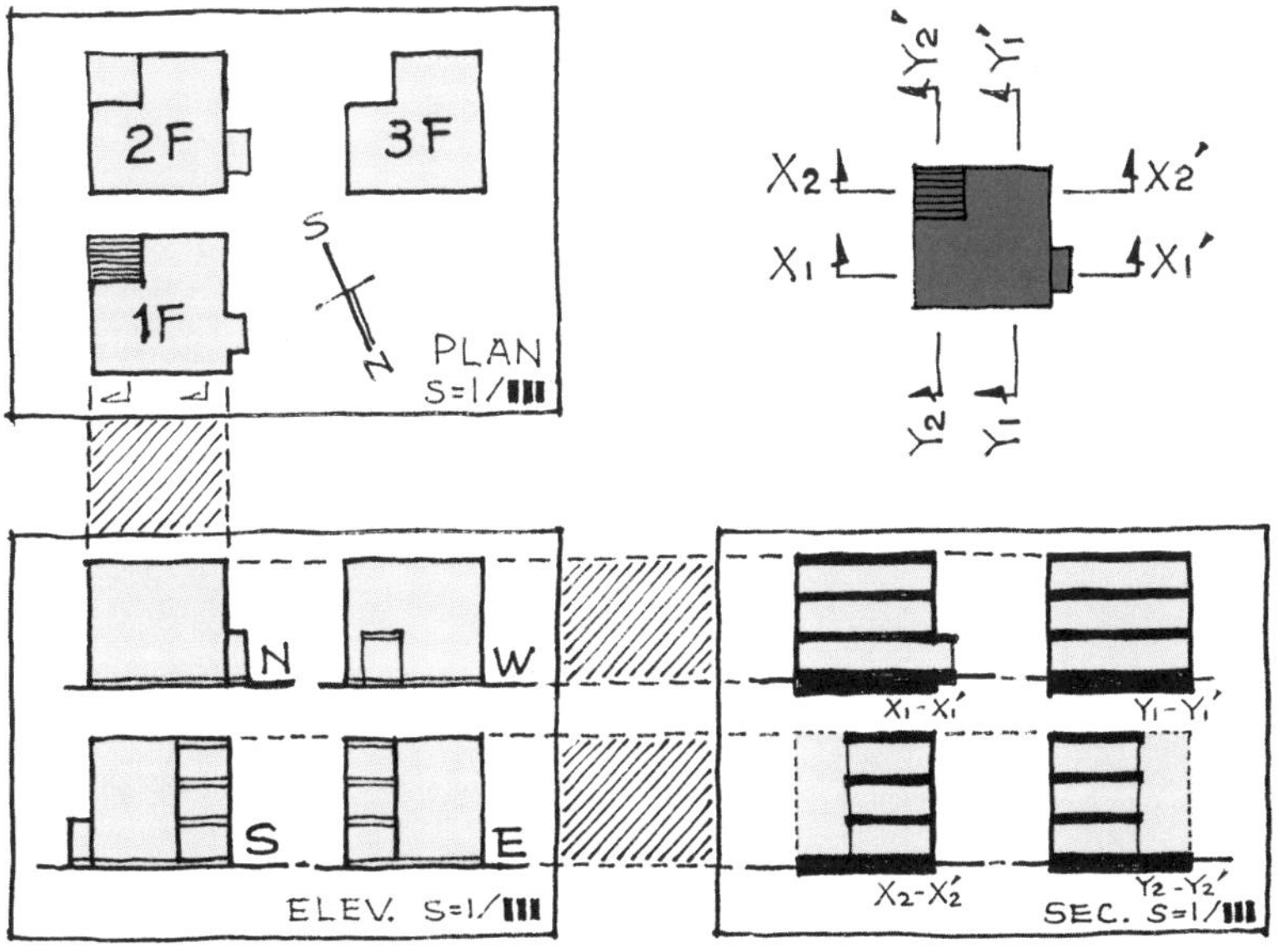

平面図、立面図、断面図の順に綴じるのが普通だよね。平面図、断面図、
立面図の順に綴じる設計者もいるが、どちらでも問題ないよ

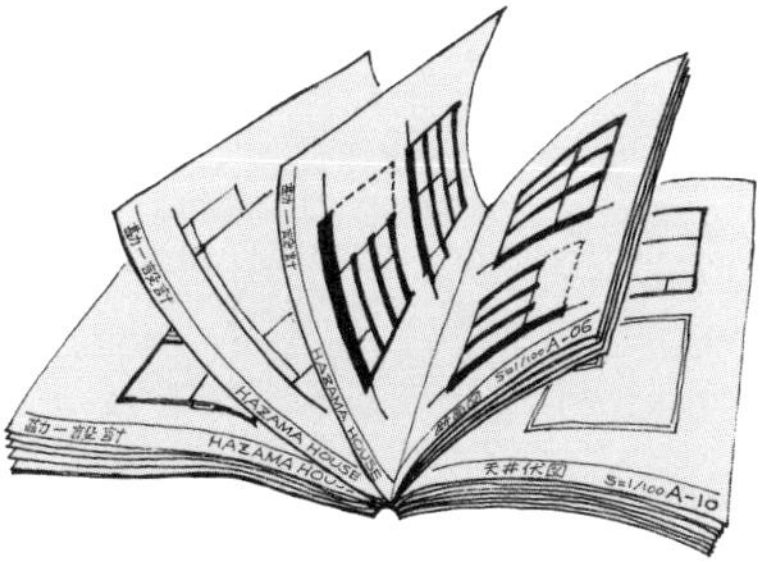

ページをめくって図面の種類が変わるとしても、
どれも同じ住宅の図面。今見ているページと
次に見るページの基準線がそろっていれば、パ
タパタすることで建物のイメージがわきやすい。
これは道理ではないけれど、配慮なのだ！

キホン

その四

誰が為に図面はある

応用編：図の昇格

間取り図から実施設計図へ
図面は創造のためのシミュレーションであり
やがて実現のための伝達手段となる。

図面はあなた以外の人々のために

「1メートル50だ！」と言われたら、建築関係者ならば1m50㎜だとすぐに判断するはず。けれど、一般の人は1m50㎝と受け止めるだろう。建築設計図は㎜単位で表す習慣だが、それは業界の習わしでオタクっぽいのだよ。

私たちはたくさんの図面を描く。図だけでは大きさが分からないから、寸法を記入する。その寸法がどこを指すのかを示すため、基準線も描き込む。図と基準線と寸法、さらに縮尺の四拍子がそろって、「図」が「図面」に昇格する。

それを清書する際は順序が入れ代わり、縮尺を決めてから基準線を描き、その上に図を描いて、最後に寸法を記入する。

こうして出来上がった図面は、とても複雑な絵になっちまう。私たちはそれが複雑であればあるほど自己満足するという職業病にかかりやすい。そして建築主は図面を見た途端、身構えて引いてしまうかもよ。特に寸法がマズイんだよな。数字を示されただけでめまいを起こす人は、私たちが想像するよりもはるかに多い。寸法単位が㎜であることも、火に油をそそぐ結果になっている。

建築主が知りたいのは、寸法（長さ）よりも面積（広さ）だ。しかも平米数ではない。家の坪数や、部屋の畳数なのだ。設計図書の平面図に面積が記されていることは滅多にないのに、建売住宅や分譲マンションの間取り図には必ず畳数が書かれている、○○Jと。Jは「畳」の略だが、「ジャパニーズ」を連想させて、なんともオツじゃない？

図面を見やすく描くことは基本中の基本だ。いくらたくさんの情報を盛り込んだところで、判読しづらくなってしまうのはもってのほか。「どんなふうに読んでくれるかな？」と想いながら描けば、目的にふさわしい表現方法となるはずだ。

間取り図は建築主のためにやさしく

私は、建築主に初めて見せる間取り図はフリーハンドで描く。
優しく温かく見えるし、まだタタキ台であることも伝えられる。

目に優しい間取り図を

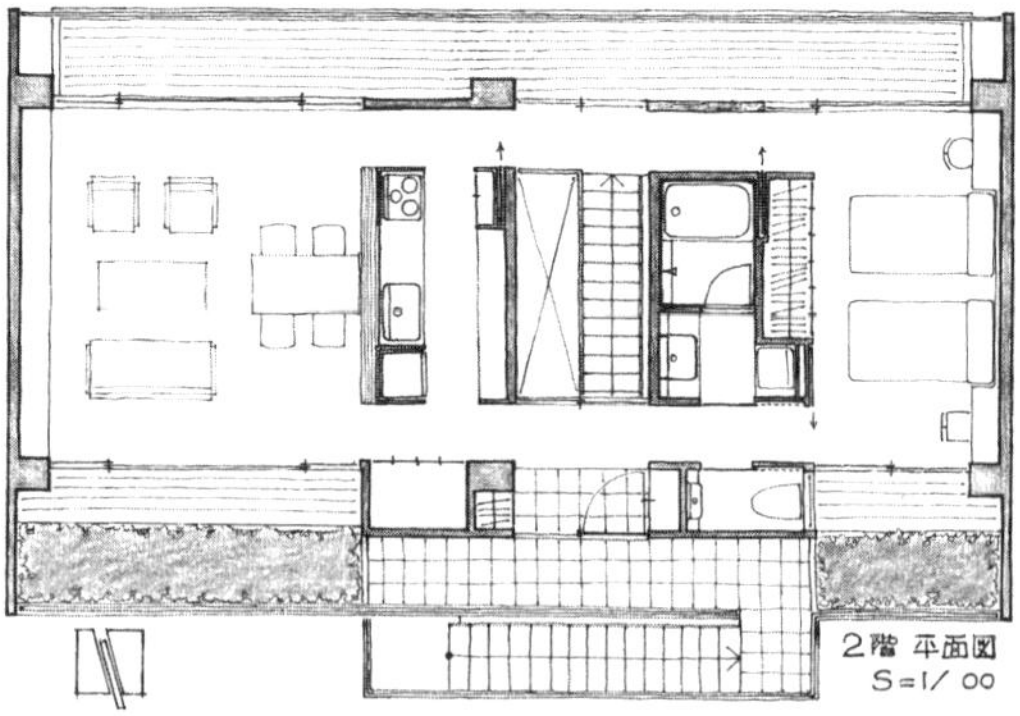

部屋名は書かず、家具を描き込む。そのほうが内部をイメージしやすいからだ。寸法はあえて記入しない

寸法の代わりにグリッドを

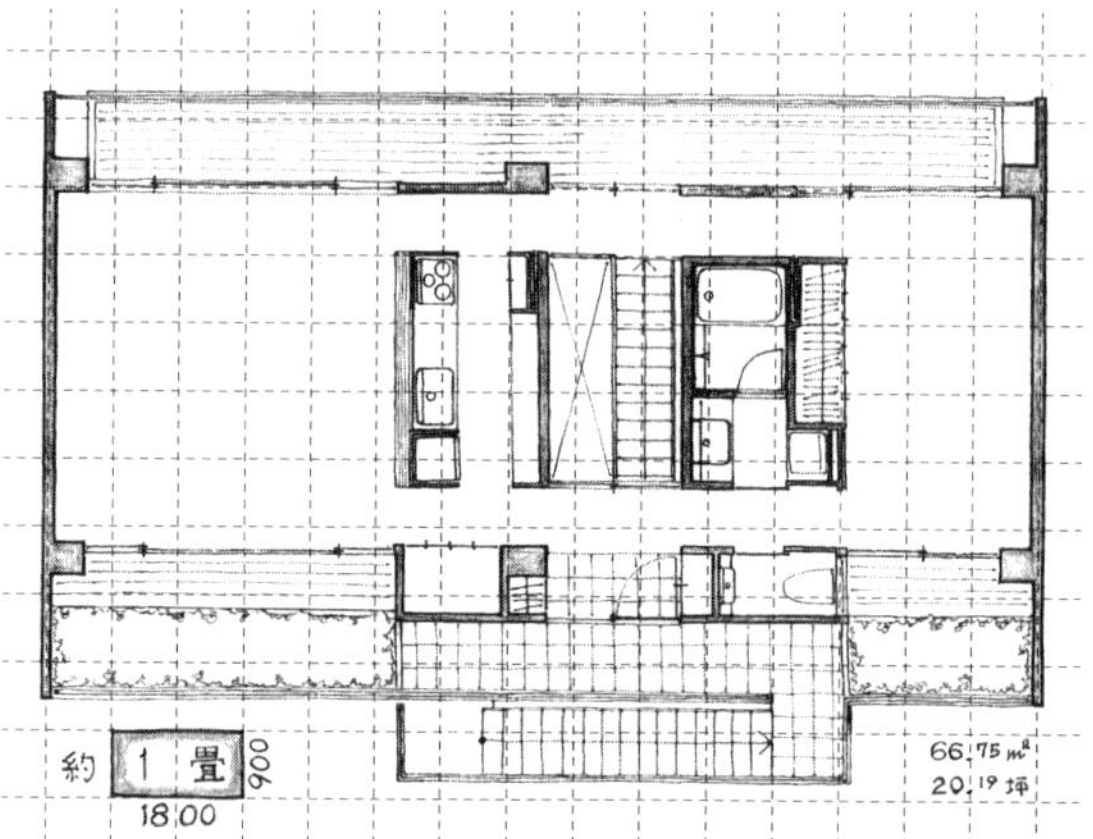

寸法を記入しない代わりに、半畳のグリッドを重ねた別の図を添えることにしている。各部屋のマス目を数えたら、畳数がすぐ分かる、というパズルだ

実施設計図は施工者のために明確に

計画が進み実施設計図を描く際にはもちろんシッカリと寸法を記入する。
寸法の入れ方で設計意図も伝えられるんだ。

シッカリした寸法とは？

A

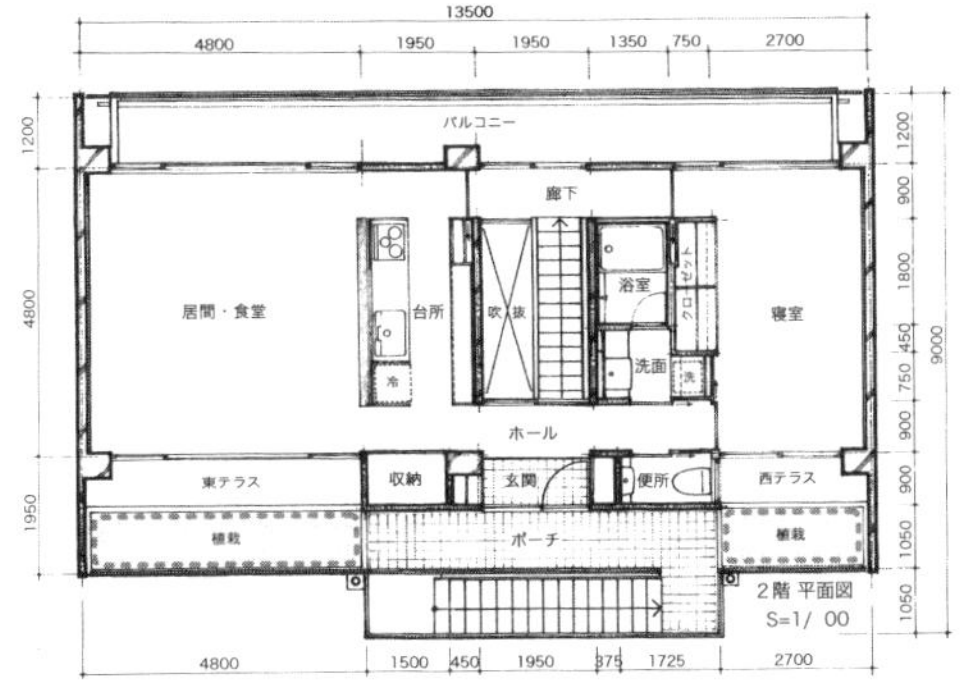

B

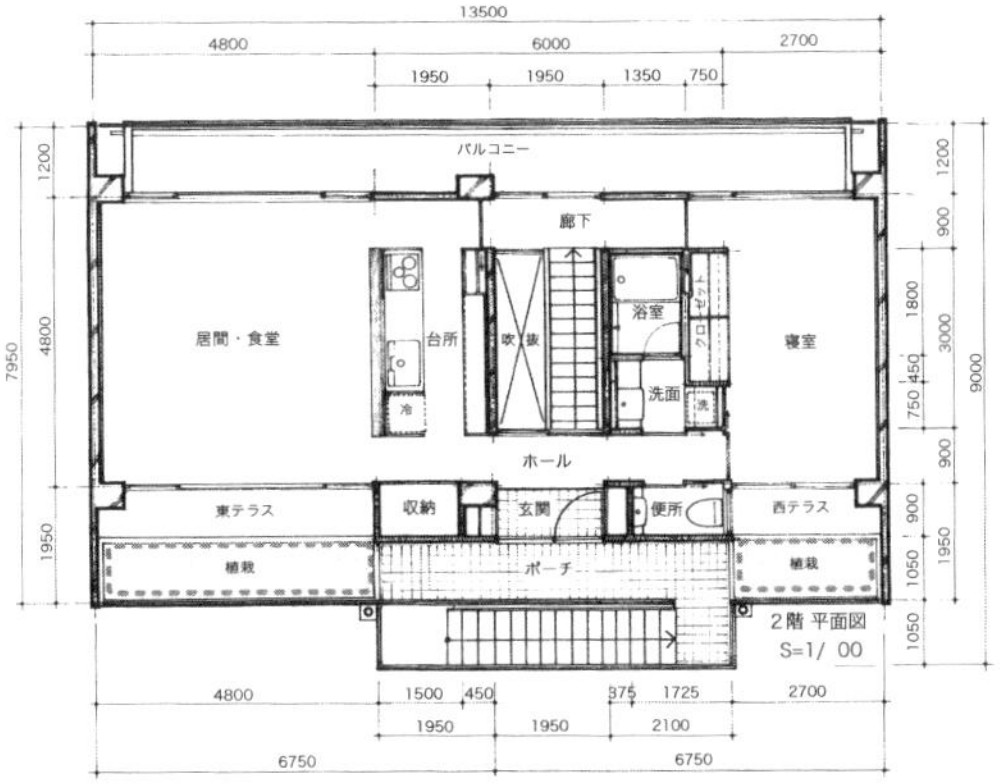

AとBでは、寸法の記入の仕方が異なる。どちらの寸法も不足はない。Aのほうがシンプルで、Bは複雑でクドイ。で、前言を翻すようだが、私はBに軍配をあげる。説明するまでもなくお分かりだろう。Bのように、段階を分けることで空間の仕切り方まで表明できる

階段の矢印は上り方向に

ついでだが、階段の昇降方向を示す矢印は、どの階も上り方向にするのがいいね。「←UP」や「DN→」をよく見かけるが、UPはともかくDNがDOWNの略字だとするのは手前勝手も甚だしかろう。UP・DNを見ないと分からないなんて、煩わしいではないか。すべて上り方向に矢印しておけば、おのずとそう理解してもらえる

4図の
すべての階段の矢印の
とおりです

矩計図に至っては特に慎重を要する

矩計図には躯体と仕上げの両方が表される。
言い換えれば、工事の初期段階と最終段階が一緒に描かれるということだ。

工程までも暗示しよう

躯体と仕上げでは、関わる職種は当然異なるよね？　図は木造3階建ての矩計図だ。右側に躯体関係の高さ寸法を記入し、左側に仕上げ関係の高さ寸法を表してある。右側だけに御用がある職人もいれば、左側だけを知りたい人もいるだろう。両方に関わる誰かさんは、工程をきちんと心得ておく必要があるけれどね！

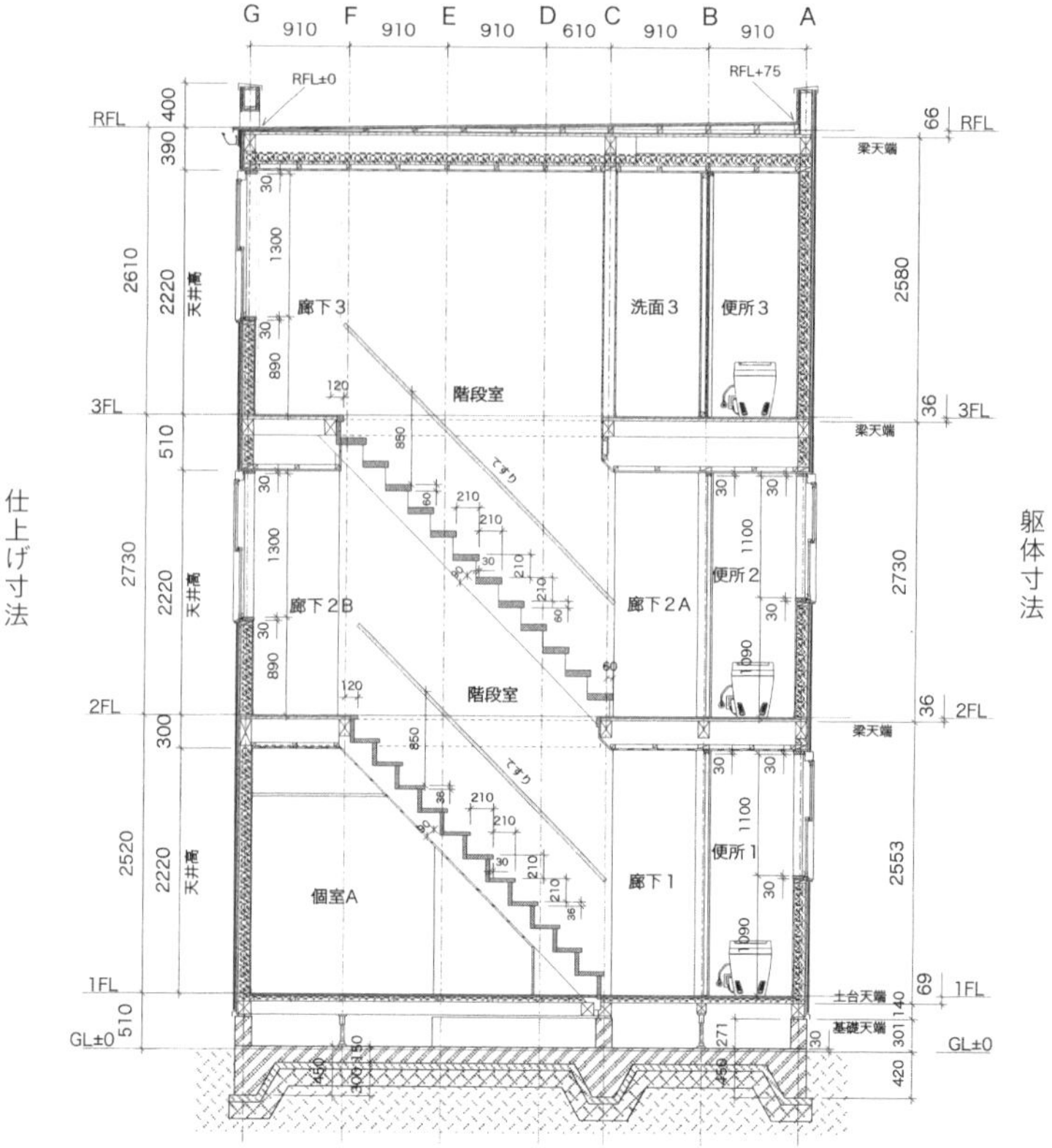

矩計図 S=1/[redacted]

家具図より家具スケッチを

建築主にとって関心の高い造作家具は
きれいな図面より下手なスケッチのほうが、よっぽど分かりやすいぞ。

スケッチは家具職人にも好評です

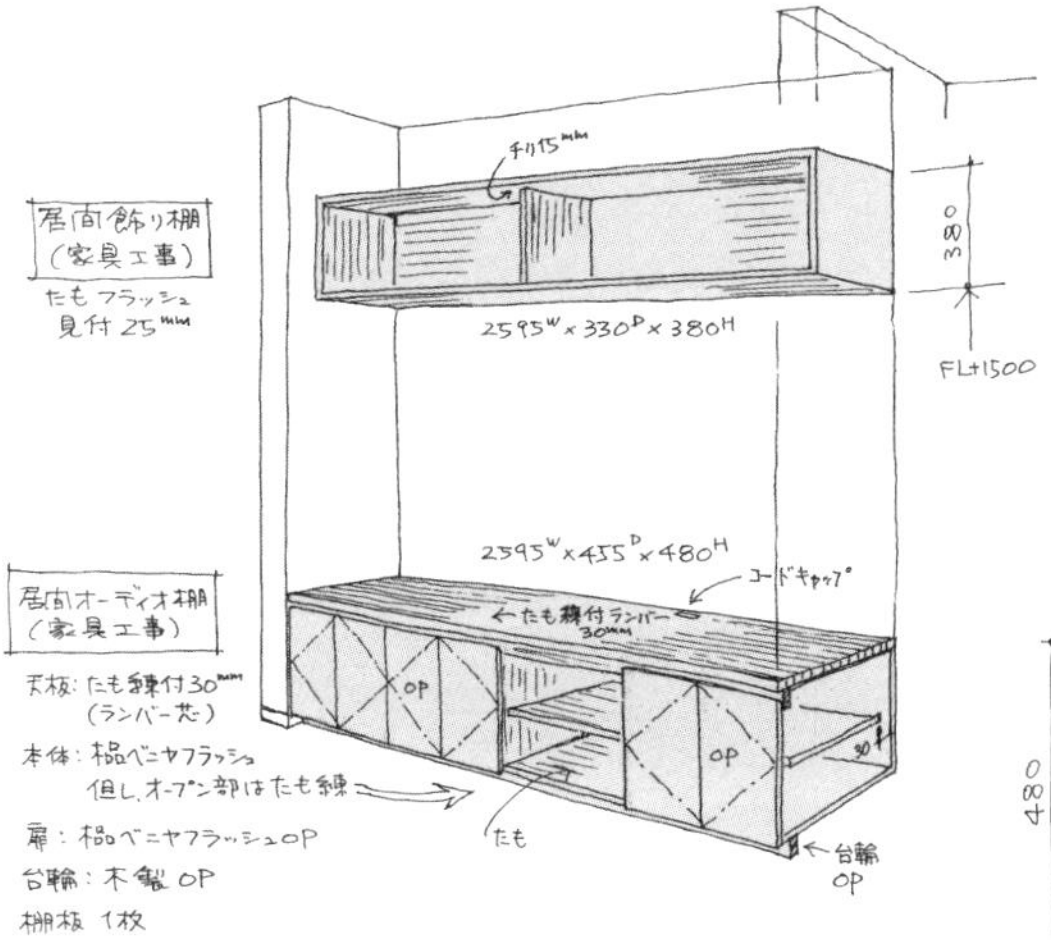

造作家具図は見下ろし平面図・正面図・側面図・断面図の4面に分けて描くのが普通だが、これがすこれがすこぶる分かりにくい。一般の人は4面に分解されたら、もう何の図面か分かってもらえないだろう。スケッチは家具職人にも好評なのでオススメ！

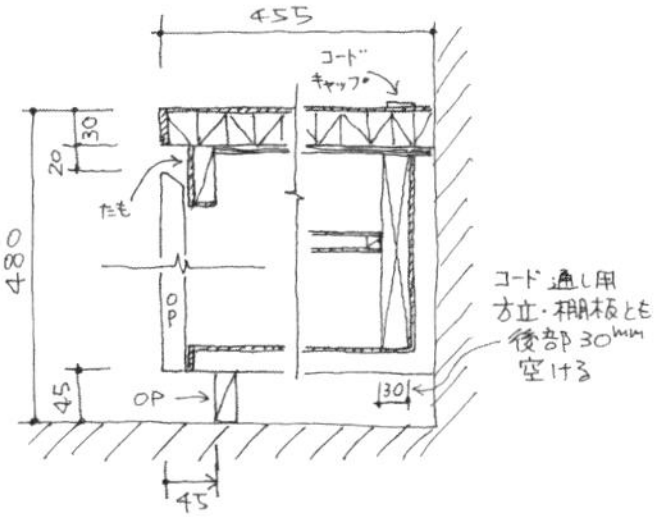

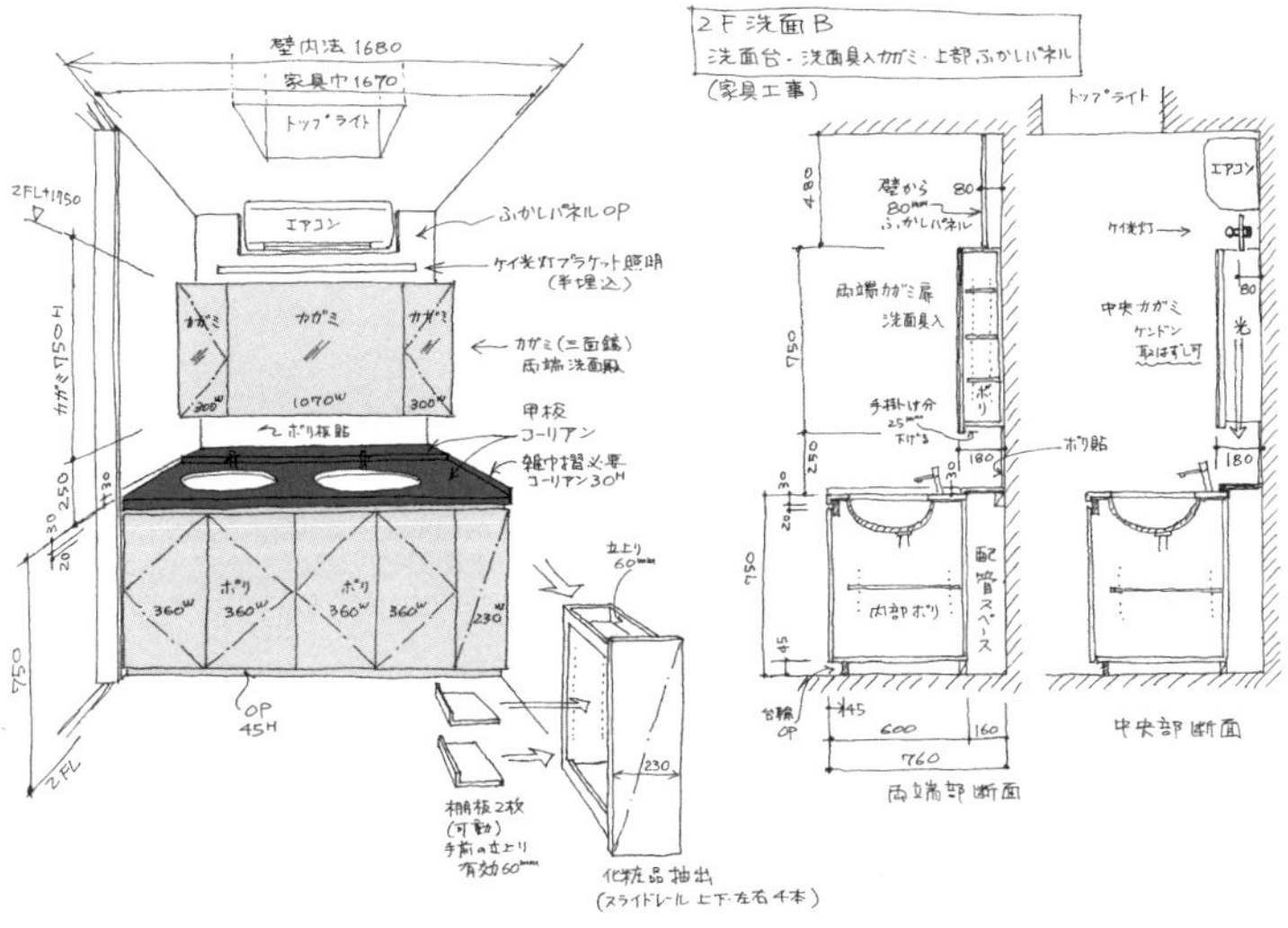

キホン

その五

とりあえず覚えよう建築現場用語辞典

初めは、まるで外国語!?
ミツケ、ミコミ、チリ、ダキ、ゾロ……って
焼鳥のネタじゃありません。

現場用語の嵐に備えよ！

「ちょいと設計屋さんよ。この額縁の納まりは、トメ？それともサシ？　サシなら縦勝ちにしとくかね？　この〝絵〟じゃあ、わかんねえんだけど」

学校を出て仕事に就いたら、どんな職種でも「現場用語」の嵐にさらされる。あなたも初めて出向いた建設現場は、まるで外国に来たみたいだったでしょ？　現場の職人さんから「図面」を「絵」と言われたら、足元を見すかされたのだと思って、もう観念した方がいいね。で、知ったかぶりしていないで素直に何でも尋ねたらいい。職人たちはみんな温かいから優しく教えてくれるはずだ。ただ、もしかしてあなたが現場でビビっちゃって、何も聞けずに帰ってきたのならマズイと思って、「とりあえず覚えよう建築現場用語辞典」つくりました。

立体の寸法表記

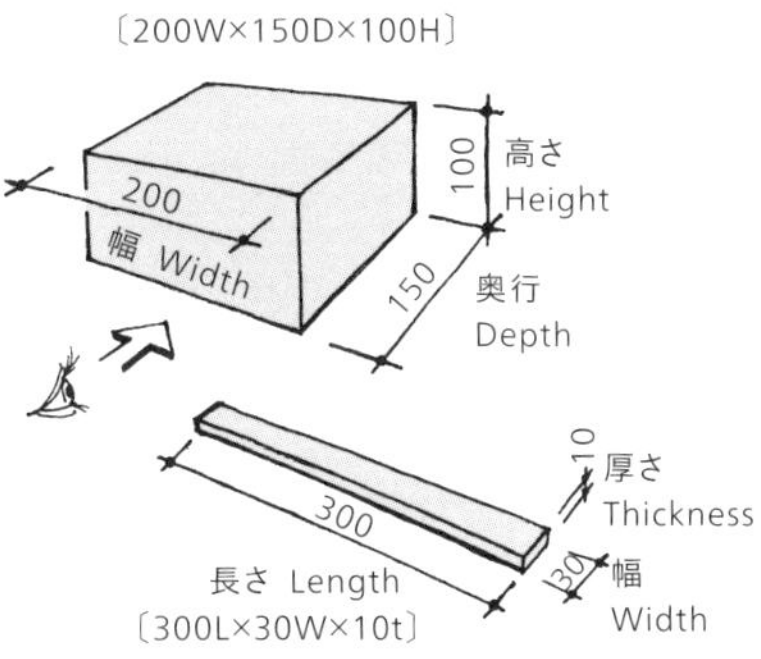

外寸と内寸

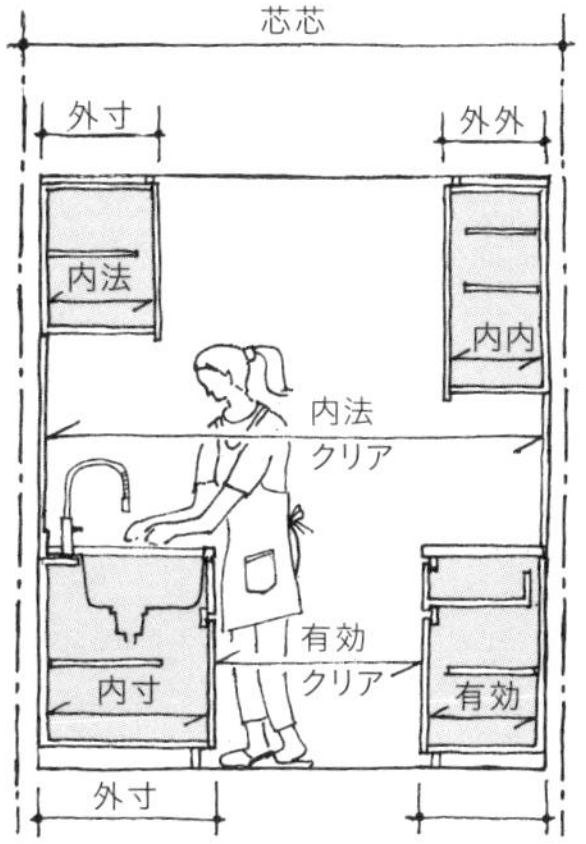

建物の高さ表記

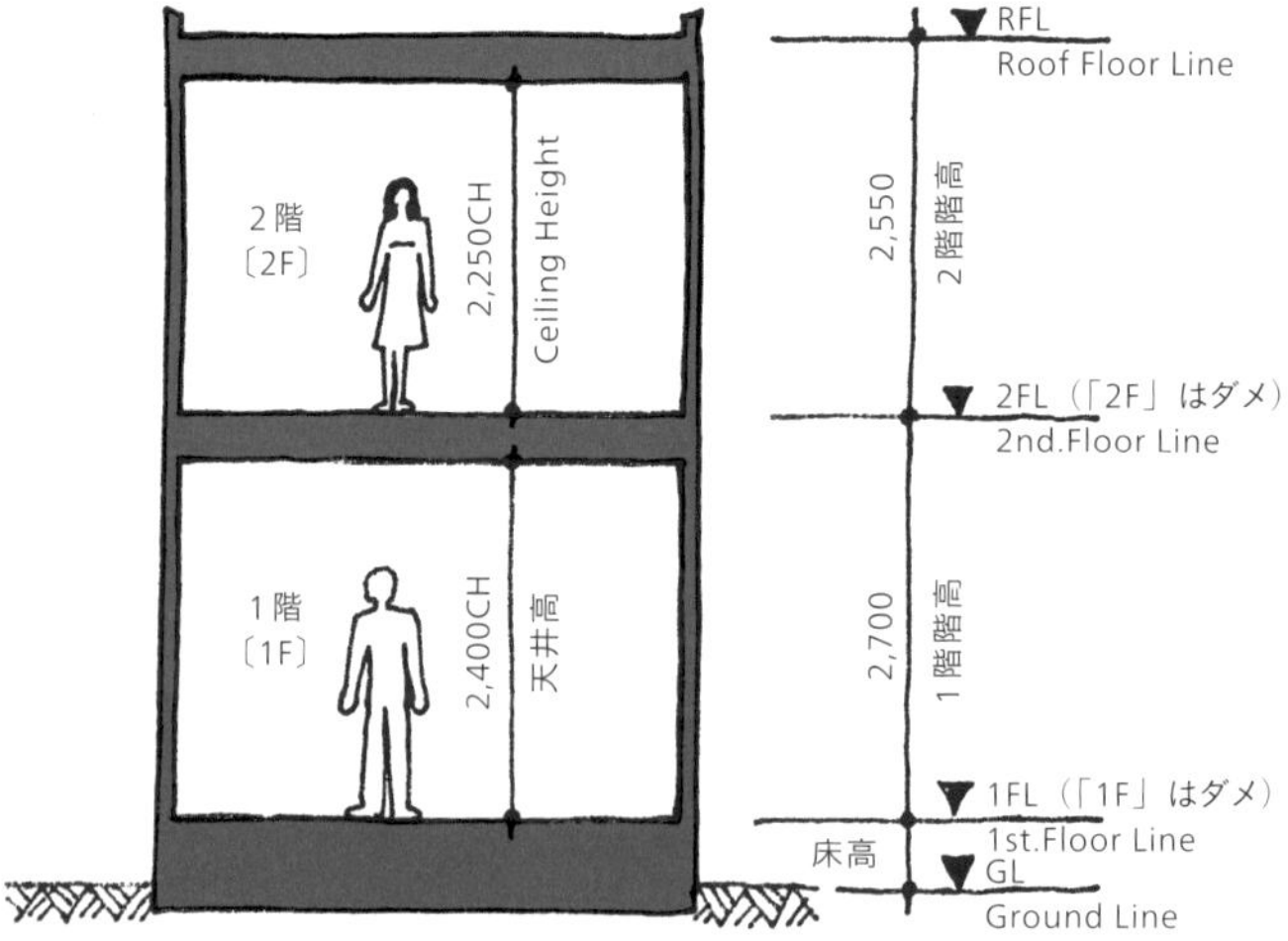

家具・建具の納め方

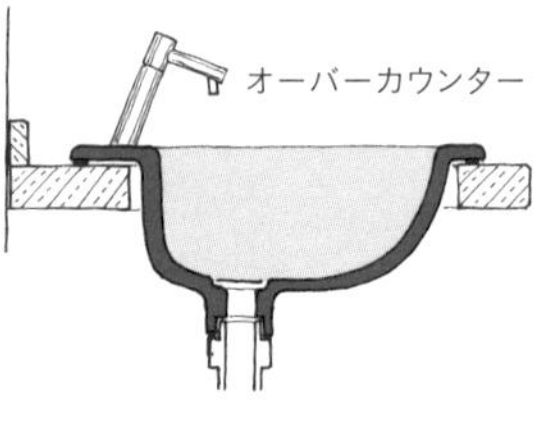

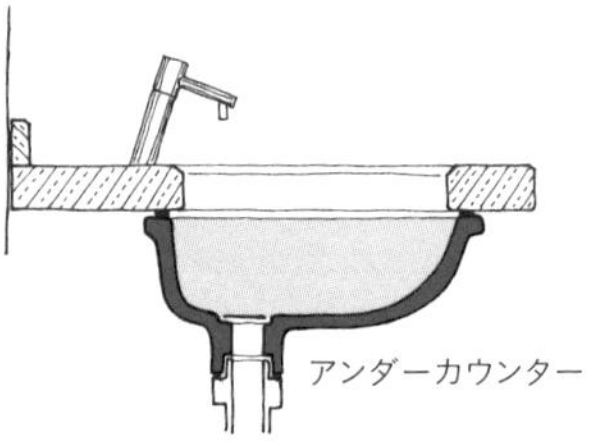

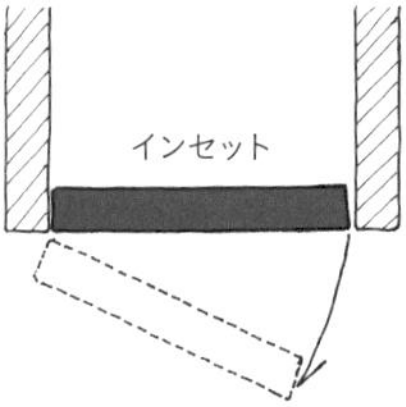

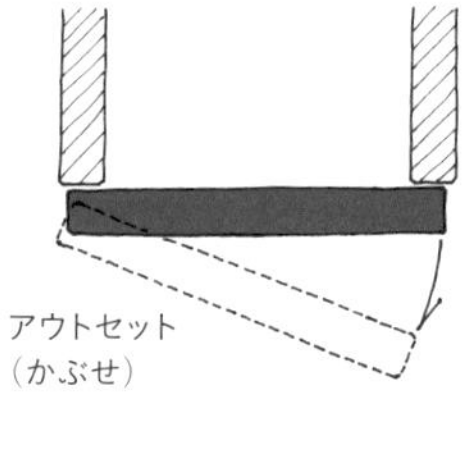

開口部廻りの呼称

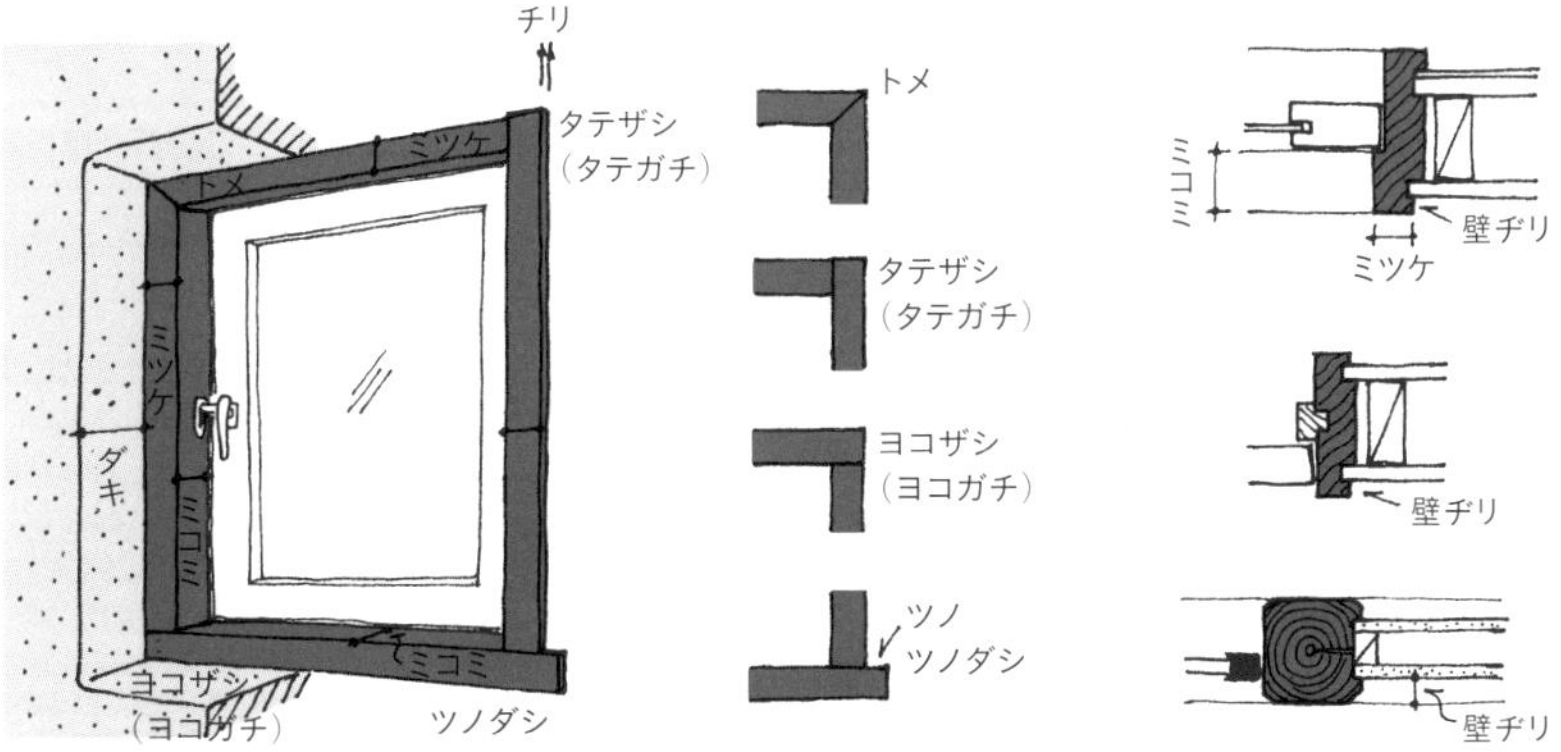

2つの部材の納め方

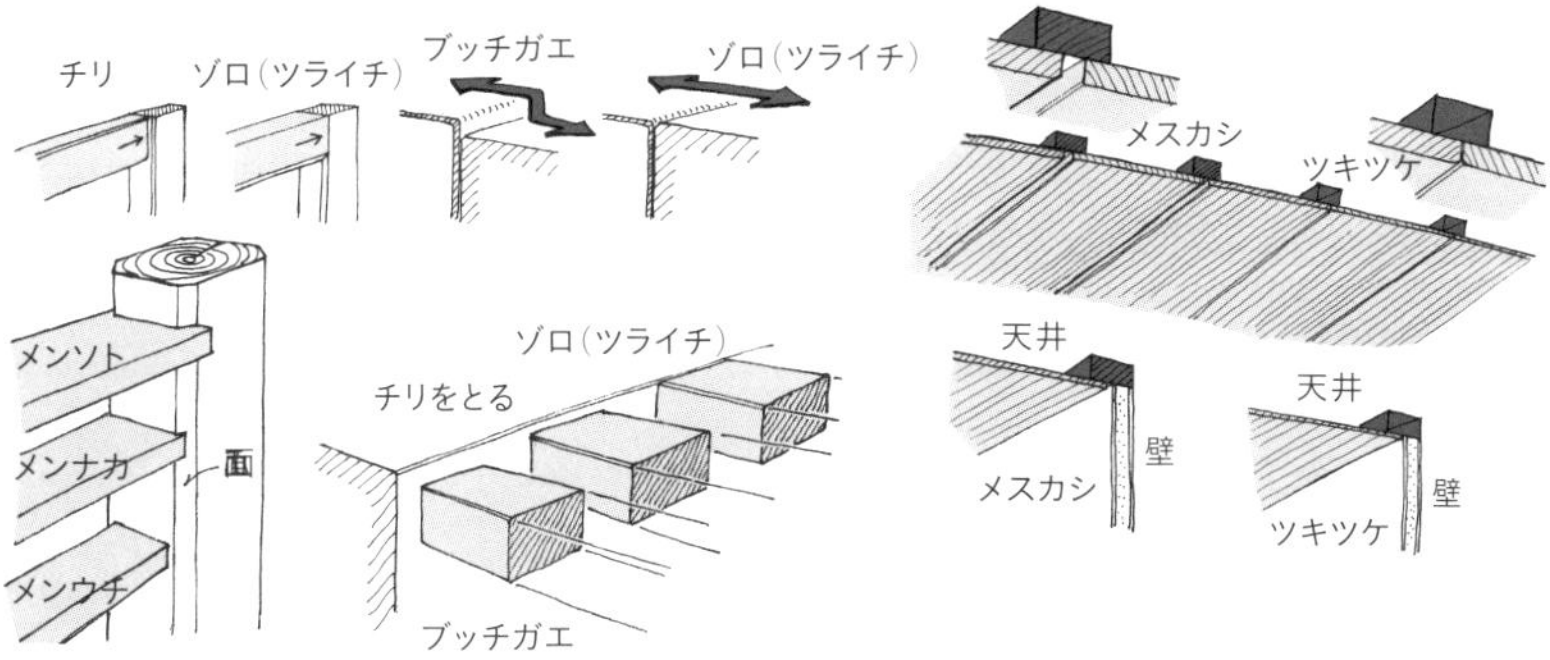

同材・同色

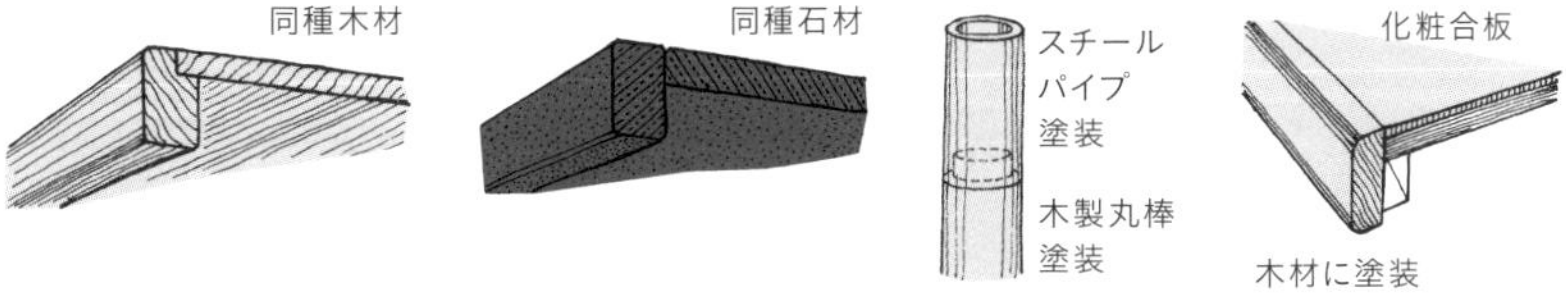

トモ材：複数の部品を同じ材種でつくること

トモ色：異なる材種を同じ色で仕上げること

貼り方・張り方・並べ方

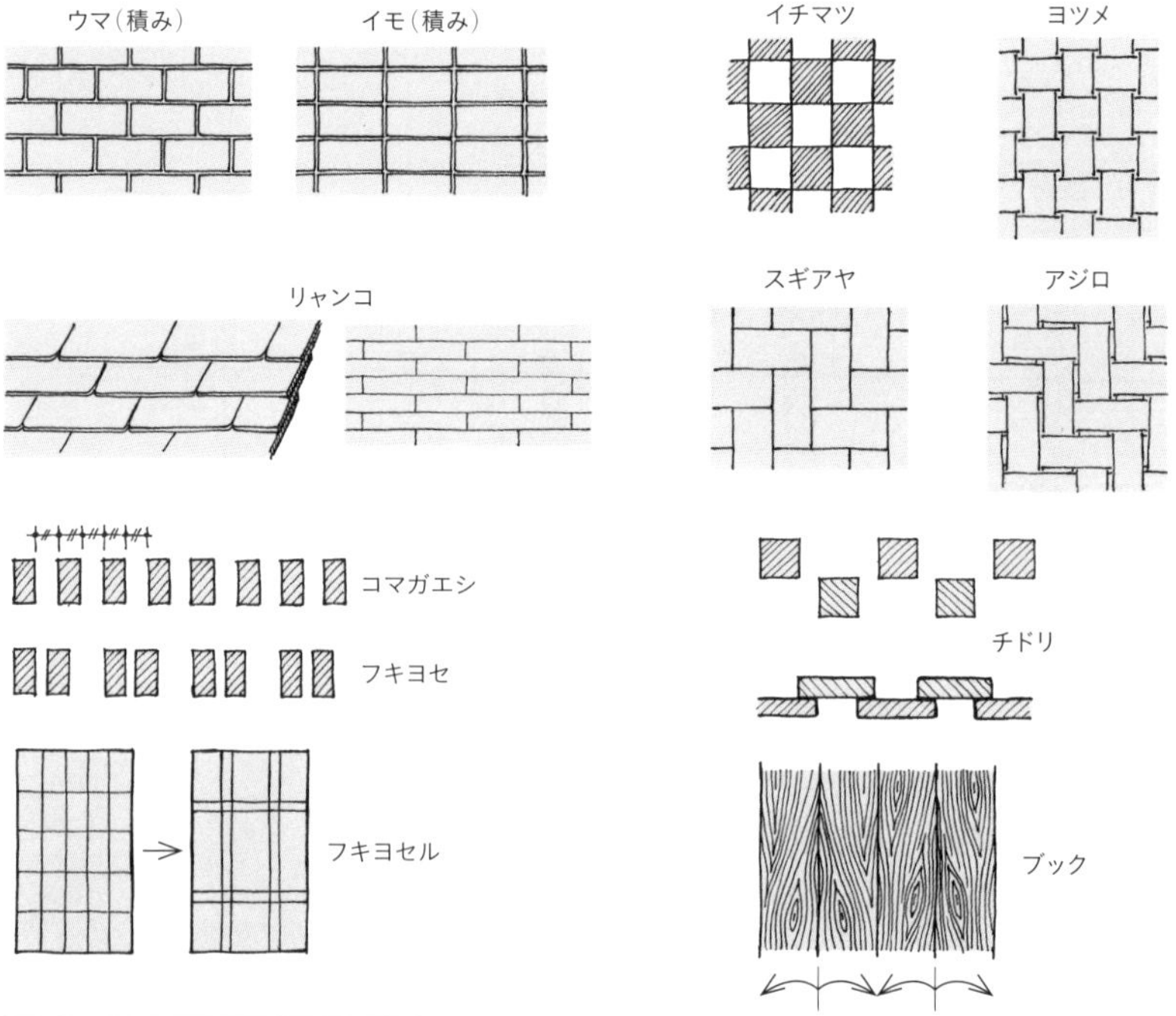

差し込み方・はめ込み方

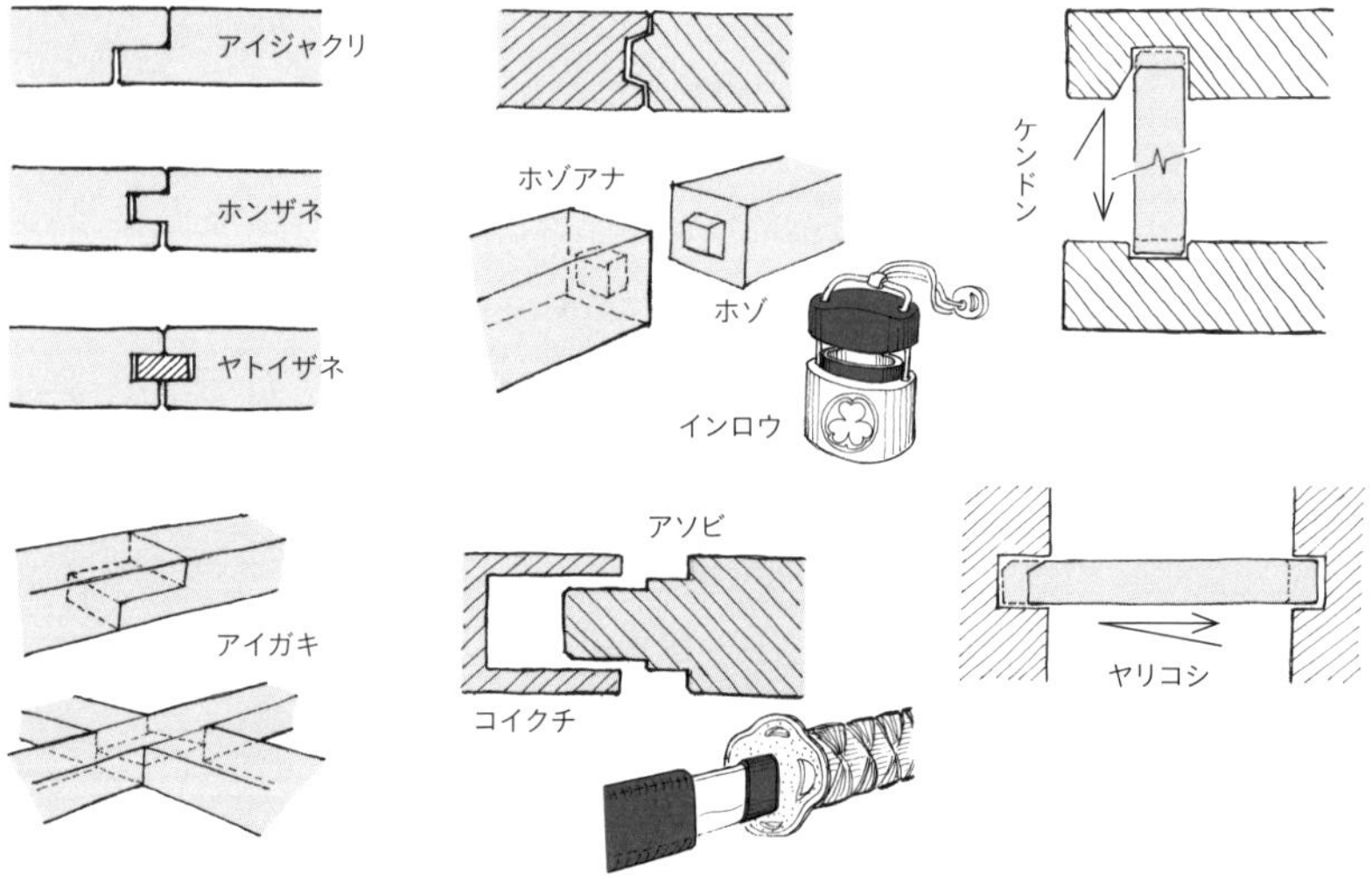

材料の質と大きさ

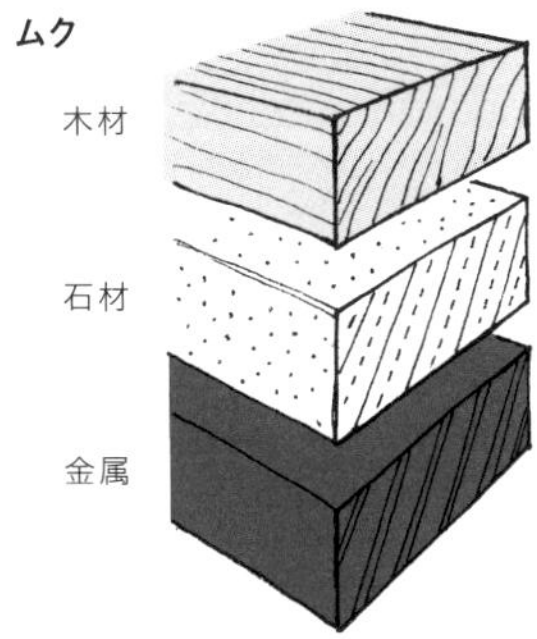

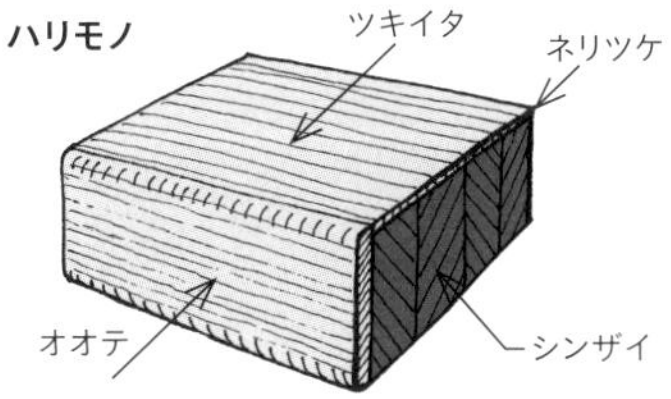

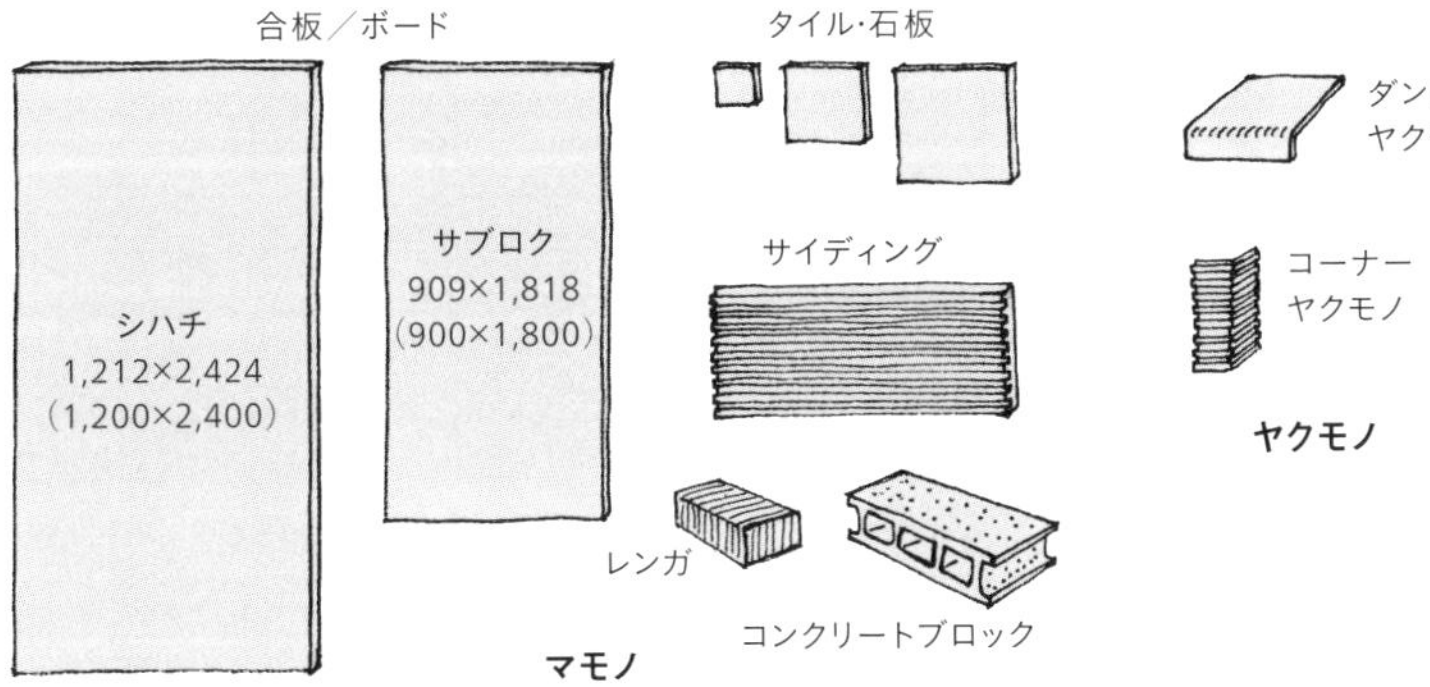

木材の表情と素性

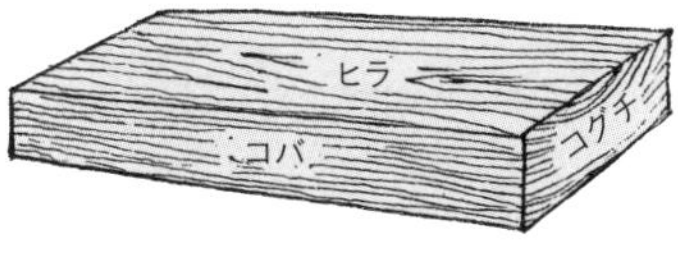

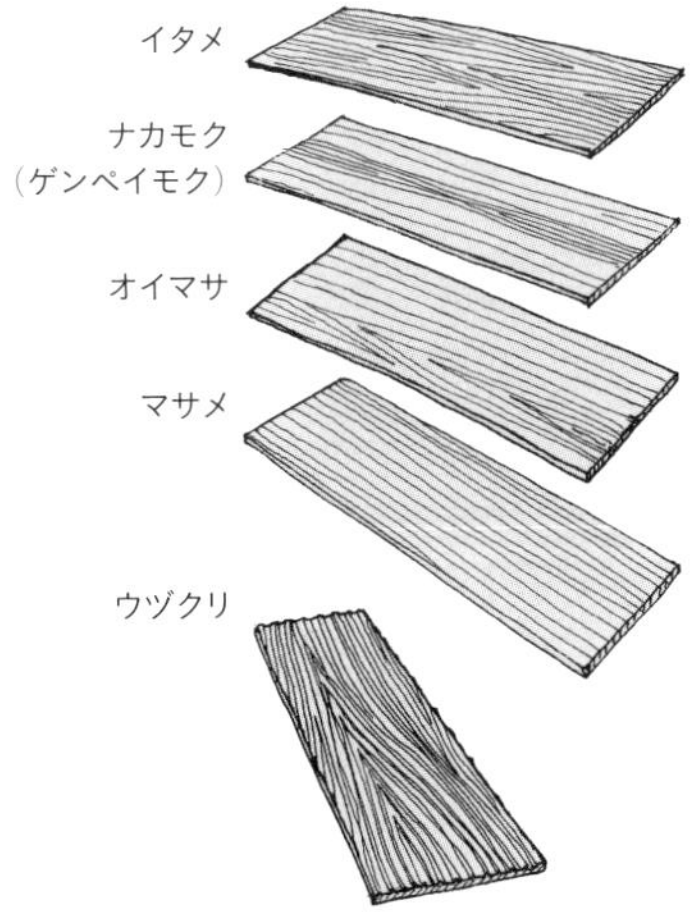

現場用語は時代や地方によっても
マチマチですから、私の勘ちがい
がございましたら、ゴメンナサイ

キホン

その六

「怪傑ゾロ」はちょっと手強い

ゾロは必ずしも解決（怪傑）策ではない
避けたり逃げたりするのは賢い選択で、かわしたり
いなしたりするのはとてもエレガントな態度なのだ。

無理なく自然なディテールとは

「巾木って、なんのために要る?」と尋ねると、一瞬考えて……たいていは「掃除機で壁を傷つけないため!」と答える。これはえらい勘ちがいだな。だって、掃除機が発明されるよりも、ずっと前から巾木はあったのだから。さらに「畳寄せは?」「廻り縁は?」とたたみかけると、ようやく気がついてくれる。そう、いずれも接合部を品よく納めるための部材なのだ。

ディテールが大事とか難しいとか言われるけれど、ディテールのほとんどは部材の接合部の〝仕舞い方〟のことだ。異種部材の場合なら、その接合部は誰でも慎重になるだろう。それに比べれば、同種同材どうしの接合は容易かもしれない。突き付けたり、ドン付けしたりもできないことはない。しかしそれでも、部材のサイズや方向が異なる場合には注意を要する。上手に納めたいよね。

同材といえども、その端部はマモノから切り取ったままだったり、左官工事のように始末に手間がかかったりする場合が多くて、ガサガサして傷や隙間だらけ。そのまま放っておくわけにはいかないから、もうひと手間かけたり、いっそのこと何か別のモノをかぶせて隠しちゃえ！　となる。巾木も廻り縁も額縁も、実はこのミッションを請けた必殺仕上げ材なのだ。早い話が〝ボロ隠し〟だよね。

ディテールの極意は無理を避けることであって、「ディテールのためのディテール」に陥るのは論外だ。部材そのものがどんなに上等で高価なモノであっても、その納まりがひどいと、みっともないし、情けない。一方、どんなにありふれて安価な部材でも、キレイに納めてあれば、気持ちいいばかりか品格すら感じられる。何事もなかったごとく平然とした姿は、むしろ「巧まざる意匠」と言ってよい。

縁とはボロを隠す仕上げ材

雑巾摺、押縁、額縁……およそ“縁”と名の付くモノのほとんどが
複数の部材のジョイント部品と言ってよい。

縁のイロイロ

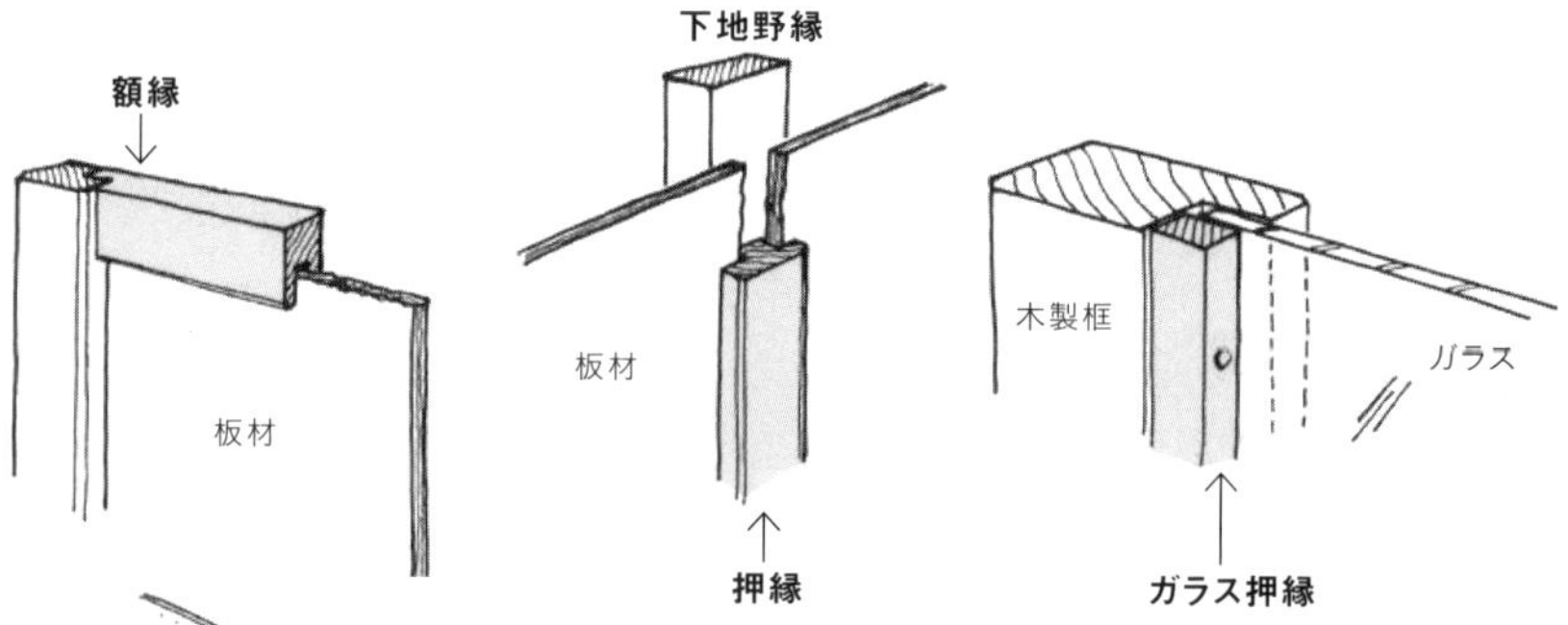

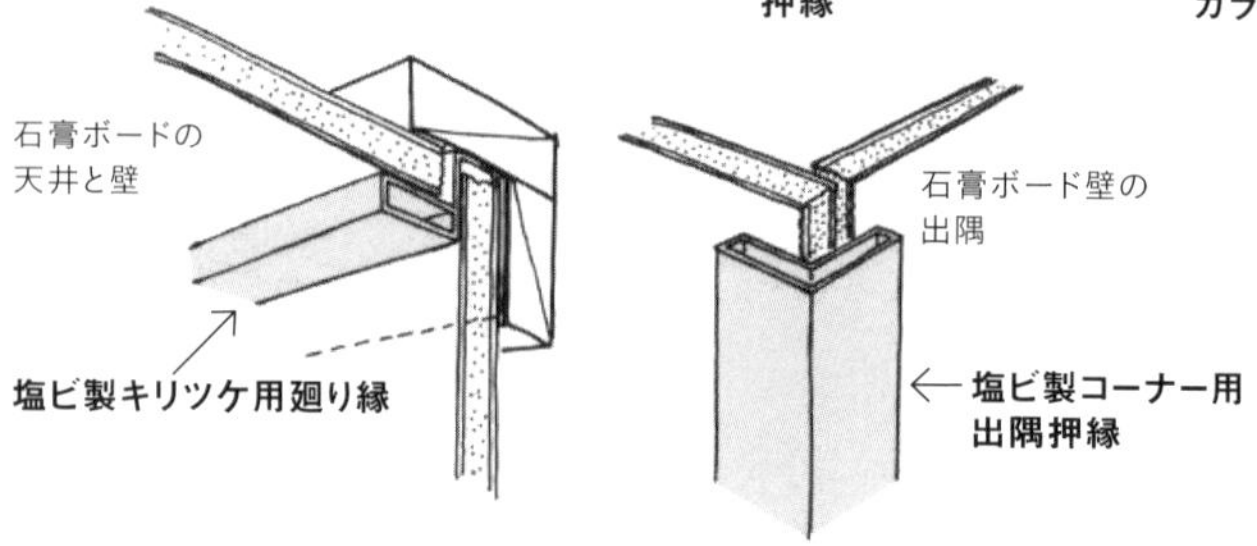

巾木や廻り縁を省いたり、異なる材種をトモ色に塗ったりして安くしているはずが、かえって工事費見積りは高く出ちゃう。施工手間にまで想いを及ばせなきゃね！

表舞台と楽屋裏

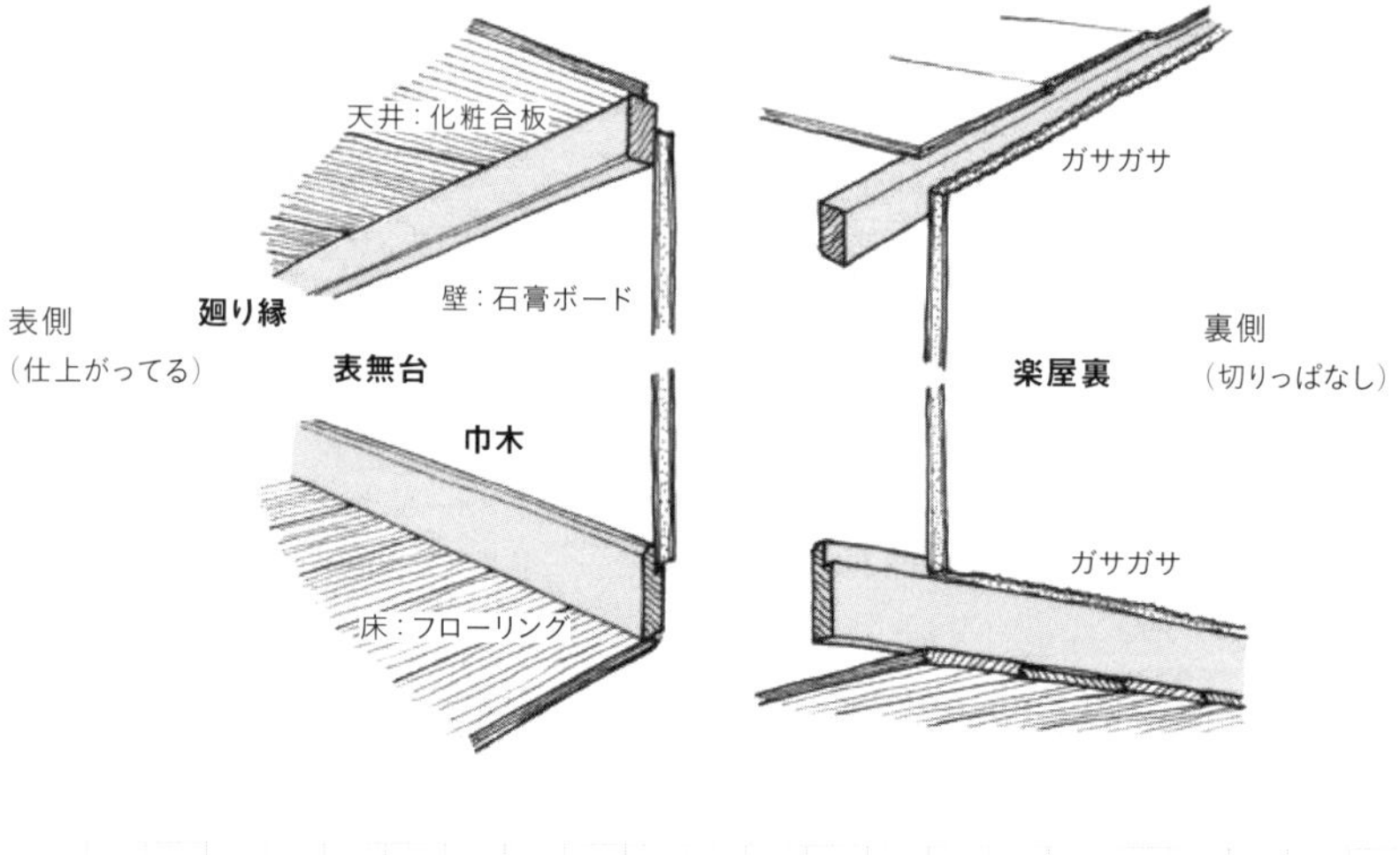

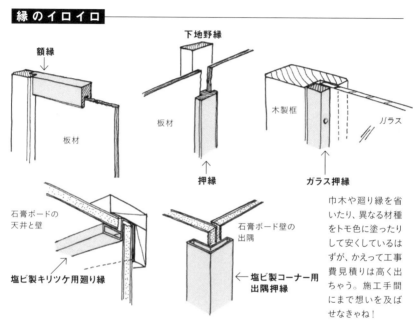

ゾロは手強いぞ

ゾロは美しい。けれど、竣工当初はスッキリとしていたのに
次第に隅々にクラックが湧いてきては、もう哀れでしかない。

突き付けは職人泣かせ

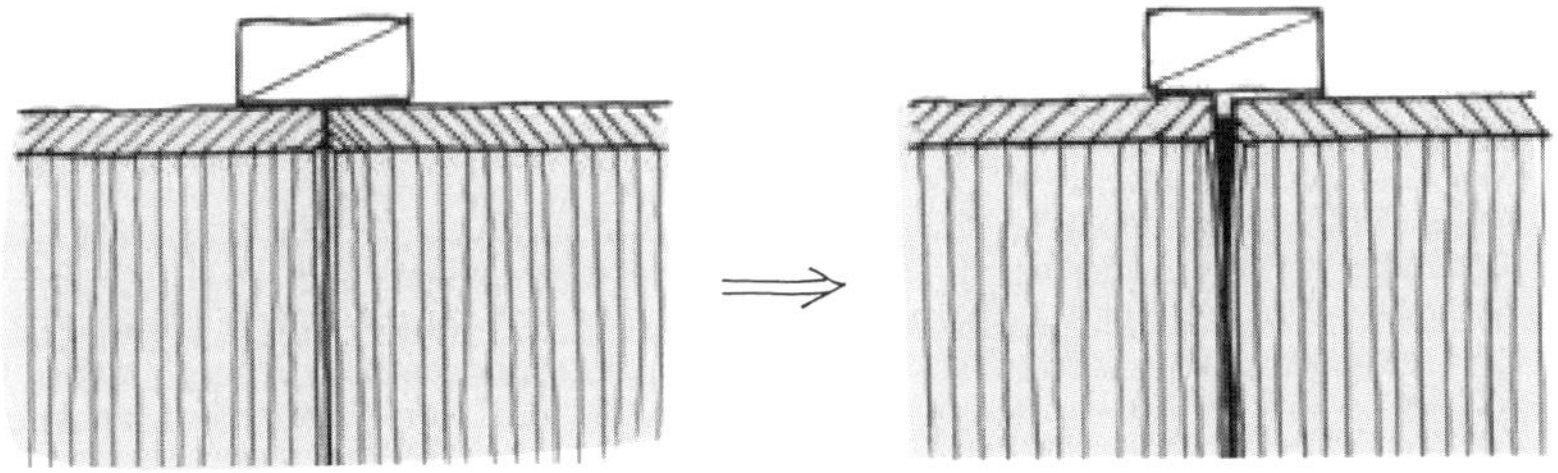

切り取った部材の端部はもちろん、マモノのままでもその端部はまっすぐとは限らないから、削ってすり合わせる

丁寧に合わせたとしても、時が経てば不ぞろいに隙間があいてくる。突き付ければ隙間があくのは避けがたい

額縁の隅のトメ納まり

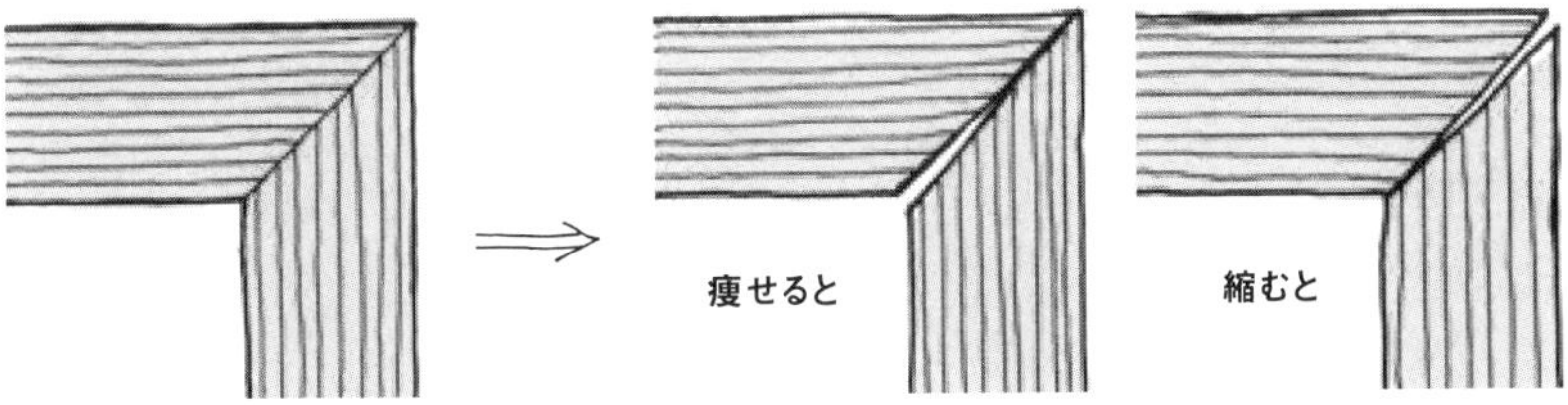
痩せると
縮むと

口があいてしまう

面がある額縁のゾロ

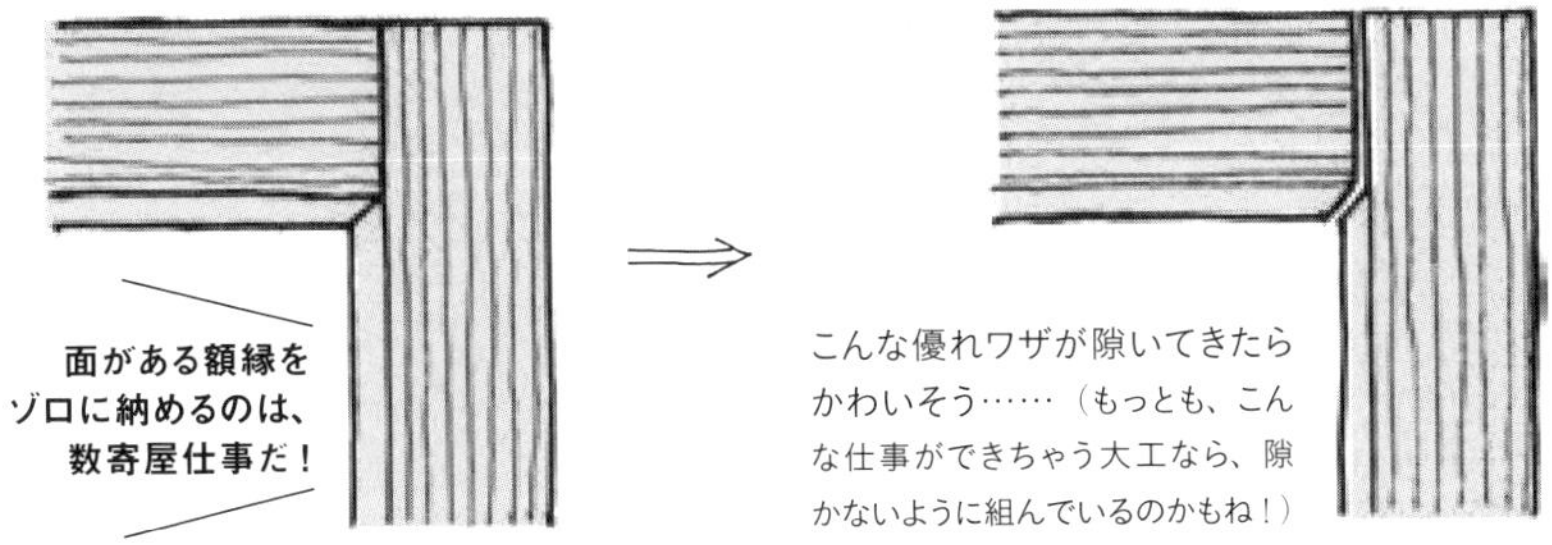
面がある額縁を
ゾロに納めるのは、
数寄屋仕事だ！

こんな優れワザが隙いてきたらかわいそう……（もっとも、こんな仕事ができちゃう大工なら、隙かないように組んでいるのかもね！）

触らぬ神に祟りなし

目透かしやチリといった納まりは、まともにぶつかることは避け、あえてずらしたり、間をとったりすることで、無用の争いを巧みにかわしているのだ。

塗り込め仕上げ

糊《こ》塗《と》とはごまかして取り繕うことであり、仕舞うことではない。一所懸命ファウンデーションしても、いつかはばれる（ヒビ割れる）。スッピンでいいんじゃない？

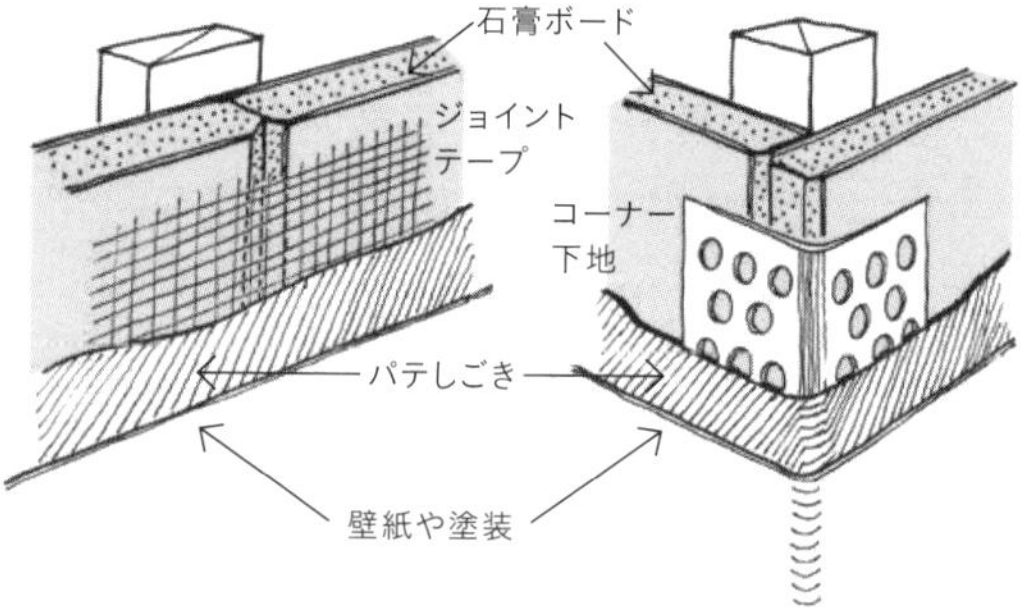

壁・天井の目透かしとチリ

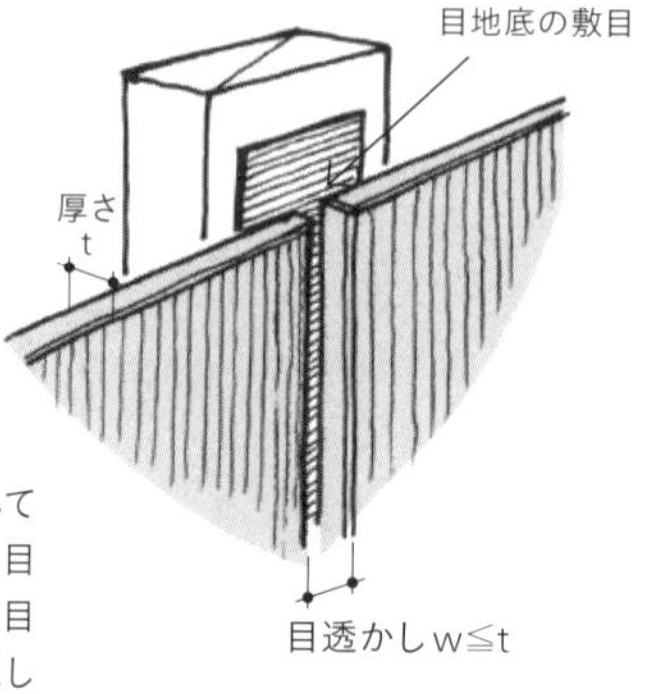

初めから目透かしにしておけば、経年変化も目立たない。このとき、目地幅を部材厚以下にしておくのがコツ

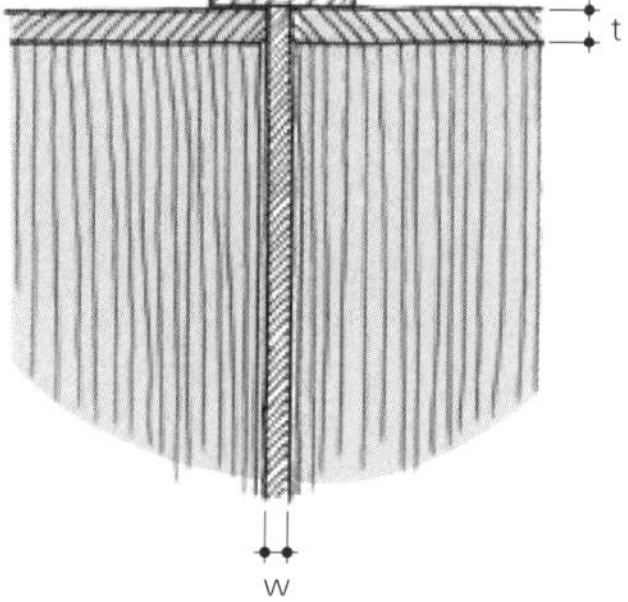

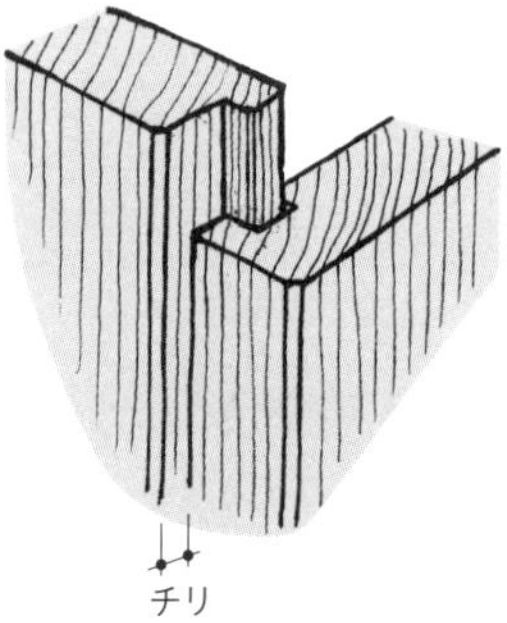

逃げる仕舞い

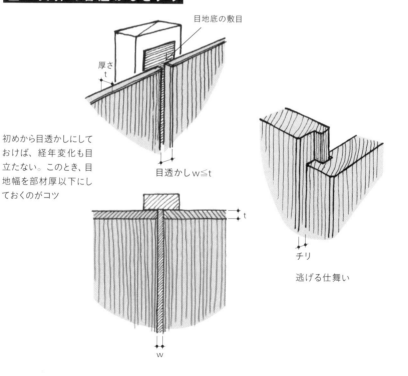

かくせ！ かわせ！ いなせ！

ボロは、無理に繕おうとせずに、素直にかわせばよろしい。
それこそが縁。

かぶせる仕舞い

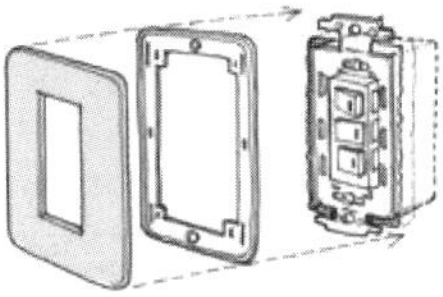

スイッチプレートは
埋め込みボックスより大きい

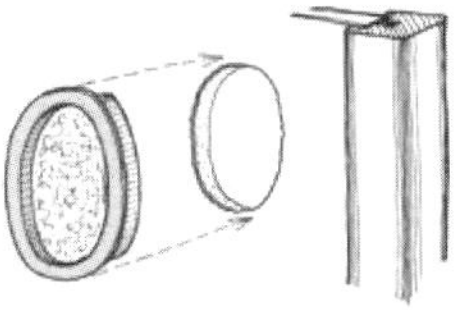

襖《ふすま》の引手はツバ付き

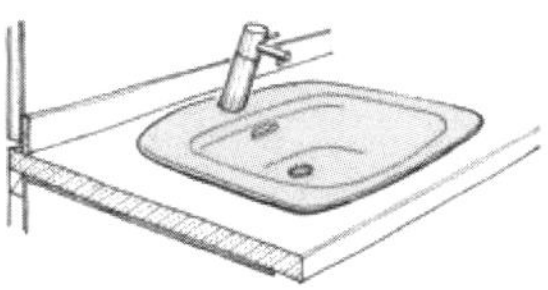

オーバーカウンターの
洗面器

柱・額縁と壁との接合

ゾロにこだわりすぎずに、しっかりチリを取ったほうがいい。チリの奥で隙いてきても、目透かしのようになるだけで気にならない

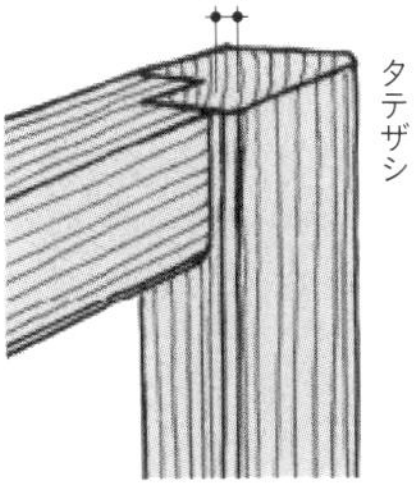

正面から見ると

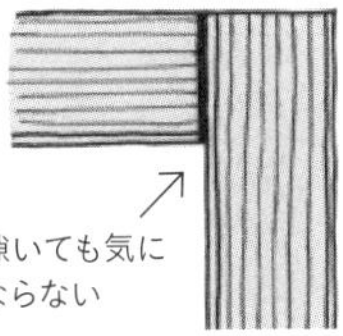

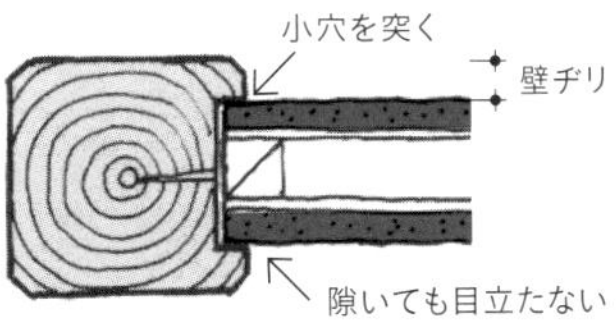

ひと昔前はあらかじめ左官の鏝《こて》1枚分の隙間を取ることもあった

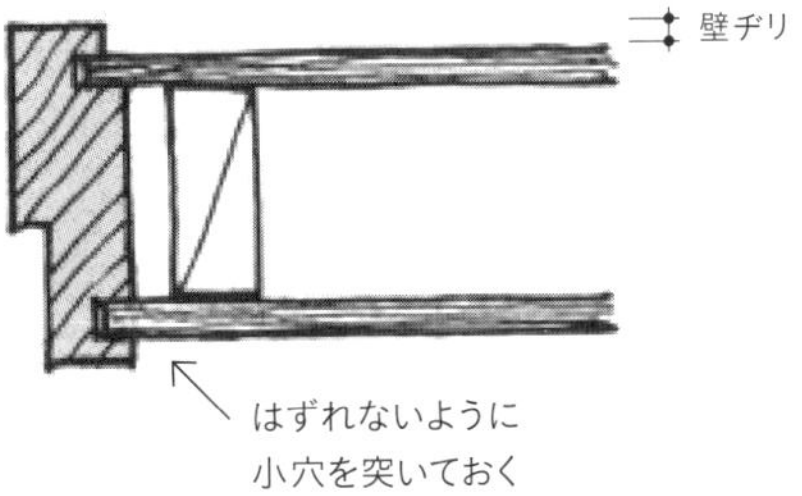

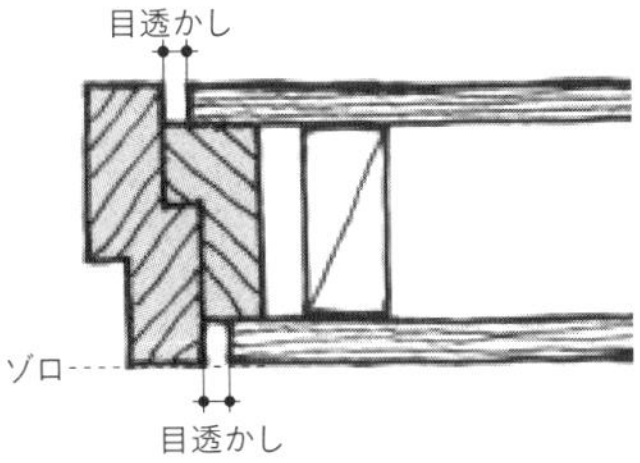

どうしても額縁と壁をゾロにしたいというなら、相方を目透かしにしておかなきゃね

＼避けたり逃げたりするのは賢い選択ですよ!／

キホン

その七

建築現場搬入心得
遊べや遊べ！
逃げろや逃げろ！

何でもピッタンコに設計しちゃダメ！

職人からひと言食らうことになる。「設計屋さんよ、
遊ばせたいから逃げてくんないかね！」

その家具、ちゃんと入りますか？

住宅を竣工させて引渡しも終えた翌日、建築主から電話がくる。「あの！ 引っ越し中なんですけど、冷蔵庫がキッチンに入らないんです！」よくある笑い話だ。いや、笑っている場合ではない。とりあえず現場へ急行だ。向かう道すがら、頭をよぎる言い訳……なんて言おうかな、いや、まず陳謝だ。弁解の余地なし。それにしてもだな、やっちまったぜ、ったく、マズイな……。

設計図とは、予定図なのだ。そして予定どおりコトが運ぶと思うべからず。図面上で冷蔵庫がぴたりとキッチンに納まっているのは、そこまで運び込めるという大前提をクリアしていなければならない。冷蔵庫の笑い話は、住宅の設計・監理における重要な問題を象徴している。

たとえば工事現場に搬入される代表格は造作家具だが、造《つくり》付《つ》けといっても現場で一から製作するのではなく、ほとんどは工房から運んでくるはず。床から天井いっぱいの本棚は、横倒しにして部屋まで入れられても、立ち上げることができない。造作家具は長さも気にしたほうがいい。設計図にはいくらでも長いモノを描けるけれど、8尺（2千400㎜）を超える材料は特注になる。2間（3千600㎜）以上の部材は搬入でコーナーを曲がれないだろう。ほかにも、密集市街地に長い鉄骨柱や大きな1枚ガラスを使うような設計をしてしまうと、搬入できないばかりか、そもそも現場にクレーン車が入れないから工事費見積りを拒否される事態に……。そこで「建築現場搬入心得」を。

こんなことはまず起こらないけどね

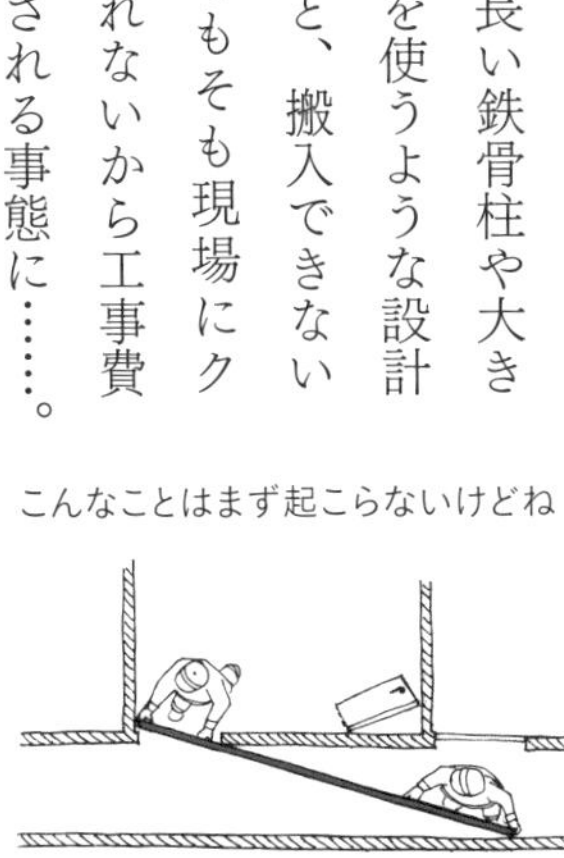

住宅に運び込まれる大型家具

まずは家具・家財のサイズをチェックしておこう。
工事現場に搬入される造作家具も注意だ。

やっかいなのは冷蔵庫

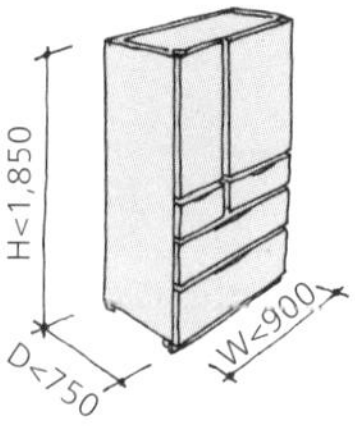

最近は奥行きでさえ700mmを超える大型もある。屋外からキッチンへの道程は、すべて有効幅750mm以上を確保しておく（入口の扉は引っ越し業者が外す）

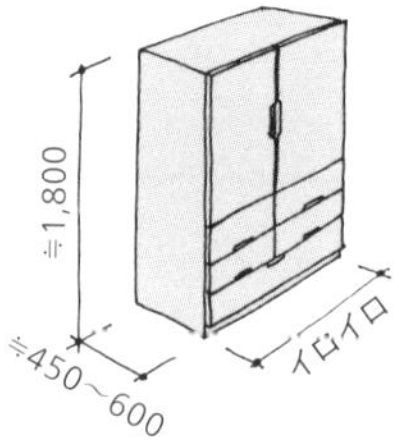

その他の置き家具は、ほとんどが奥行き700mm以下

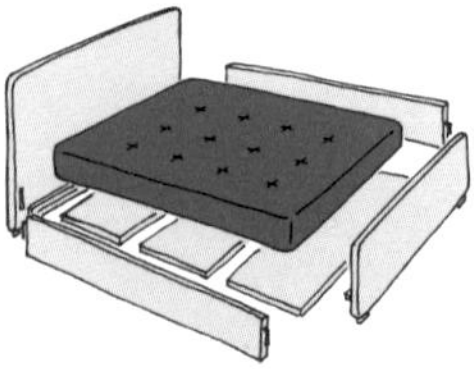

ベッドは分解できるから心配ない

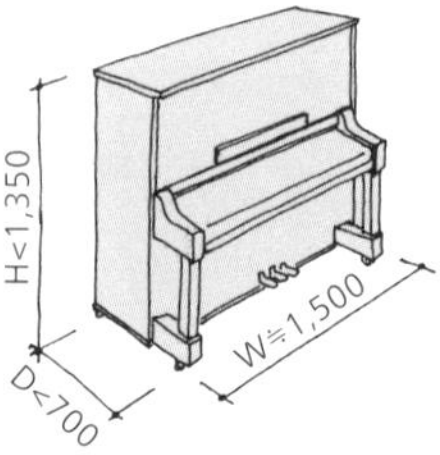

ピアノ（アップライト）だって奥行きは700mm以下だ。ただし、ピアノを上階に置く場合は要注意。階段から上げるのは難しいので、クレーンで吊って窓から入れるのだが、バルコニーの手摺が邪魔になってしまうかもよ

床から天井いっぱいの棚

上下を分けたデザインにしたり、少し低くつくっておいて上部をフィラーで埋めたり、下の台輪を現場で差し込んだりする。フィラーや台輪は、ロク（水平）とタチ（垂直）を確かめて現場で削る

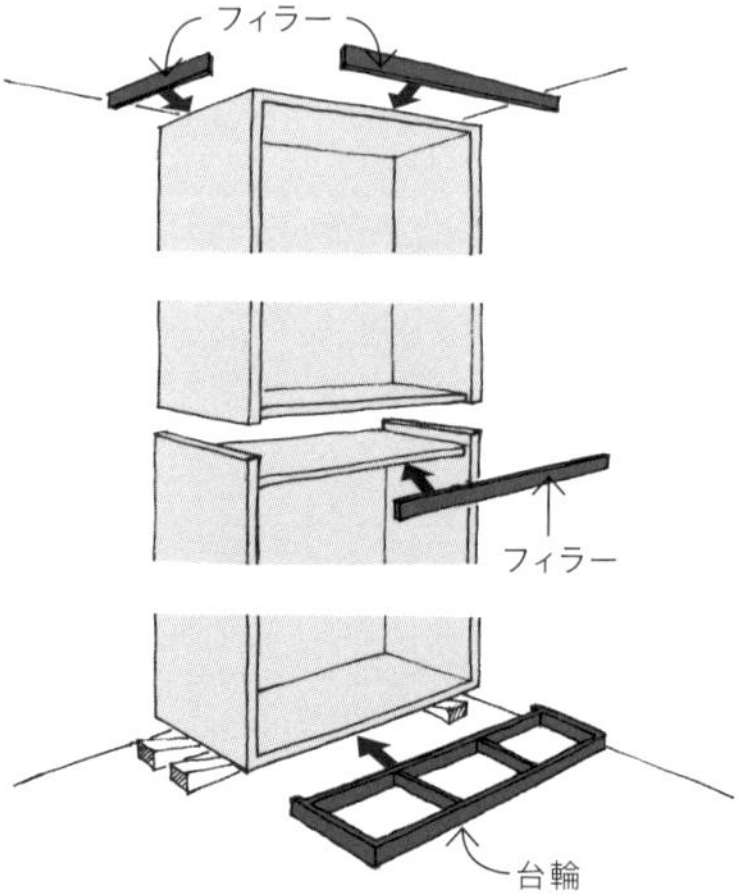

フィラーの大きさは、あなたの用心深さに比例し、挑戦意欲に反比例する（私は気が小さいですから、フィラーは大きいかも）

壁の間にはめ込む家具

両側の壁の間いっぱいに造り付ける戸棚や洗面台なども
先ほどと同様に案配する。

左右の隙間の埋め方

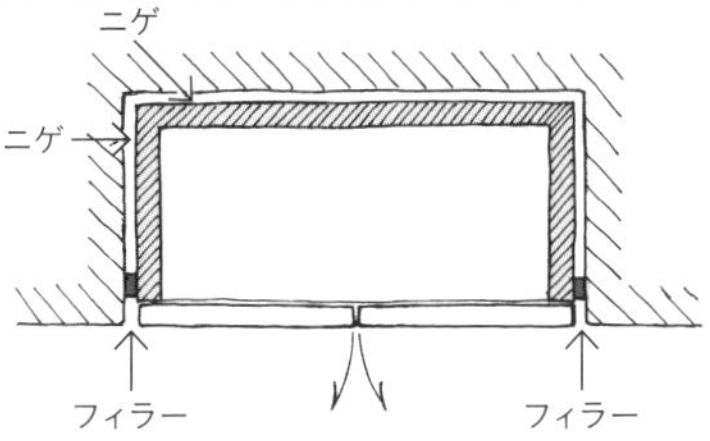

全幅を少し小さくつくっておいた本体を、壁の間に差し込んで据え、左右の隙間をフィラーで埋める

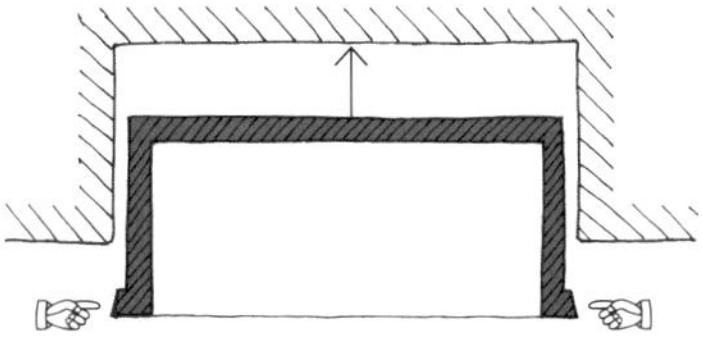

または、側板の先端を厚くしておいて、現場で削り合わせる

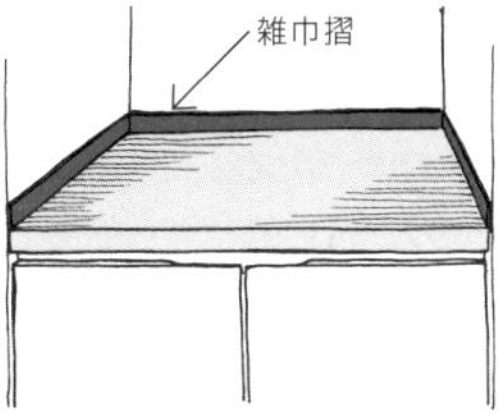

それでも天板と壁の間には隙間が残るので、雑巾摺を後付けしたり、シーリングを塗り込んだりするワケだ

天板と壁の隙間

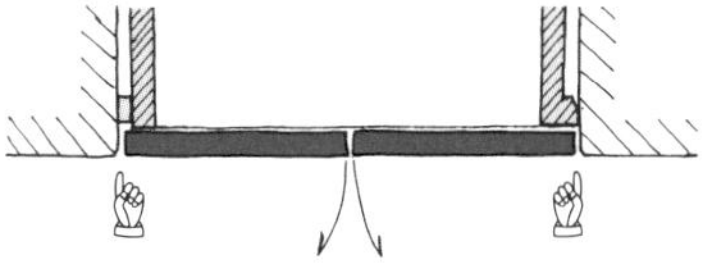

気の利いた職人ならそれらを隠すべくアウトセットの扉を大きくして取り付けてくれる

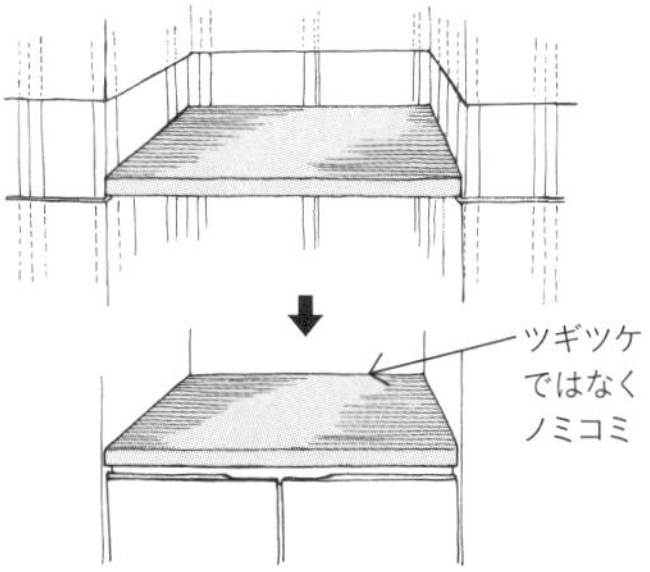

そんな仕舞い方は不細工でイヤダという方は、壁下地の施工と同時に天板だけ先に据えるよう、現場監督と家具職人、大工と打ち合わせておく。これは搬入というより据付けだな

引込み戸の建込み方

造作家具のほかに、建具も運ばれてくる。搬入で支障が
生じることはあるまいが、建込みには気をつけなければならない。

戸の幅は枠の有効幅より大きい

引込み戸は、閉じた状態でも尻端《しりたん》を少しだけ戸袋に呑み込ませておく必要がある。図面ではちゃんとそこまで描いているよね。戸の幅は枠の有効幅より大きいから、枠が取り付けられた後に建て込むことはできない。それをどうやって解決するか、事前に考えておくのは設計の必須事項だ。方法はいくつかある

戸袋側の枠の片方をずらして広げる

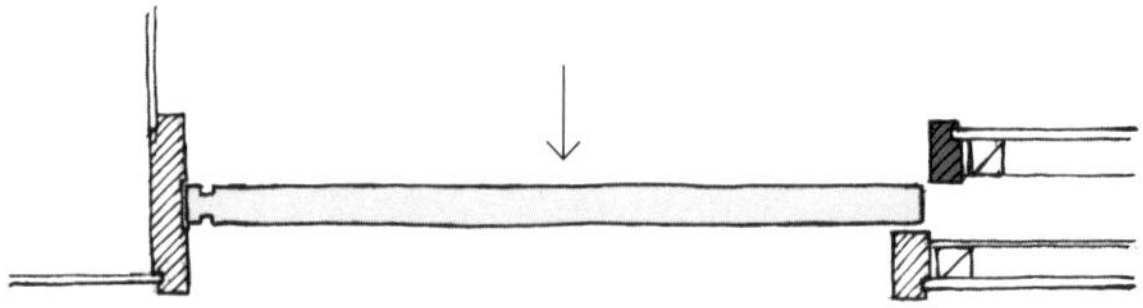

戸袋側の枠の片方を外せる仕掛けに

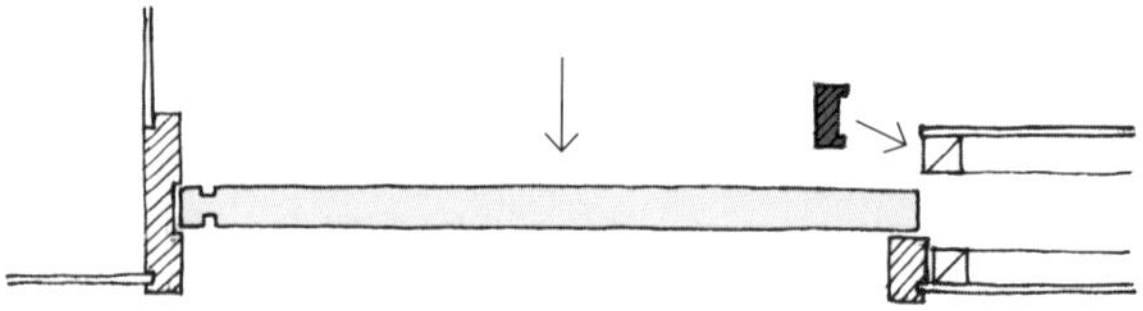

扉の引手框を建込み後に取り付け

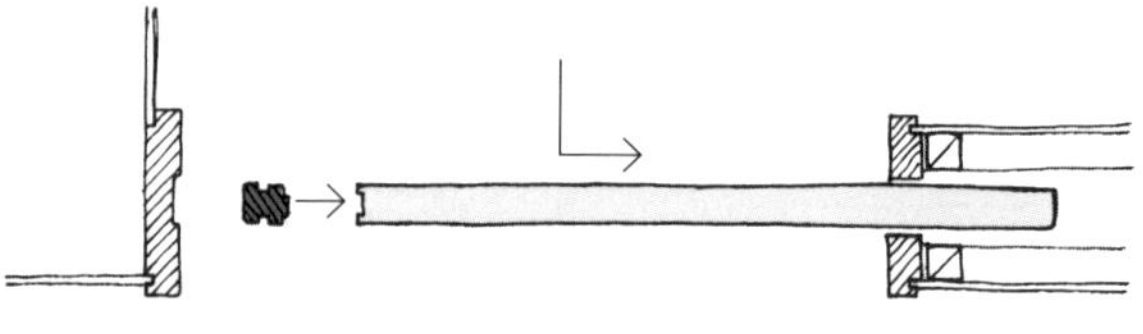

扉を斜めに差し込める吊りレールで

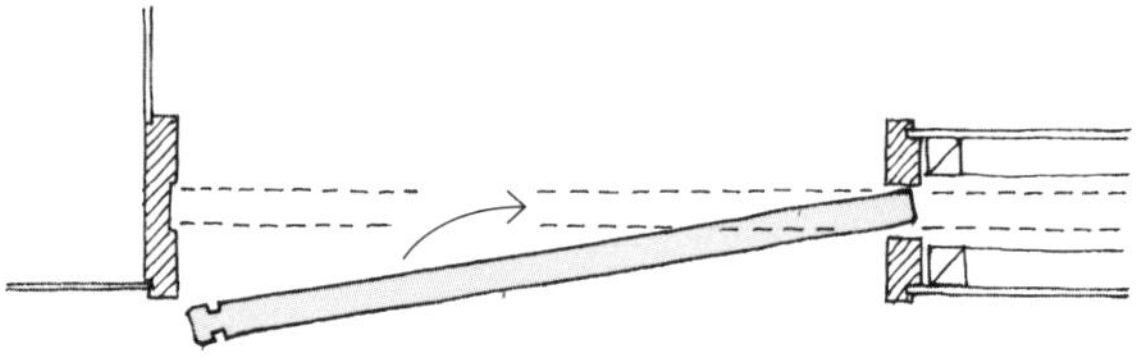

住宅の中で動くモノのほとんどは建具だ。数々の金属・木製建具と
併せて、戸棚の扉や点検口のふたなども一緒に考えよう

やんちゃな子どもを見守る母親のように

建具とその軌道は、やんちゃな子どもみたいで、思いどおりには動いてくれない。
それを知って、見守るのが母親だよね。

アソビとニゲ

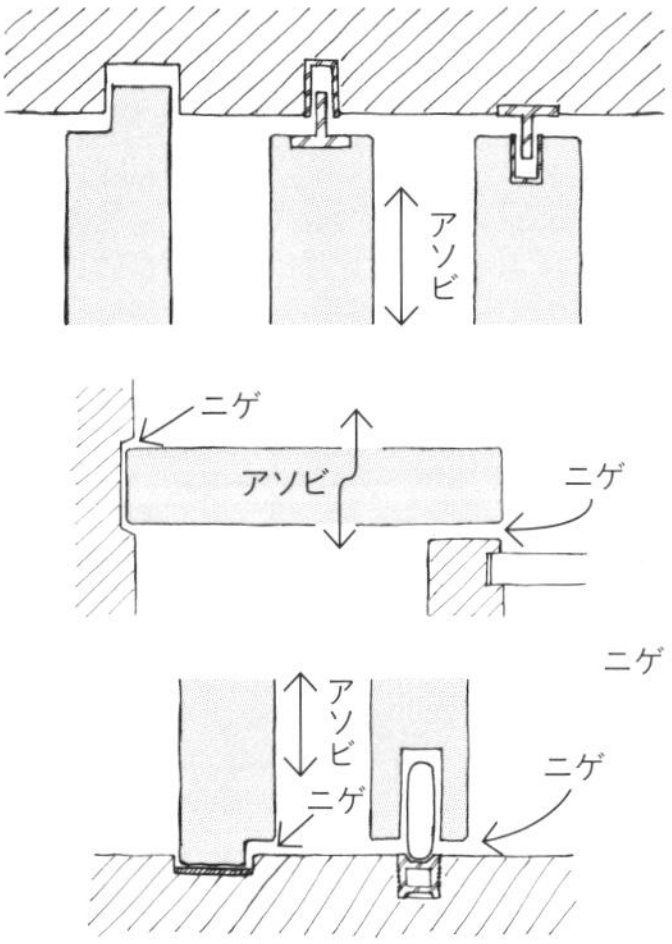

建具自体が枠・溝・レールにピッタリしていては摩擦で動かなくなるから少しばかり緩く設えておく。建具が変形したりズレたりすることを見込んでおくのがアソビで、それをかわすのがニゲ。建具がスムーズに動くためには両者の協力が欠かせない

建具が反ったり縮んだりすることを「暴れる」と言うのも意味深い。どれくらい暴れるかを見込むのは設計者のさじ加減。厳しくしすぎたら引き籠ってしまい、甘やかせば道を外れてしまうかもよ

締まり金物

時に母親は、いつでも子どもをつかまえられるようにしておかなければならない。
それが締まり金物。

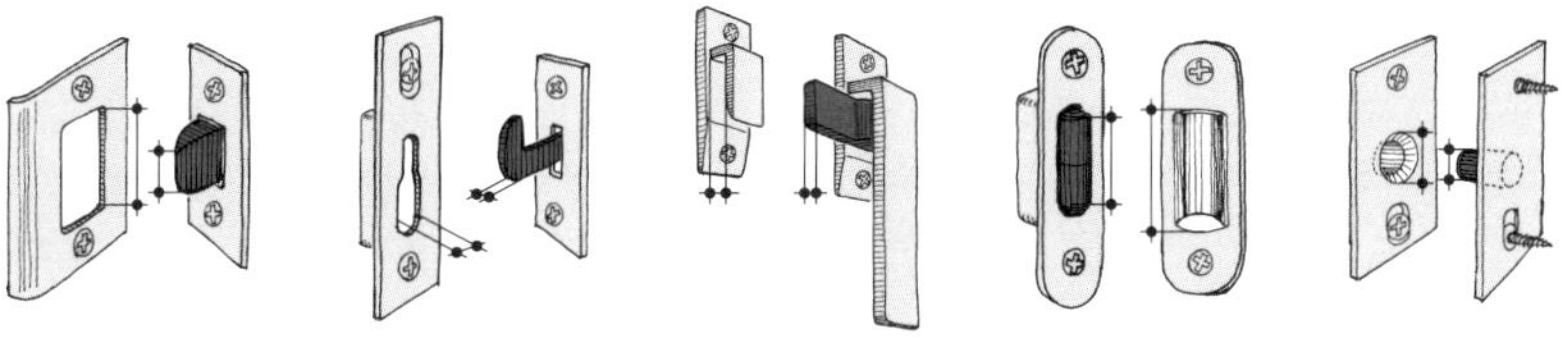

ドアラッチ　鎌錠　窓締まり　ローラー締まり　アソビ止め

子どもは母親の懐に素直には入ってこないから、両手を広げて（ニゲを取って）待っている。受け座の穴を「バカ穴」と呼ぶけれど、勘ちがいしないでね！　母親は、決してバカではありません

キホン

その八

これぐらいを覚えておこう
建築現場用語
ヒトとコトとシキタリ編

職人に敬意を、祭事は粛々と
シキタリはシナリオだと思って覚えてしまえば
決して面倒ではなく、むしろ楽なこと。
さあ、サッサと覚えてしまいましょ！

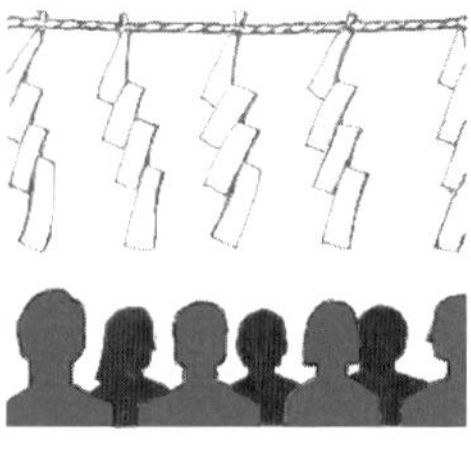

棟梁とはムネとハリではありません

ある現場の上棟式で、司会役の若い現場監督助手が、「それではこれより、大工のムネハリさんに……」と話し始め、一瞬の間をおいて爆笑が湧き起こった。おかげでその上棟式は和やかな雰囲気のうちに進んだので、まっ、イイか!? それに、棟梁本人に「ムネハリさん」と呼びかけたのではなくて、イかった。

建築現場は、さまざまな職方による分業だが、同時に連携プレーでもあり、結局はチームプレーなのだ。その道のプロが各々の持ち場をこなしながら、竣工へ向けて一丸となる。目的遂行のための最重要メンバーである職人に敬意を払うのは当然のことだ。それは職人の呼び方にも表れる。

鳶《とび》職のリーダーは頭《かしら》。

大工のリーダーは棟梁《とうりょう》。

そのほかの職方のリーダーは親方。

鳶も大工も左官も、現場に持ってくるのは自分の道具だけで、建材を現場に用意しておくのは施工会社の現場監督の仕事だ。職人たちに現場で気持ちよく腕をふるってもらえるように、怠りなく準備する。設計事務所の現場担当者もこれを心得て、施工図のチェックや納まりの決定、サンプルの選定は迅速に行わなければならない。現場で問われたら、その場で答えるのが原則だ。どうしても建築主の意向を確かめる必要があるなら、「回答はいつまでに?」と問い返すのが設計者の誠意だ。いちいち事務所に戻って所長にお伺いを立てるのでは、伝書鳩であって現場担当とは言えない。

地鎮祭や上棟式などの祭事も大切だ。現場で最も気をつけるべきは、けがと事故。祭事で職人たちが縁起をかつぐのは当然だろう。ゆめゆめおろそかにはなさいませぬよう。例によって、現場用語は時代や地方によってもマチマチなので、もし私の勘ちがいがございましたら、ゴメンナサイ。

竣工のためのレギュラーメンバー！

現場へは入れ替わり立ち代わり、さまざまな職人が出入りする。
彼らは自分の工事をこなすだけでなく、連携プレイを繰り広げる。

鳶職

大工

多士済済な職人たち

現場監督は手配師

建築現場では現場監督が采配を振る。ただ命令を下すだけではない。
下請《したうけ》職のために元請《もとうけ》側がその下働きをしてこそ現場に連帯感が生まれる。

現場の休憩

10時の一服や3時のお茶だって、現場監督が気を遣う

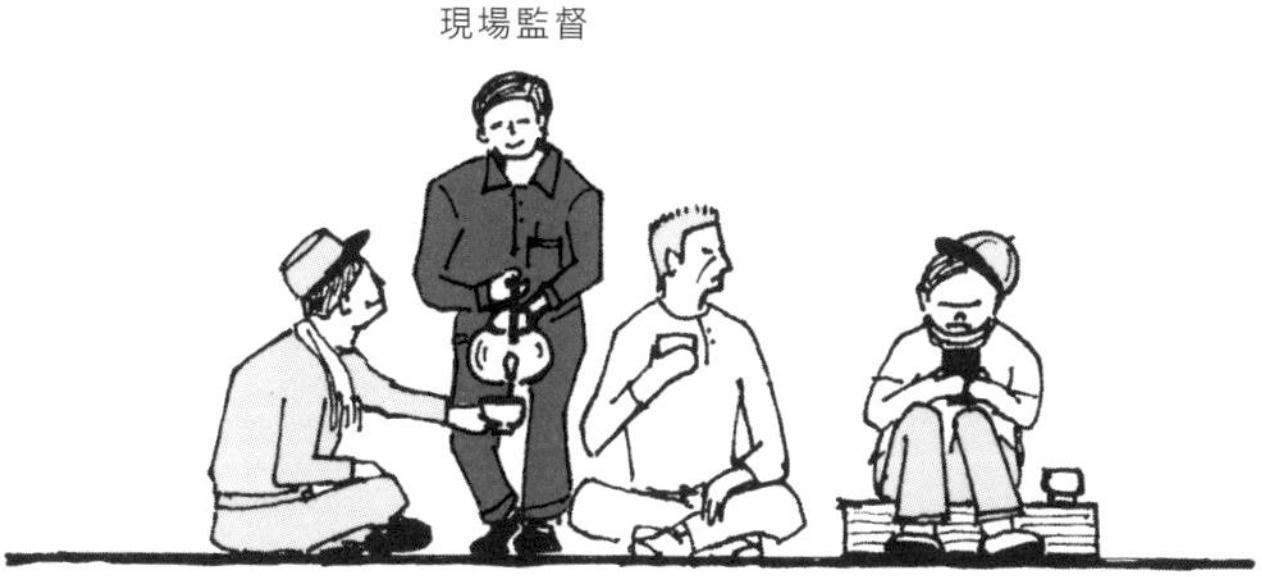
現場監督

昼にしようか

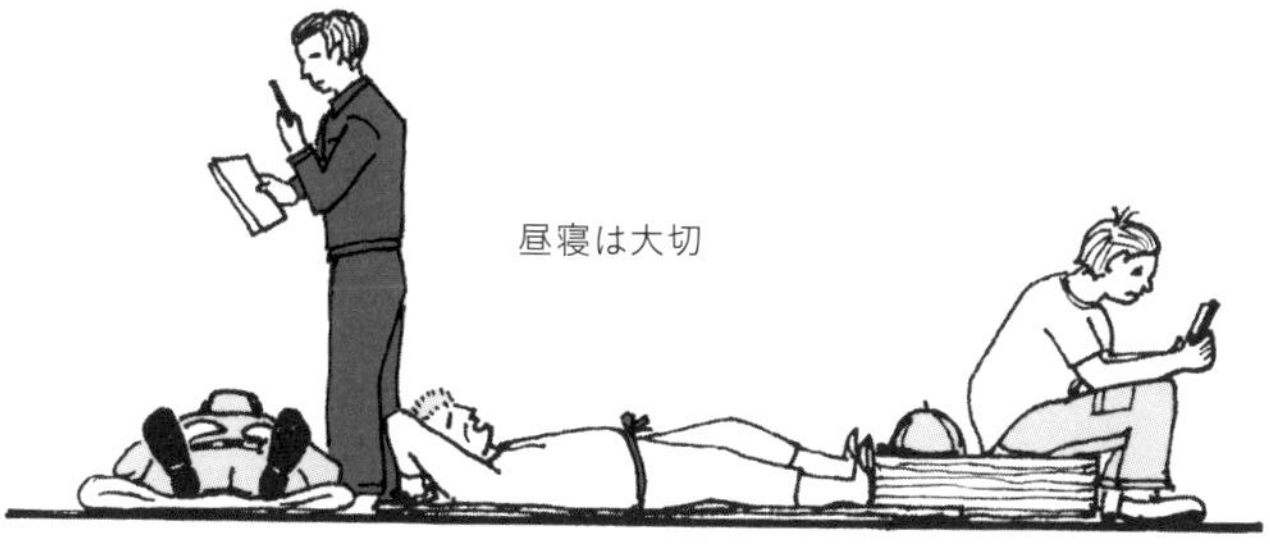
昼寝は大切

これぐらいを覚えておこう地鎮祭

根拠は曖昧だが、地鎮祭は午前中がよいとされ、
六曜の大安、友引、先勝が好まれ、仏滅、先負は避けられる。

祭壇は東向きか南向き

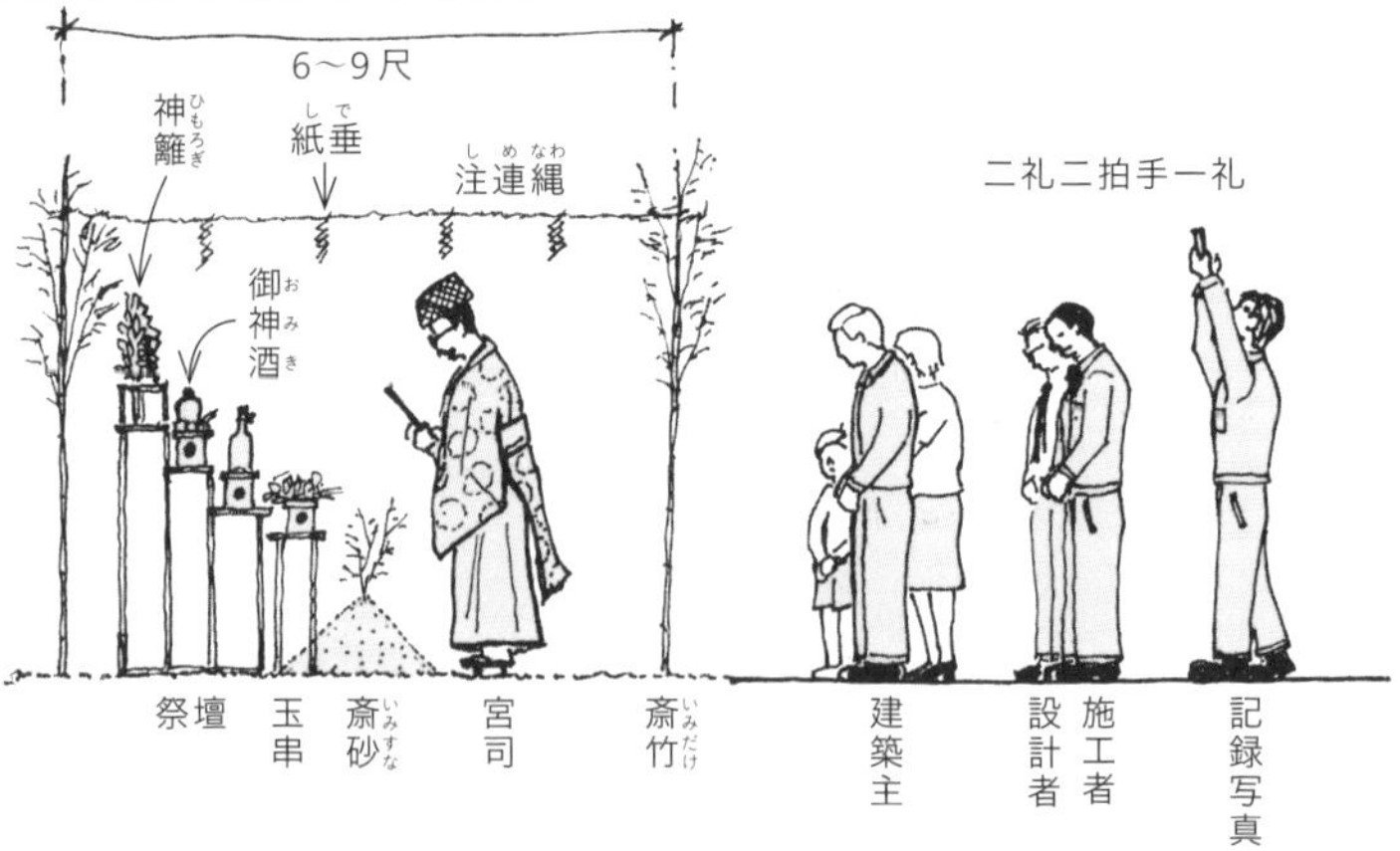

地鎮《とこしずめ》の儀

鍬入《くわい》れの儀　穿初《うがちぞ》めの儀　苅初《かりぞ》めの儀

玉串奉奠《たまぐしほうてん》

初穂料《はつほりょう》と鎮物《しずめもの》

建築主から神社へ初穂料。「御礼」とは言わない

神社から建築主へ鎮物

これぐらいを覚えておこう上棟式

これも根拠は曖昧だが
上棟式は二十四節気からの三隣亡を嫌う。

棟梁に合わせて祈願

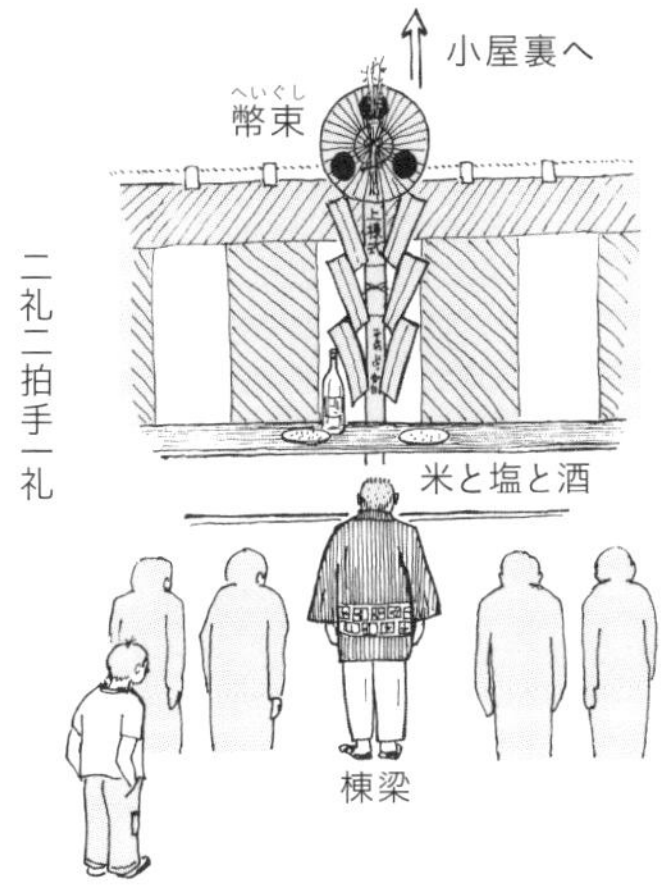

御祝儀

建築主から、棟梁を通して職人たちへ御祝儀。「御礼」でもよいです

四方清め

無事に棟が上がったことを祝い、建物がしっかりと立ち続けることを祈り、四隅の柱に酒・塩・米などを供える

祝宴・頭の木遣《きやり》・手締め・御祝儀

棟上げを祝う宴だが、同時に職人の労をねぎらい、これからの工事中に事故のないことも祈る

コラム»1

マニュアル・オートマティック・自動制御

私は現在、自分用の自転車1台を所有するだけで、自家用車は必要としない生活を送っている。すでに数年前から一度も車を運転していない。自分の年齢・維持費・事故の危険性を考え、運転免許証を返納しようか……とも思いながら、それでもまだ手放さないでいる。たった1つの可能性を捨てきれないからだ。

今の暮しを続けながら、将来自転車にも乗れなくなったときに、もしかして自動ブレーキどころか完璧な自動運転車が実現しているかもしれない。間違いなく便利だろうし、私がそれに乗ることを誰も危惧しないだろう。タクシーやバス以上に安全なクルマに私1人が乗車して（させてもらって）いるのだから、大丈夫。けれど、少し淋しい気もする。それはもはや、自分で運転しているとは言いがたいからね。

私が普通自動車運転免許を取得した大学生の頃は、アクセルとブレーキとクラッチの3ペダルがある、すなわちマニュアル運転の車しかなかった。クラッチペダルを踏むことでエンジンと駆動サスペンションが切り離されることを体が覚えた。父が自動車エンジニアだったせいで、私はクラッチどころか、独立懸架やディファレンシャルギヤの仕組みまで理解していた。私が所有した自動車は、始めのうちはマニュアル・ギアの車だったが、初めてオートマティック・ギアの車に乗り換えてからは、その後もずっとオートマティックになった。ずっと楽になったからである。車を操る醍醐味は半減したものの、自分で運転していることに違いはなかった。

　私が建築学生の頃は、課題は手描きの原図を提出しなければならなかった。インキングペンや色鉛筆・絵の具・マーカー・シールを駆使した多彩な図面1部を提出し、評価を待ったものだ。設計事務所へ就職してからは一変して、鉛筆を平行定規と勾配定規に当てた。トレーシングペーパーに描いては消し、消しては描いたモノクロの図面を、アンモニア臭いコピー機で焼いて製本した。独立してからも、しばらくは手描きの図面を描き続けた。車の運転になぞらえれば、マニュアル車を運転していたようなものだろう。

　40歳になったのを期に、その頃ようやく普及しつつあったパソコンを購入した。ＣＡＤソフトで図面を描き始めたところ、便利なことこのうえなく、まもなく私の事務所の製図板と平行定規は物置に積まれた。オートマティック運転に換わったと言ってよい。ＣＡＤソフトはどんどん進化して、ヴァージョンが新しくなっていった。そのたびに嬉しくて高価な新ヴァージョンに買い換えたものの、そのうちについて行けなくなった。というよりも、そこまでの必要を感じなくなったのだ。

　たまたま昨年、パソコンが故障して、手描きで図面を描かざるを得なくなった。平行定規付きの小振りの製図板を、建築士資格試験に合格した教え子から譲ってもらって描いてみたら、自分でも驚くほどスラスラ描けた。一度乗り方を覚えた竹馬や自転車やスキーと同じだな！　と思った。

　今の学生や若い建築設計者は、物心ついたときから携帯電話とパソコンがある暮らしのなかで育ち、図面はもちろんＣＡＤで描いている。ハウスメーカーへ就職した教え子たちによると、自社のソフトで平面図を描けば、自動的に断面図と立面図が立ち上がるのだと。自動車運転のコントロールシステムよりも、住宅設計システムのほうが一歩先んじているのかもしれない。いずれ近いうちに、敷地と家族構成と予算を入力すれば、住宅の設計図がアウトプットされるようになるだろう。

私はそれを「設計」とは呼びたくないけれどね。

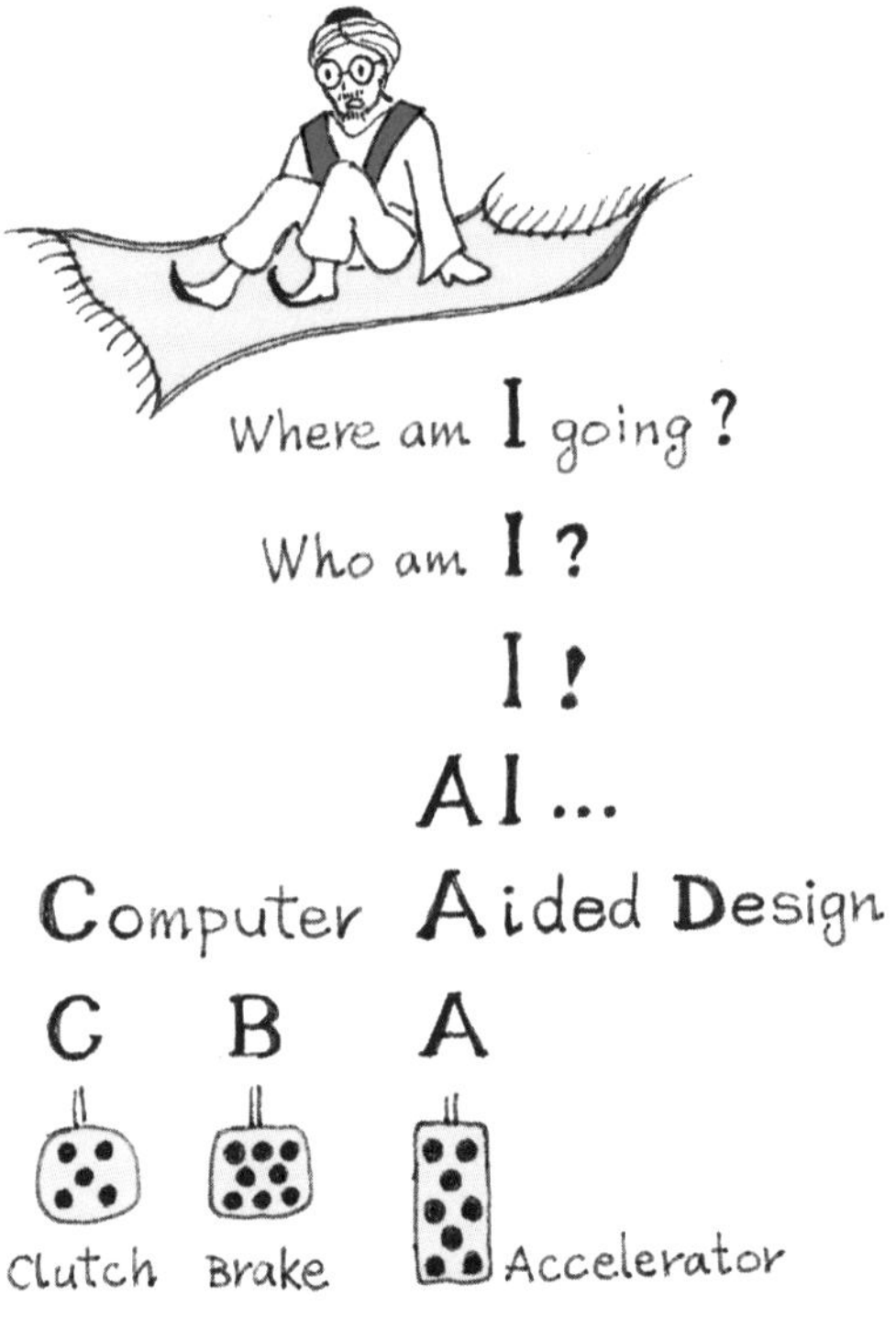

第2章

設計のキモ

キホン

その九

開き戸は閉めて！
引戸は開けて！

引戸は「空間変貌装置」です

開き戸も引戸も、どちらもドアに違いない。
しかし、担う役割には大きな違いがある。

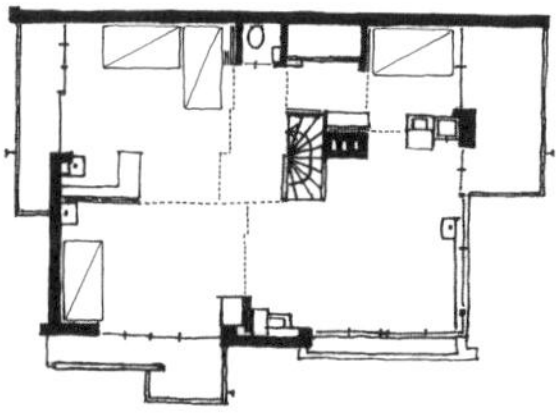
2F PLAN Schröder House

引戸に魅せられて

私と同年代の人なら、開き戸＝洋風、引戸＝和風というイメージがあっただろう。ガタガタときしむ引戸の家から、バタンと気持ちよく閉まる開き戸の家に建て替えて、うれしかったはず。だがそれも今や昔話だな。開き戸と引戸を適材適所で使い分ける今日このごろは、まことに喜ばしいかぎり。

欧米人ながら日本の引戸の合理性にいち早く着目し、積極的に自作に取り入れたのは、米国西海岸で活躍したオーストリア出身の建築家、ルドルフ・シンドラーだ。おっと！　オランダの建築家とその名作、ヘリット・トーマス・リートフェルトのシュレーダー邸も忘れてはいけない。彼らの作品を見ればわかるように、彼らが引戸に見出した有効性とは、容易に空間構成を変えられる装置となることだ。空間構成において、引戸を効果的に使わない手はない。

開き戸が主流だった欧米で、引戸の合理性に着目し、積極的に取り入れた建築家たち

Rudolph Michael Schindler

Schröder House

Schindler House

Gerrit Thomas Rietveld

開けるも八卦、開けぬも八卦！

基本的に閉めておくことが使命の開き戸に対し、
引戸は閉めておくことも、開けておくこともできる合理的な建具だ。

開き戸と引戸、両者の特徴

引戸は直線の軌跡を描く　　開き戸は1／4円または半円の軌跡を描く

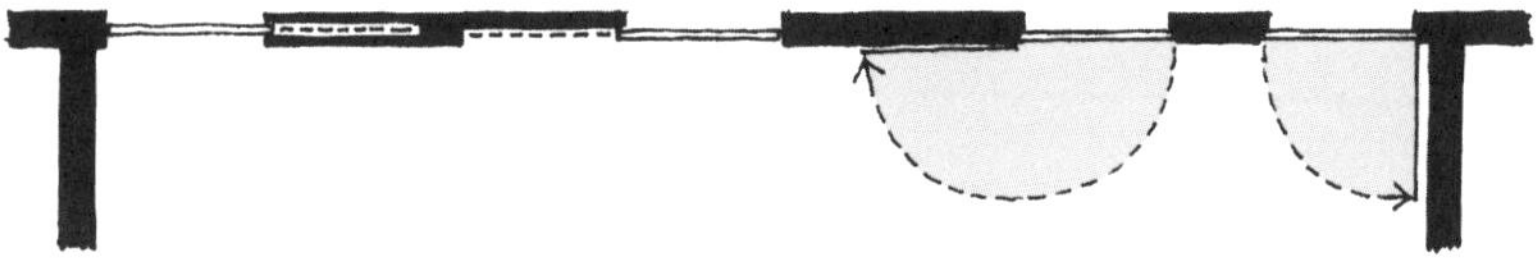

開閉に要するスペースは引戸のほうが少ない。開閉方向についても、開き戸は前後左右の是非を確認する必要があるが、引戸は左右を気遣うだけでよい。通行するには引戸のほうがスムーズだと言ってよい。

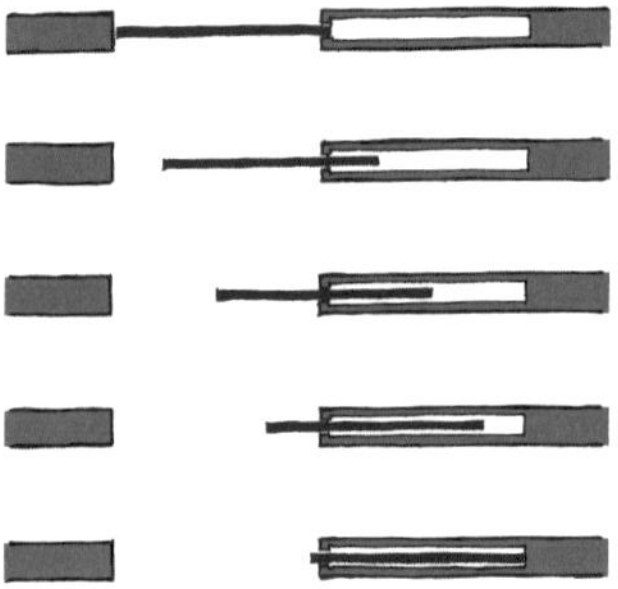

基本的に閉めておく開き戸に対し、引戸は開ける程度を自由に調整できる。引戸をどれだけ開けておくかはあなた次第

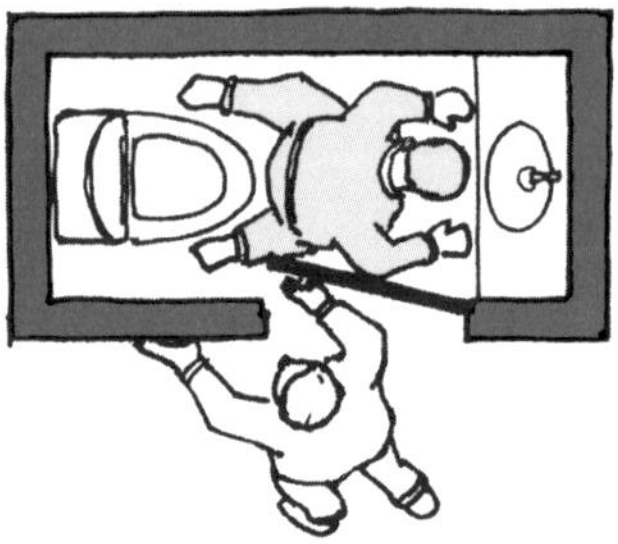

内開きが原則の開き戸も、トイレでは問題が生ずる

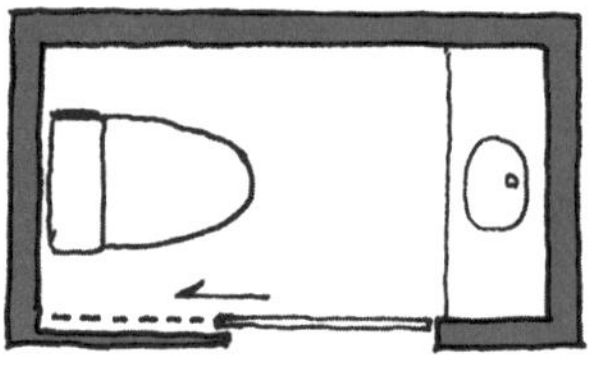

そこで引戸にしたくなるのだが、開き戸に比べて引き戸遮音性能には不安があるぞ

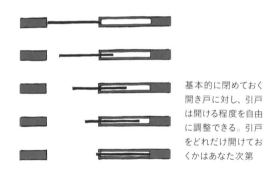

開き戸・引戸の活かし方

引戸のほうが優れているようだが……
引戸には防音・遮音の難点がある。

戸の遮音対策

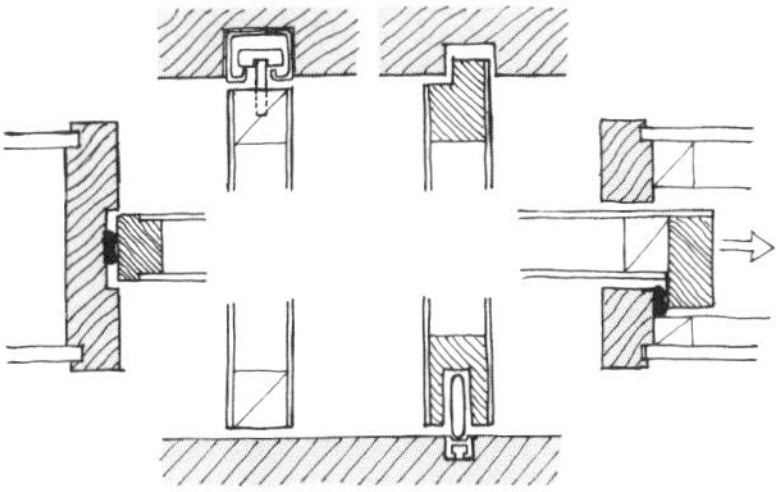

引戸は上下端部でのエアタイトが難しい。
開閉がキツくなるからね

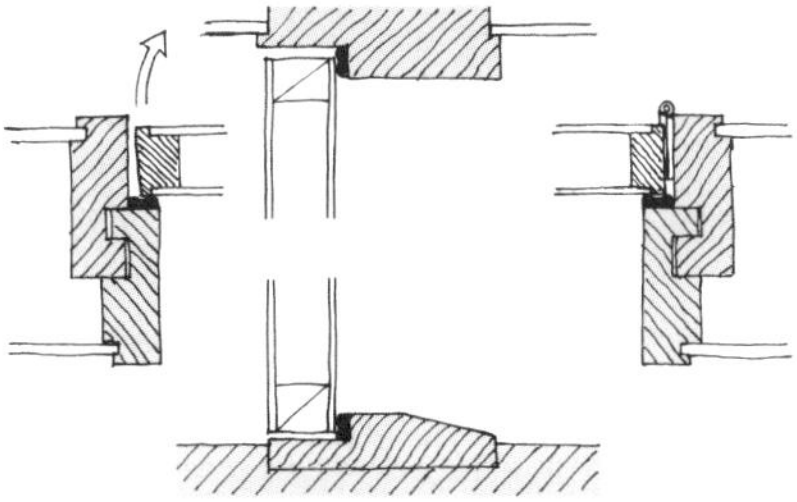

開き戸なら三方、沓摺を設ければ四方に
エアタイトを取り付けられる

引戸のデザインのコツ

引戸を「動く壁」としたいなら、もちろん高さは天井いっぱいにしたいよね。壁なのだから

人の目は、天井の高低を目測するとき、
無意識のうちに垂壁の長さで判断して
いる

いっそ垂壁をなくしてしまえば、天井が
高いか低いかはすぐに分からなくなる。
そしてそんなことにこだわらなくなります

空間構成を変える引戸たち

開けておくか閉めておくかによって動線や空間が変化する引戸は、
「動く壁」と言ってよい。

引戸は動く壁である

吉村順三事務所では、リビングとダイニングの間に2枚や3枚の引込み戸を仕組むという得意ワザがあった。お客様をリビングで歓待している間は引戸を閉めておき、テーブルセッティングができたらおもむろに壁に引き込んで……

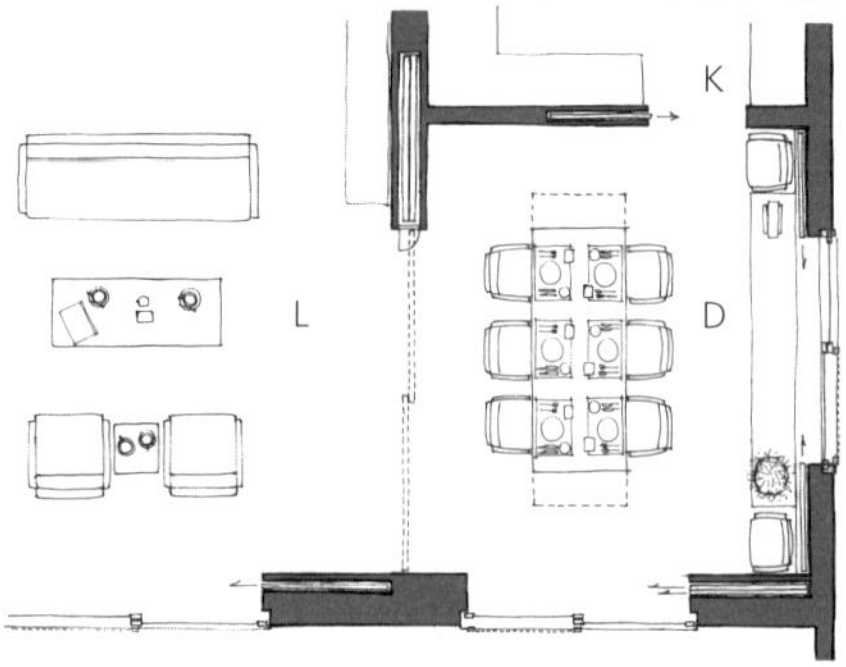

「さあ、お食事にいたしましょう!」
何度見ても劇的な演出である。LとDがたちどころにLDへ変貌し、お客様がダイニングテーブルへ移動したら引込み戸は再び閉じられ、Dの中で落ち着いて食事ができる

リビングとダイニングのほかにも、引戸はいろいろな部屋の空間構成を変えられる

リビングと和室

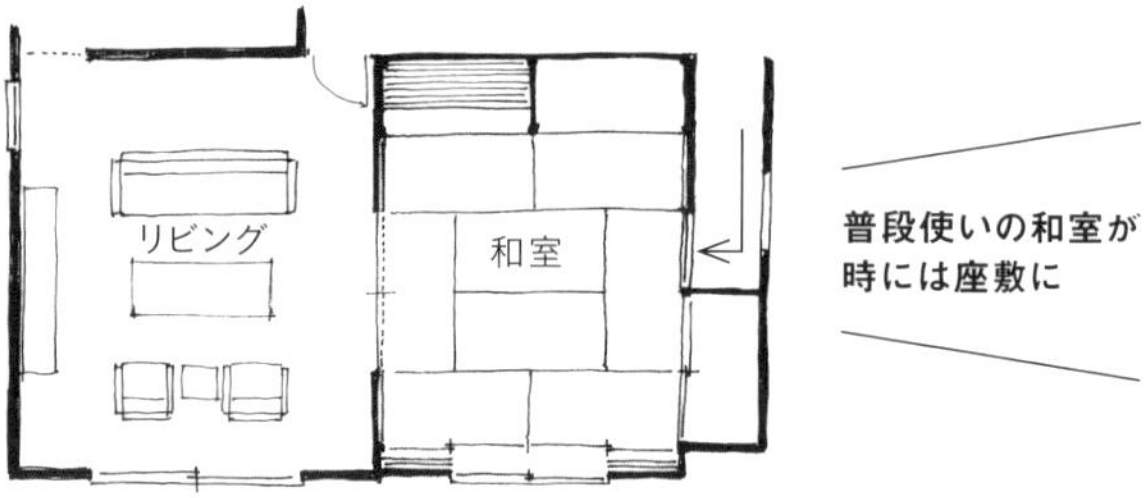

2つの子ども室どうし

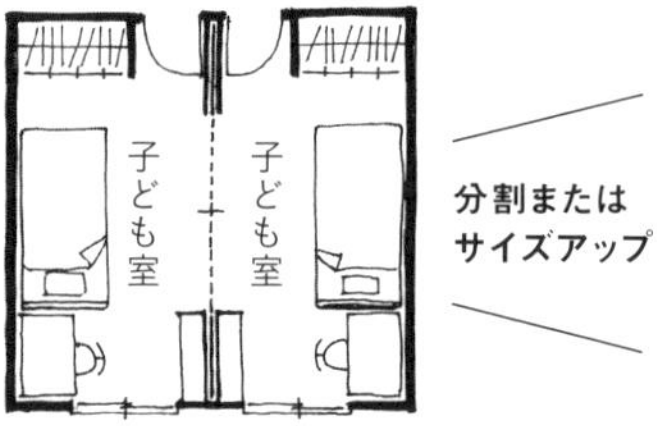

寝室と和室

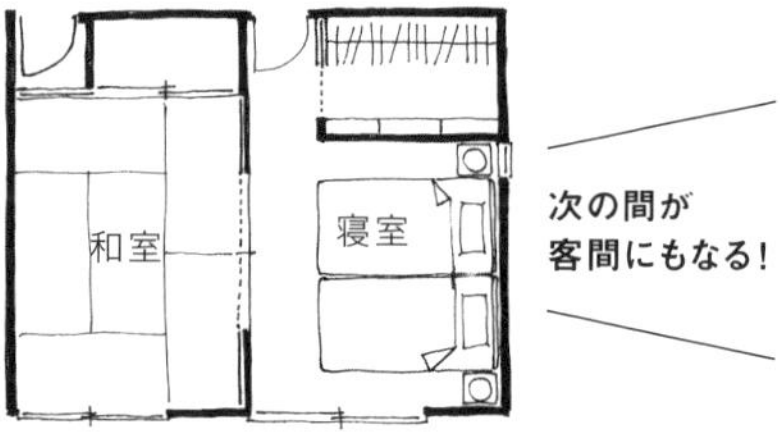

引戸によって動線が変わる

諸室の関係ダイアグラムは、引戸によってその様相が変わる。
かつて日本の家が建具で間仕切られていたように。

引戸によって結ばれるダイアグラム

引戸の開閉によって空間構成が変わる様子をダイアグラム（114頁参照）に表すと、住宅内の動線が多様に変化することに気付かされる

隣り合うスペースをバイパスすると……

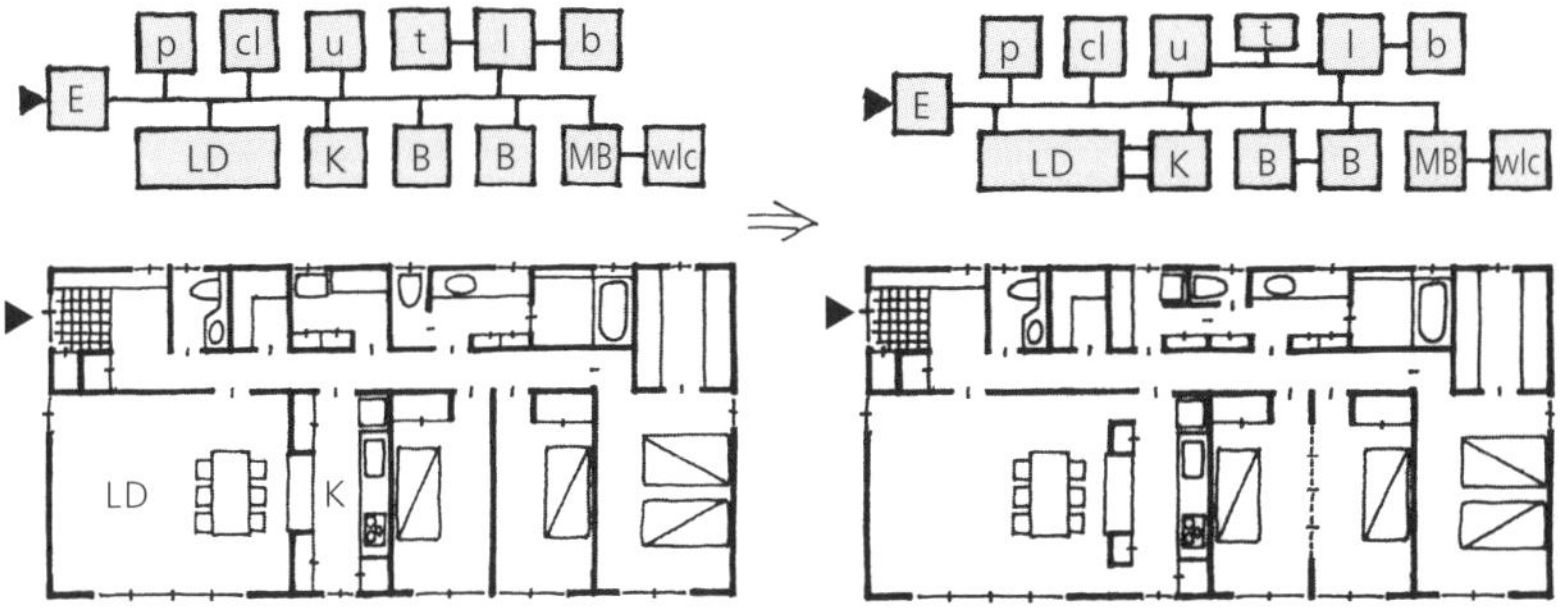

ル・コルビュジエが「空間とは足のことである」と、どこかで言っていた記憶があるのだが、だとすれば、けだし名言ですね

そもそも日本の家は建具で間仕切っていた

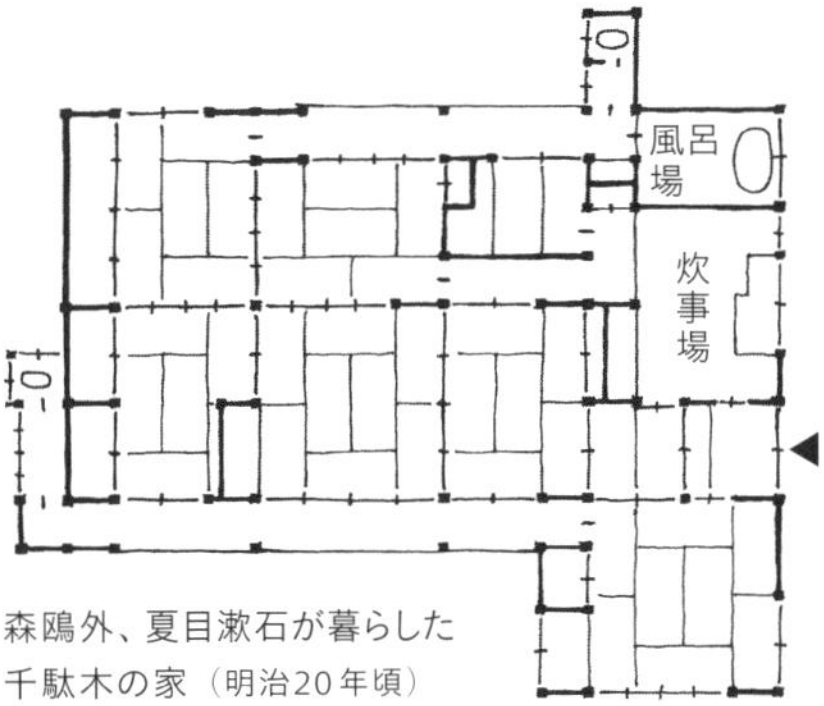

森鴎外、夏目漱石が暮らした千駄木の家（明治20年頃）

もともと日本の住宅では、襖《ふすま》や障子を開け閉めして、ときには外して、当たり前のように自由自在に間取りを変えていた。廻り廻って、引戸の起源はやはり日本なのです！

キホン

その十

窓の基本は引違い

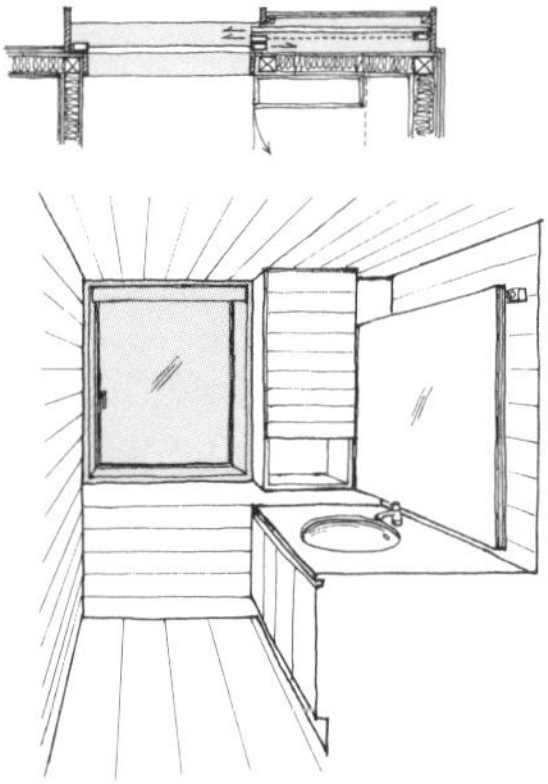

窓のあの手この手に惑わされるな！
1軒の家で窓の開閉方法の種類が多くなると
窓を開け閉めしようとするたびに
一瞬その方法に戸惑ってしまいます。

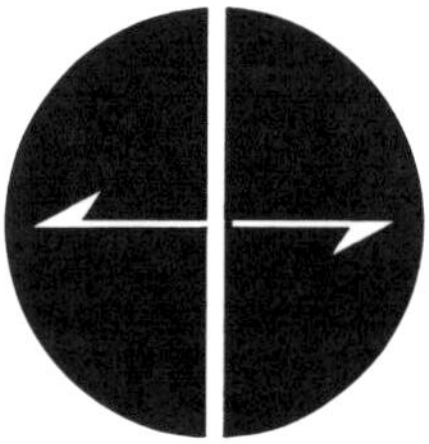

普通の引違いじゃダメなのかい？

窓にはさまざまな開閉方法の選択が考えられる。引違いのほか、片引き・外開き・内開き・上げ下げ・横辷《すべ》り出し・縦辷り出し・はめ殺し・天窓。いやあ、百花繚乱ですな。サッシカタログを眺めているだけで楽しくなる。でも、ちょっとお待ちください。

設計事務所に勤めて3年目、初めて山荘の設計を任された私は、すべての窓のすべての建具を、壁内に引き込めるようにした。所長先生に実施設計図のチェックをお願いしていると、洗面所の展開図を見ながら先生は「この窓は開かないのかい？」とただされた。すかさず私は「はめ殺しに見せて、実は隠し框の引込み戸なのです！」と答えた。覚えたてのワザだった。すると先生は笑いながら「だけど洗面所だろ？　景色がいい側ではないし、普通の引違いじゃ、ダメなのかい？」

私は何も言えなかった。がっかりしたのではない。何か憑《つ》き物が落ちていくような気がしていたのである。

もちろん、すべての外部開口部に対して引違いだけで事足りる、ほかのタイプは不要だというワケではない。適材適所で選ぶべきであることは言うまでもない。ただし避けたいのは、1軒の家の窓にやたらに多くの開閉方法を選ぶこと。引違いで間に合う箇所は素直にそうすれば、開閉方法の種類を意外なほど減らせる。天窓などにはめ殺しを加えても、せいぜい4種類までにまとめたい。

外部開口部の設計は熱意だけではイケマセン。過不足を見定め、1軒の家のすべての窓をあんばいする冷静さが必要になる。それはちょうど、デートに出かける際に、フトコロ具合を算段しながら今日のコースを練るあなたの心情と同じ（はず）。

窓の使命と2大責任

窓の使命は視認・採光・通風だが、
前提として防虫（網戸）と清掃性（窓拭き）という2つの責任を負っている。

すべり出し窓の苦肉の策

まず、住宅でよく使われるすべり出し窓は、どうだろうか。

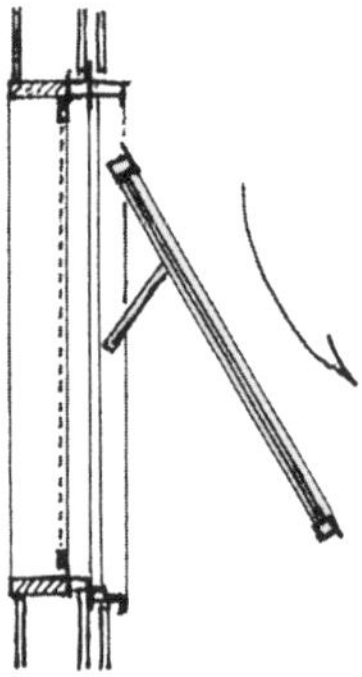

すべり出し窓

通風に便利なすべり出し窓は、外にすべり出すために網戸が内側に付く。開け閉めするにも窓拭きするにも、この手前の網戸がちょいと邪魔になる

カムラッチ式

網戸を開けてからハンドルを押してすべり出す

オペレーター式

オペレーターをぐるぐる廻す。やはり窓を拭くには網戸を外さなければならない

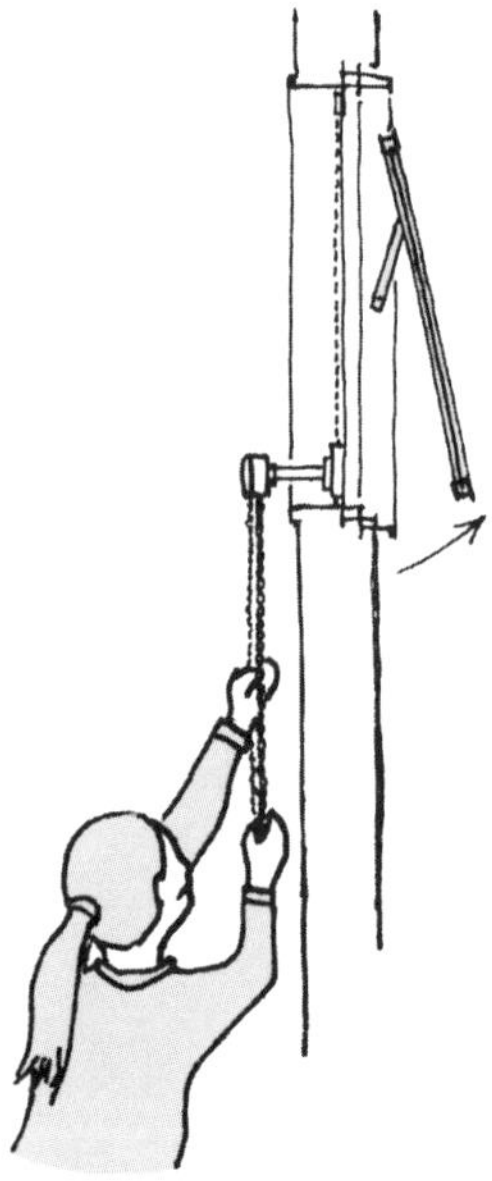

チェーンオペレーター式

高窓にはコレだよね！　これも窓を拭くには網戸を外さなければならない。半透明のガラス窓なら、窓拭きの頻度も少なくてよいかも

片引き窓ならいいですか？

引違いよりもスッキリすると人気の片引き窓。
片方が開き、片方がはめ殺しなので、框が少なくてシンプルに見えるのが特徴だ。

片引き窓の四苦八苦

掃出し窓で外へ出られるならいざ知らず、腰窓に使うとはめ殺し部の外側を拭けなくなる

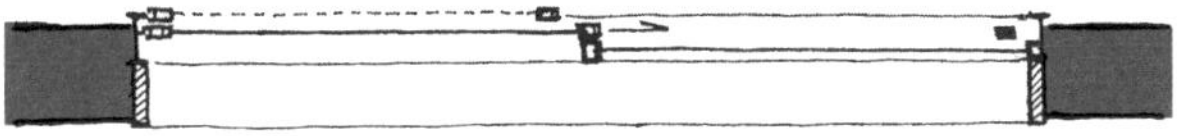

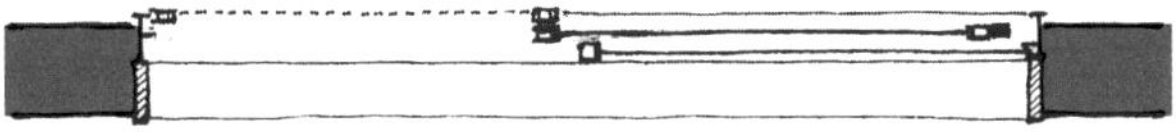

また、指を挟まないように引き余しにしようとすると、外付け網戸の幅が少し小さくなって、框がそろわない

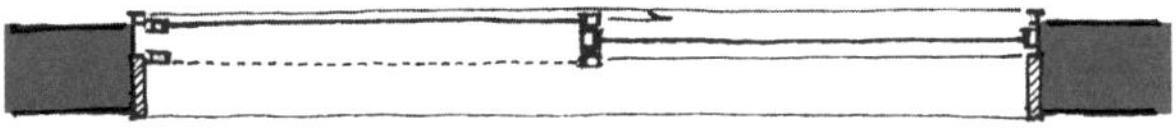

そこで、内付け網戸にするのだが、窓を開けるのにイチイチ網戸を動かすことに

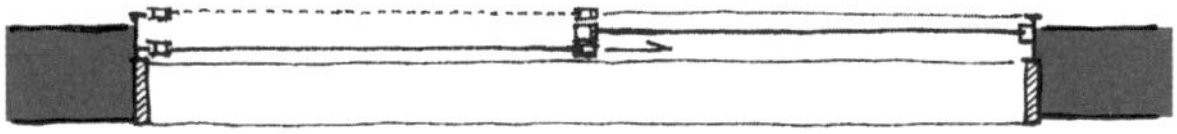

そしてさらに、可動部を内側にする内動サッシなら、いいのかイマイチなのか？

引違い窓ならThat's all right!

ガラス部分も網戸もスライドするだけの単純明快な動き。
開閉の際に網戸が邪魔になることはなく、はずす手間もないのが、引違い窓だ。

引き違い窓の機構

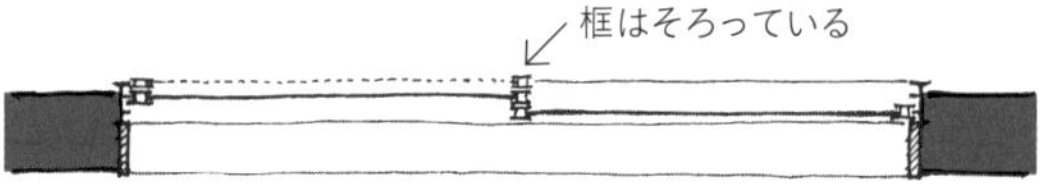

網戸は左右どちらでもよい

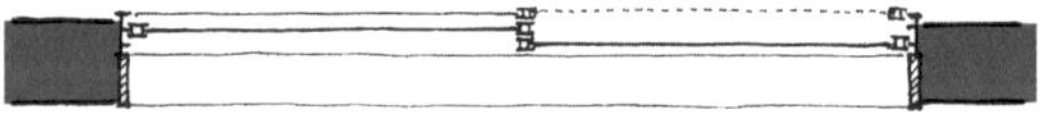

左側を開けようが右側を開けようがかまわない

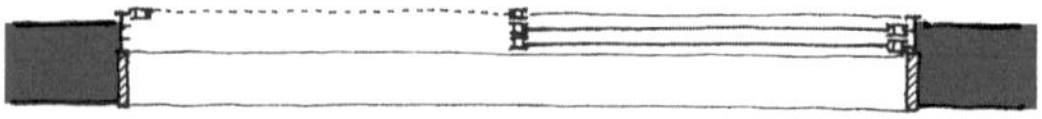

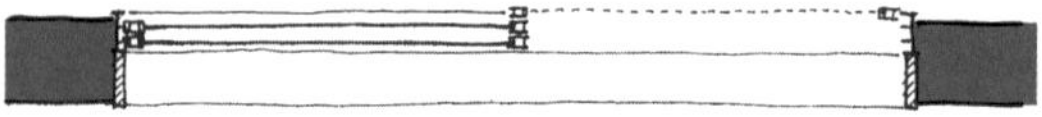

引違い窓の優秀さ、というより、さりげなさ、
問題の少なさに、改めて気が付かされる

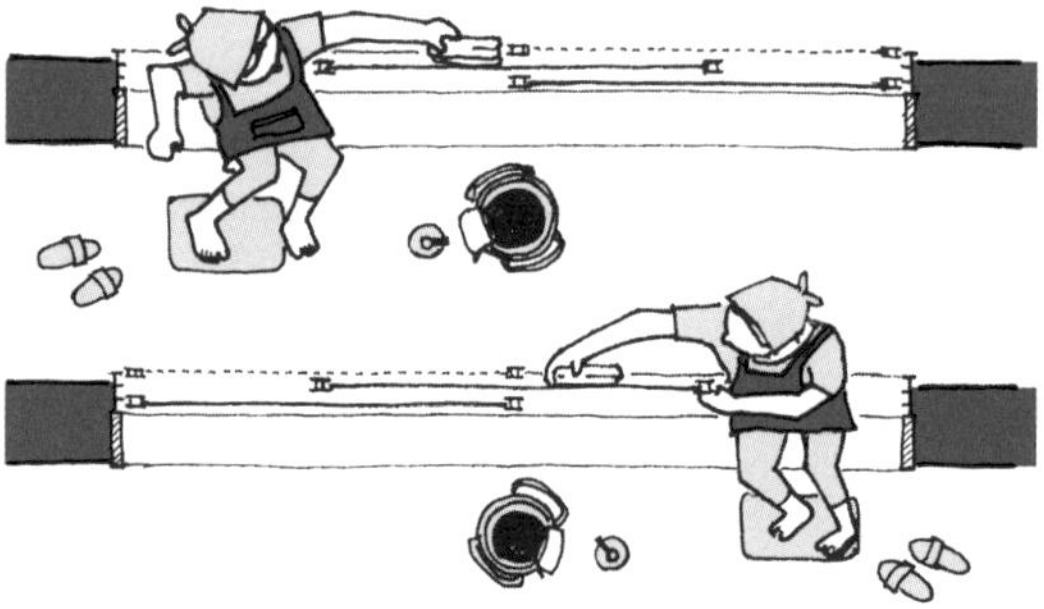

腰窓でもガラスの外側もちゃんと拭ける。
うれしくって窓から落ちないでネ！

窓は大きく！ 数は少なく！

開閉種類を減らすついでに、1軒の住宅の窓の総数も減らすべきだと申し上げたい。
小さな窓が数多くあったところで明るいとは限らない。

小窓が多いのはナンセンス

同じ金額を所持するなら、小銭よりもお札に換えたいもの。そう、窓も同じ。同じガラス面積を確保するなら、小さな窓を数多く設けるのは不合理。工事費はかさむし、開閉の手間も増えるだけだ

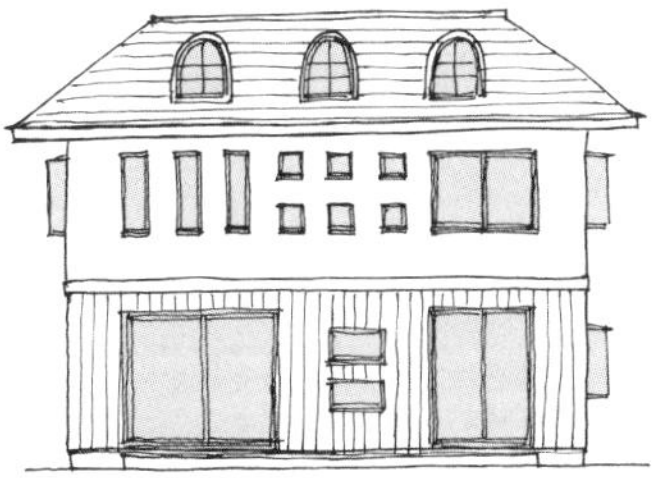

窓は各階10カ所以内に

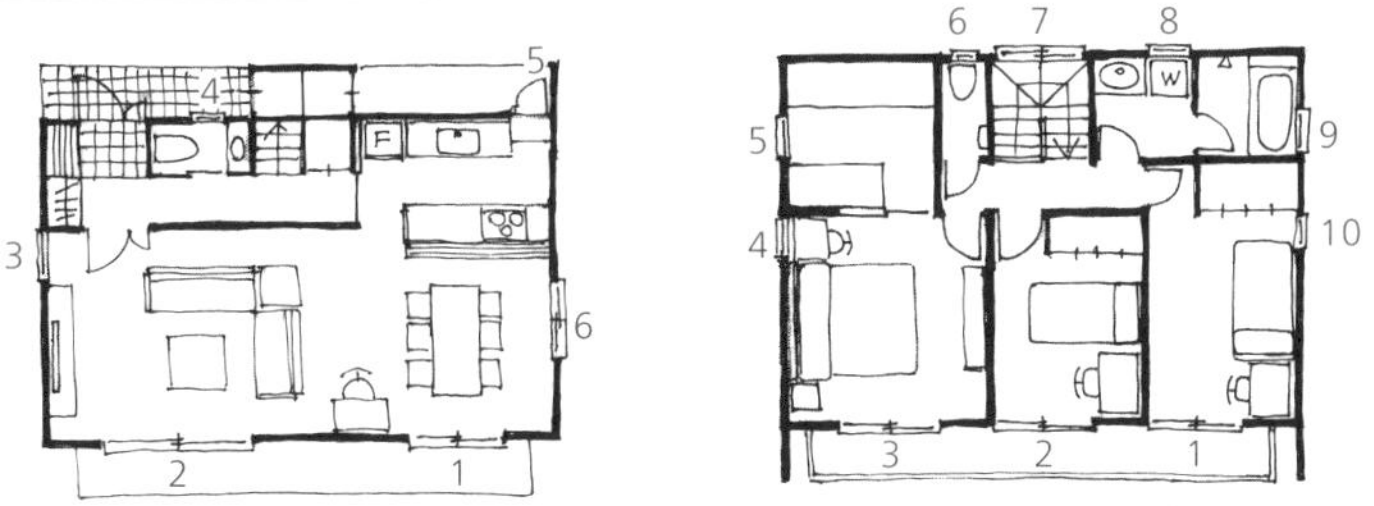

4人家族の標準的な2階建てなら、窓は各階10カ所以内でまとまるはず

小窓で補う

とはいえ、財布の中がお札ばかりで小銭がまったくないのも困りもの。つまり、大きな窓で部屋全体を明るくできるとはかぎらない。たいていは対角の隅がひっそりと靄《もや》る。ここを小窓で補ってやるのが合理的だ

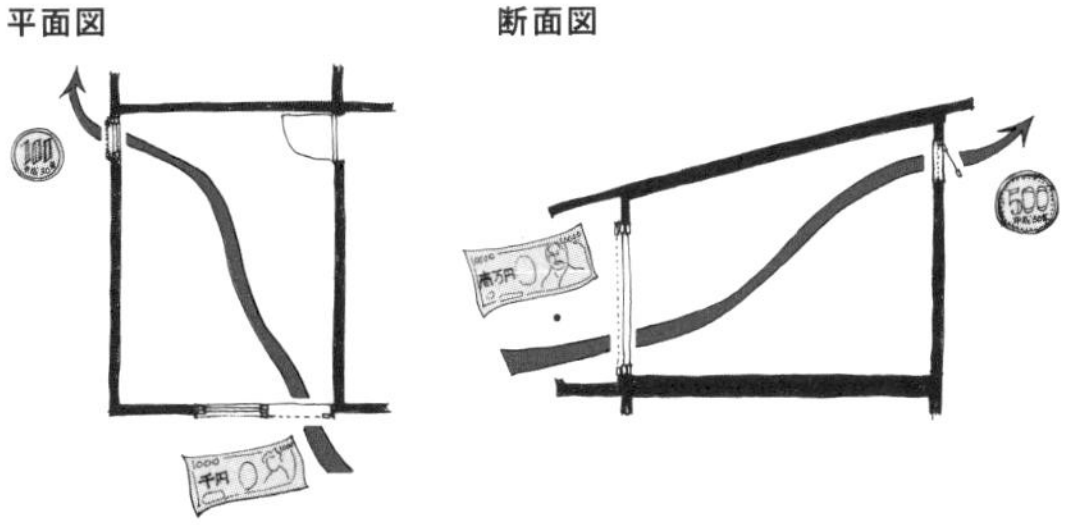

部屋の窓は対角線上に配す！対角線上とは、平面のみならず断面にも当てはまります。念のため

キホン

その十一

勝手にしやがれ

住まいにはイロイロな勝手がアチコチにある
なかでもまず知っておくべきなのは
開き戸の開き勝手、引違い戸の召し合わせの勝手です。

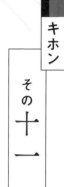

しきたりに従うに越したことはない

『勝手にしやがれ』は、トリュフォーとゴダールによるメチャクチャ慌ただしいフランス映画。主演はジャン=ポール・ベルモンド。「勝手にしろ」「勝手なやつ」というから、勝手=ワガママのことだと思われがちだが、それは勘ちがいなんだ。我を通すやつは「自分勝手」だけれど、客観視できる人は「手前勝手ながら」「手前味噌ですが」と謙遜するよね。

暮らしのやりくりがままならぬことは「勝手が苦しい」と言う。段取りがものをいう修羅場な台所は「お勝手」と呼ばれる。「勝手が違う」は、いつもの自分の仕方が通用せず戸惑っているさまだ。しきたりから外れることを指す場合もある。勝手とは、仕方・やりくり・流儀です。

しきたりに無知・無頓着でいると「左前《ひだりまえ》」とバカにされる。「右前・左前」のゆえんは和服の前合わせにあり、男女問わず、着物は前身頃の右側をまず手前にして、その上に左側を重ねる。浴衣も武道着も同じ。逆に、死装束は左を手前に着せるから、左前は縁起も悪いのだ。余談だが、洋服の場合は、男子のシャツと女子のブラウスで前合わせが逆だよね。西洋貴族の昔、男たちは自分の右手でボタンをつまむほうが着やすく、御婦人たちはメイドに着せてもらっていたからなんだって。

前置きが長くなったけれど、「勝手」と「手前」が切っても切れない仲だと、お分かりいただけたでしょ。やっと本題に入りますね。住まいにはイロイロな勝手がアチコチにある。開き戸の「開き勝手」は、あなたもご存知ですよね？

正しい開き勝手は次のうちどれ？

開き戸の開き方は4種類考えられるが、「壁側吊元の内開き」が基本だ。
これはしきたりなんかじゃなくて、合理的なワケがある。

開き勝手にはワケがある

AとBの外開きは、ドアを開いたとき、廊下を歩いている人がいるとぶつかって危険です

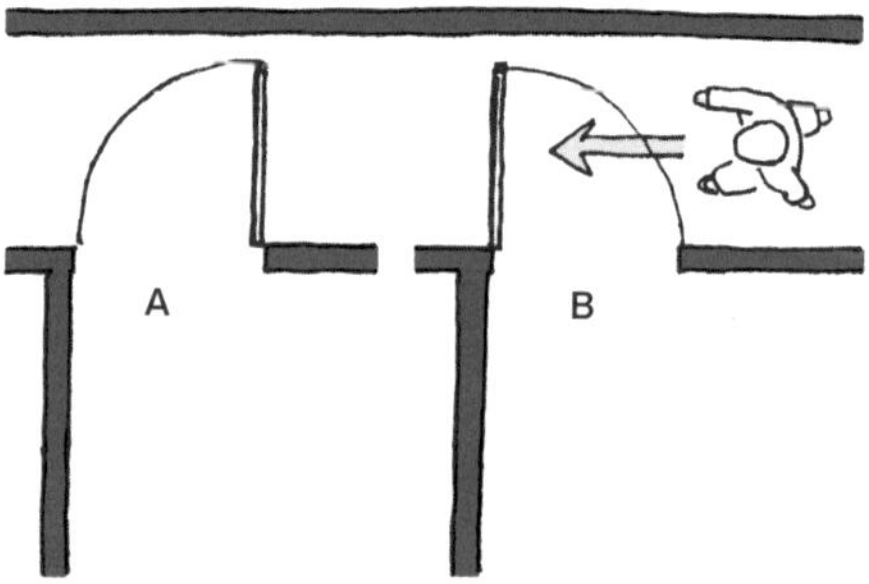

CとDではどちらがよいでしょうか?

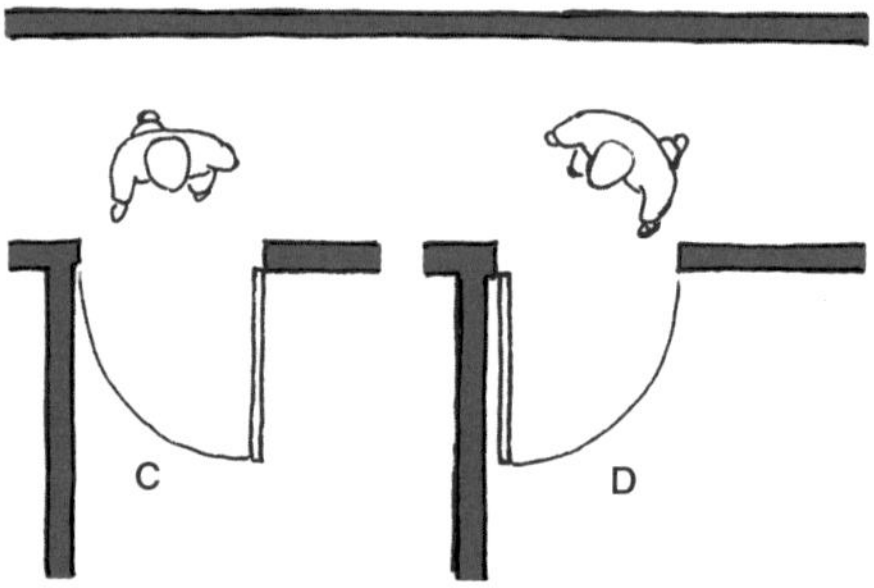

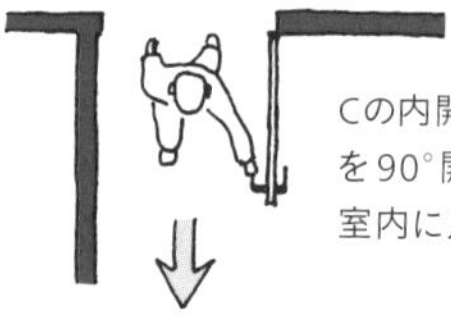

Cの内開きは、ドアを90°開かないと室内に入れない

Dなら半開きでも部屋の中央にすべり込める

引違い戸の正しい召し合わせは「右手前」

召し合わせというぐらいだから、和服の前合わせに習って
縁起を担いでいる。つまり、右手前にするのが当たり前。

右手前

引違い戸の「召し合わせの勝手」を右手前にするのはしきたりです

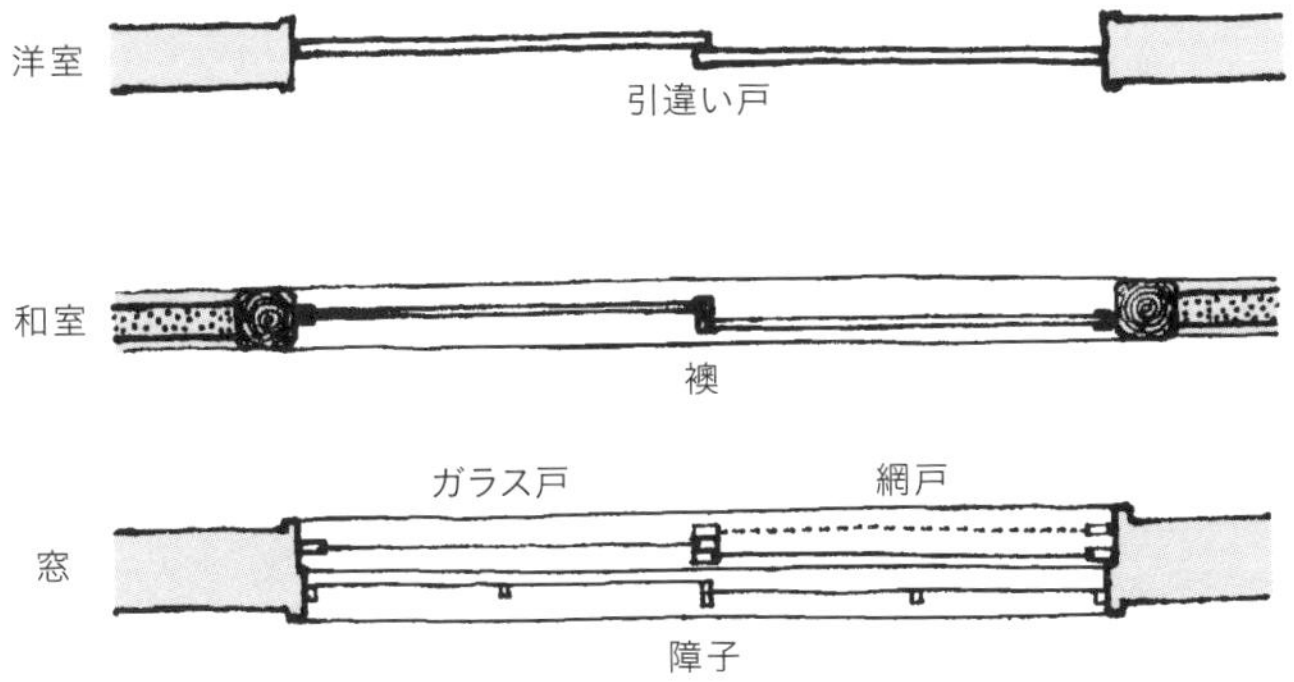

ところが近ごろ、左手前の図面を見かけることが多くなったので、いささか老婆心。おそらくCADソフト画面でチャラッと上下反転してんじゃね?　まあ、サッシを施工する大工や建具職人は間違えないから現場はちゃんと納まるだろうけれど、ちと恥ずかしいやね!

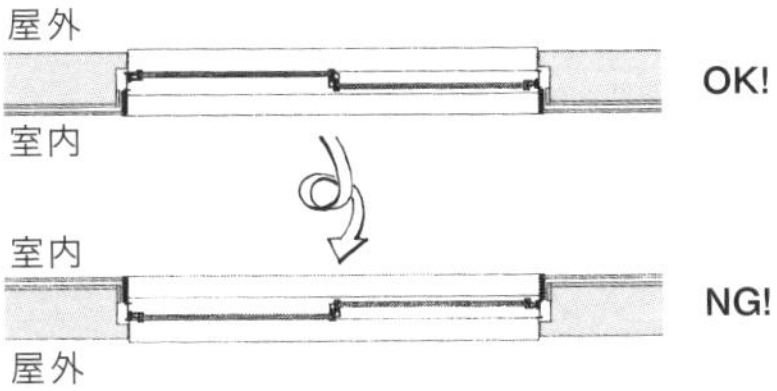

中手前

心配ついでに、2本4枚の引違いの場合は、主たる部屋から見て中手前にする

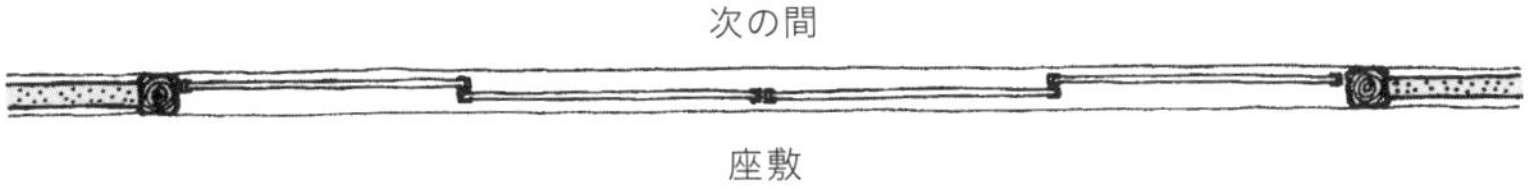

＼ お間違えなく! ／

あえて「左手前」にすることもある

しきたりには忍従すべしとは言ったものの、そろそろ背中がかゆくなってきたぞ。
しきたりを承知したうえでなら、自分の流儀が手前勝手だろうと構わねえ。

矩折の窓の場合

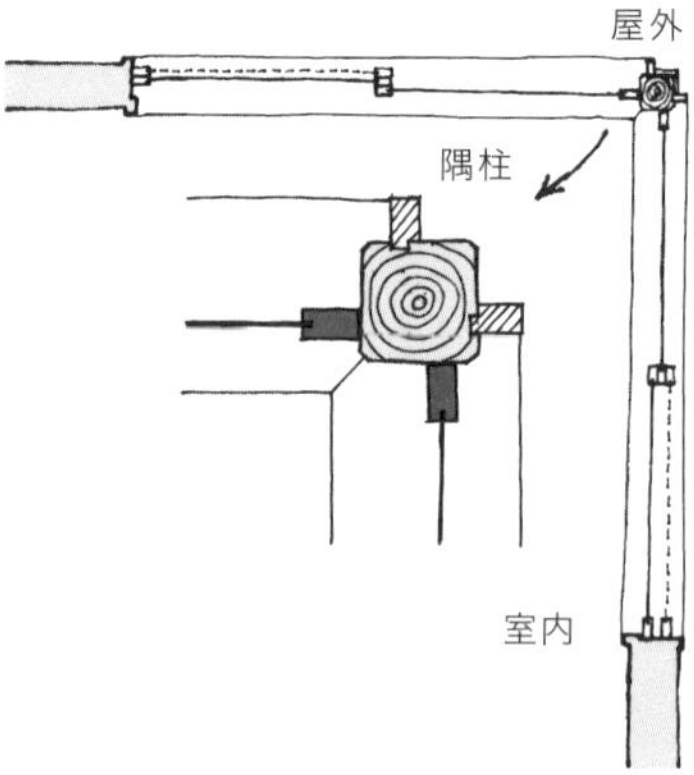

隅柱に直角方向に当たる2つの建具を、両方ともバカ正直に右手前で納めると、せっかくの隅柱の見え方が片寄って痛々しくなる

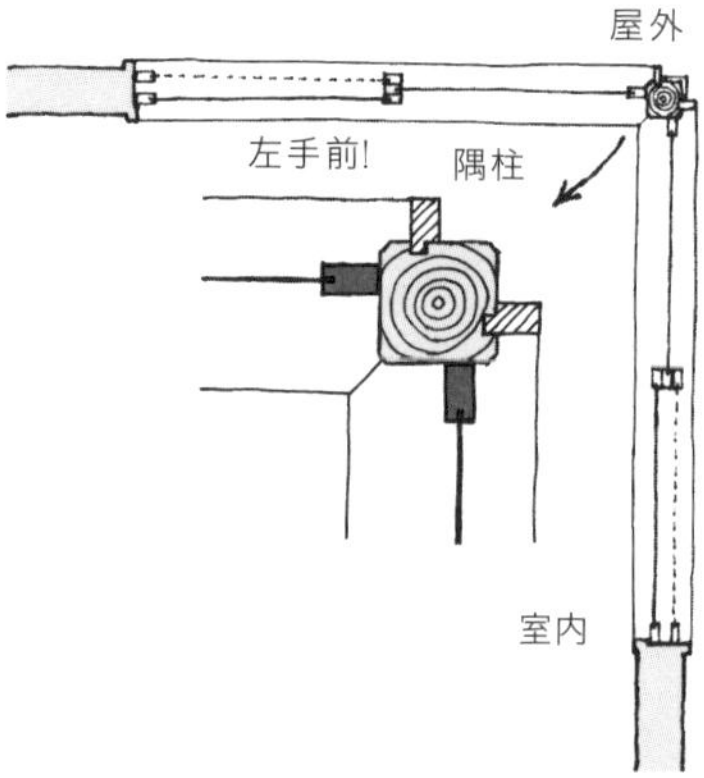

左方の召し合わせをあえて左手前にすると、隅柱が堂々として、大変ヨロシイ

左方向へ引込む場合

引違い戸2枚を左方向へ片引きして壁の裏側に納める場合、その2枚を右手前に召し合わせると、壁と建具の間に隙間が空いてしまう。隙間をふさぐために左の建具の左端に増し縁を取り付けるのだが……

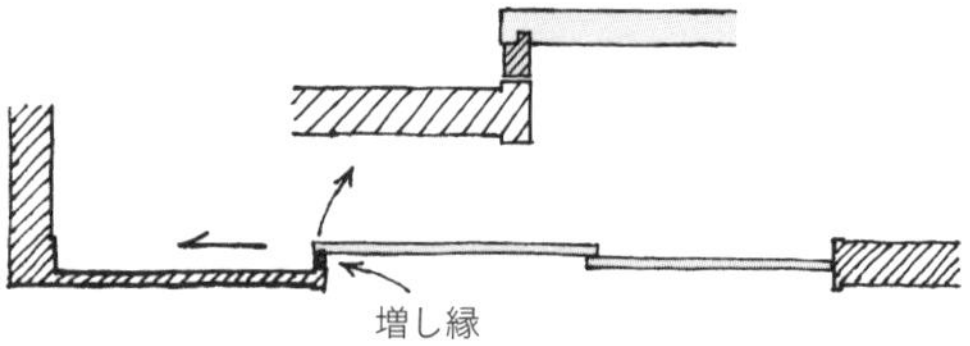

そんな小細工をするより、いっそ左手前に召し合わせれば、無造作に納まって何の違和感もない

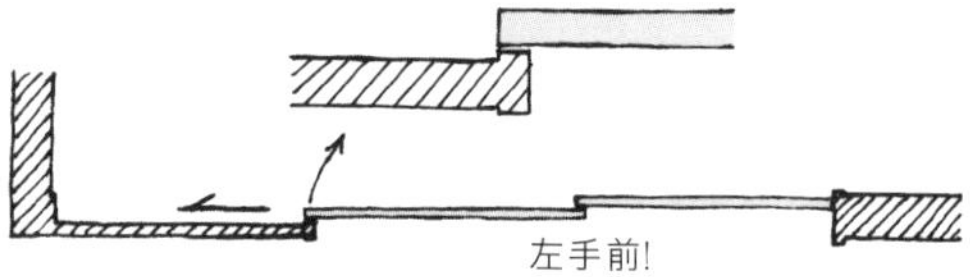

茶室のしきたり

建具のほかにも、特に茶室
については数多くのしきたりがあるんだよなあ。

本勝手と逆勝手

床の間と点前畳の位置関係については本勝手（本床）・逆勝手（逆床）があり、床の間に対する畳の敷き方が異なる。あなたが勝手に決めてよいわけではありませんよ！

本勝手

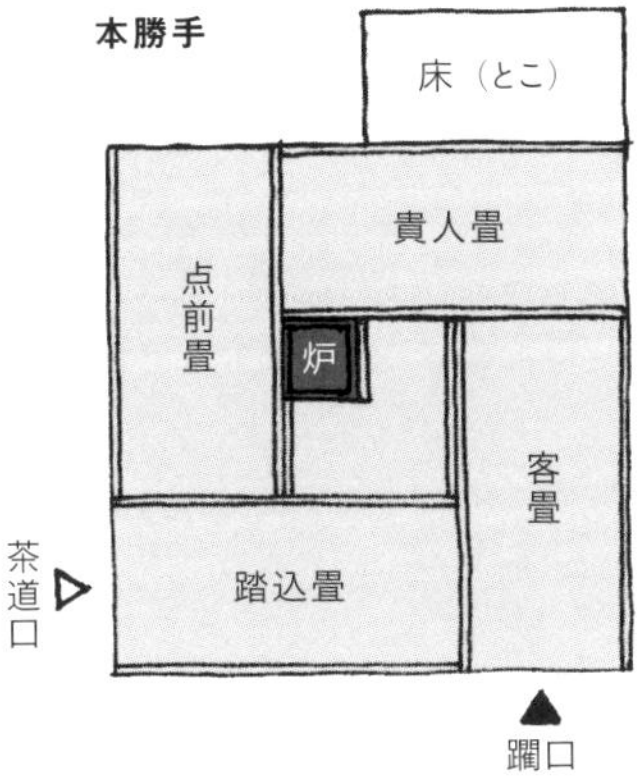

真四畳半・四畳半切の例

逆勝手

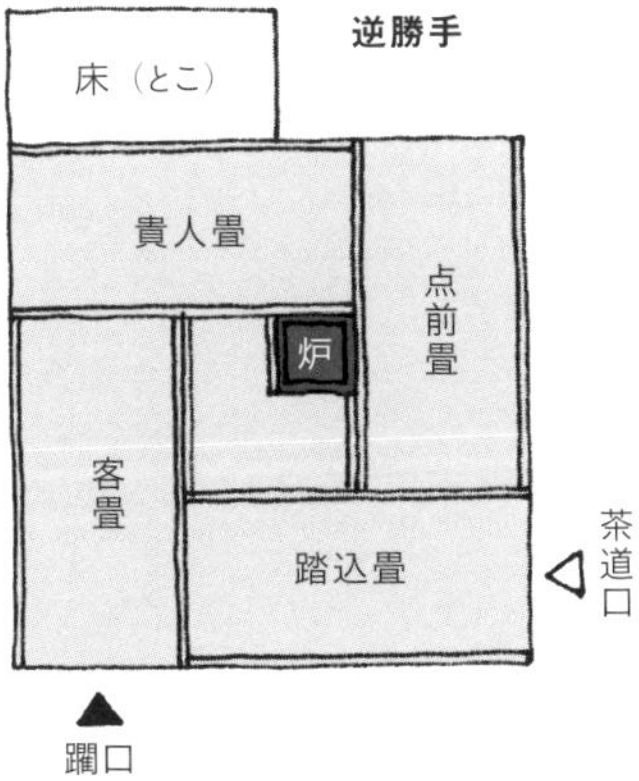

キホン

その十二

階段の寸法と段数の方程式

「階段の各段の寸法は一定だ」

この当たり前に思えることこそ、
改めて検証してみるべきでありましょう。

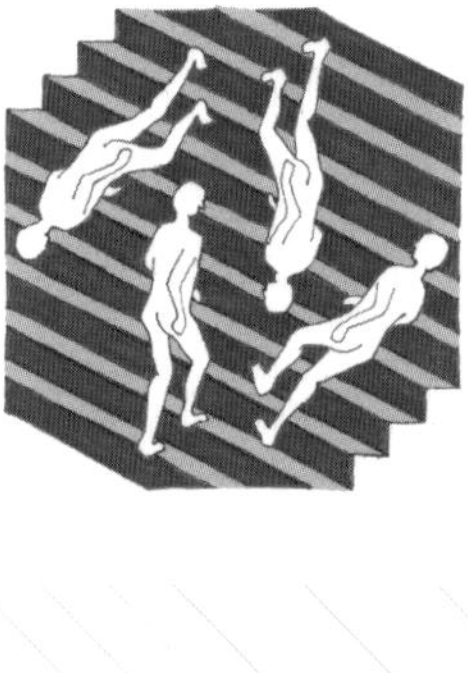

始めの一歩をインプット！

雑居ビルの地下1階の居酒屋へと、急な階段を1段1段、足元を確かめながら下りてゆく。そしてしこたま飲んだ帰り、同じ階段でいつもつまずきよろけるのはおなじみの風景。飲みすぎたせいかしらん？ いやいや、そうではない。よく注意して、あなた自身や御友人が階段を上るところを観察してみてください。面白いことに、たいていの人が上がり始めて2段目でつまずいたりよろけたりしていますよ。なぜでしょうか？

実は、その原因は1段目の蹴上げ寸法にある。2段目からは同じ蹴上げ寸法なのに、1段目だけが少し高かったり、低かったりしているはず。改装したりテナントが変わったりするたび、床の仕上げが張り替えられ、地下1階の床レベルが上下し、階段1段目の蹴上げ寸法がほかの段と異なることになってしまうのだ。ところが誰もが、1本の階段の各段の寸法は一定だと信じて疑わない。始めの一歩の足の感覚で、残りの段の寸法も同じはず、と無意識のうちに頭と身体にインプットしてしまう。しかし、たちまち2段目でその勘ちがいに気づかされるように、つまずいたり、よろけたりしちゃうのです。

「1本の階段の各段の寸法は一定だ」という無意識の意識はとても重要だ。有史以来、人類の暗黙の了解だといっても過言ではない。誰でも、階段を下りるときは足元を見ているのに、上るときは真っ直ぐ前を見てさっさと上っていく。不規則な段状の山道を登るときは注意深く足元を見ているのと比べれば、その違いは明らかで、特筆すべきことです。

これを大前提として階段の原則が決められます。つまり、階段各段の踏み面と蹴上げの寸法は、1本の階段の平面上の長さと断面上の高さを、それぞれ等分しなければならないという前提です。

階段（の寸法）に対する無条件な信頼

建物の階段、すなわち設計された階段なら
各段の寸法は同じはずだと、無意識に信じている。

1段目にだまされる

おい！
大丈夫かよ?

おっと！
ちょいと飲み過ぎたかな

＼イエイエ、それはあなたのせいではありません／

改装を繰り返す店舗の階段は1段目の蹴上げ寸法が、いい加減かもしれませんよ！

建物の階段を上るときは
前を見ているのに……

山道を登るときは足元を
見ている

1本の階段の寸法は各段すべて同一に！

蹴上げと踏み面の寸法を決めるにあたり、まずは建築基準法における
住宅の階段寸法の規定を守らなきゃだよね。

住宅の階段

建築基準法の寸法規定

蹴上げR（RISER）
踏み面T（TREAD）
R≦230㎜、T≧150㎜

ずいぶん急な階段だよね。けれども、尺寸体系に近似して図にすると、その根拠が分かる。1間=6尺の長さで9尺の階高を12段で上りきろうという寸法関係なワケです。建築基準法制定（1950年）以前の一般的な日本家屋における2階または屋根裏への階段寸法が、とりあえず基準として認められたということなのでしょうね

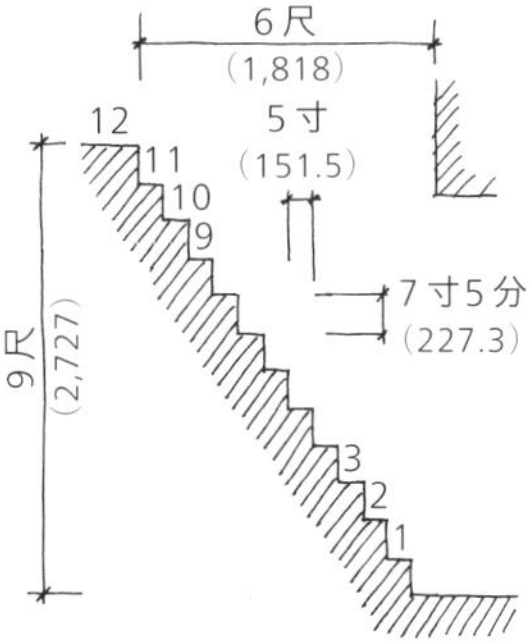

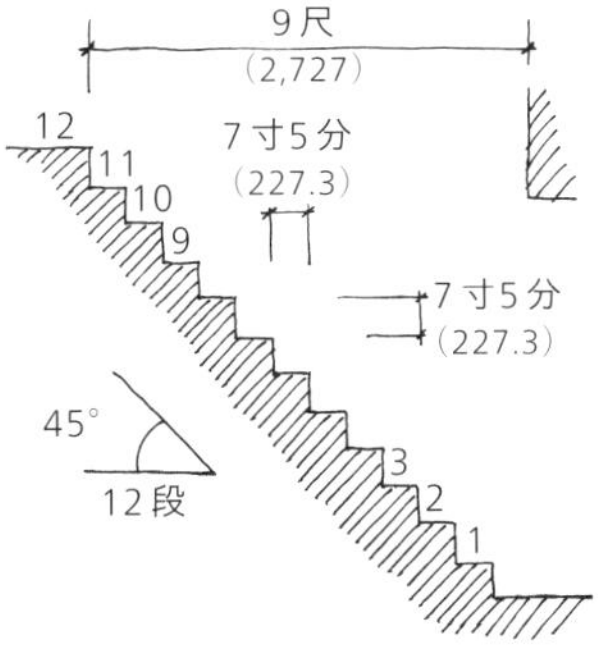

矩勾配12段の階段

せめて矩《かね》勾配（45°）にしてみれば、9尺の階高を9尺の長さで上れることになる

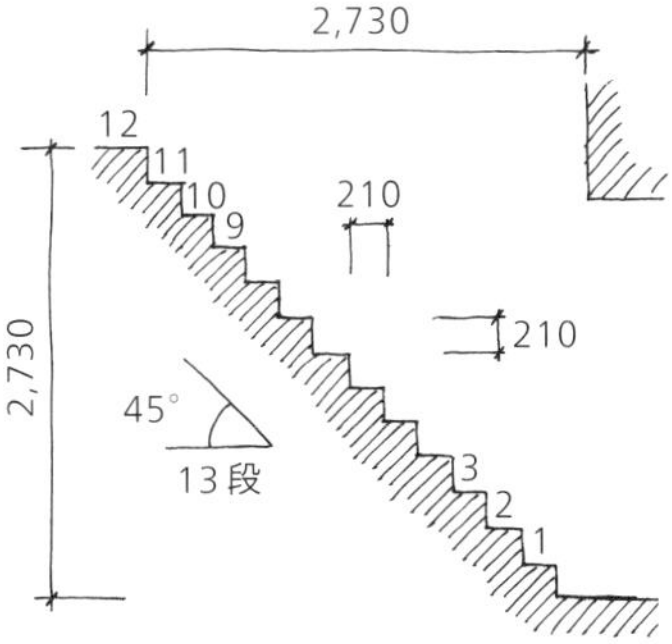

矩勾配13段の階段

それでもR=230㎜はまだキツイので、勾配は45°のまま、段数を1段増やして13段にしてみると、R・Tともに、210㎜になる

R＋T＝420～450㎜かつT≧210㎜

RとTの合計が、上り下りしやすい階段寸法の目安になる。
これは屋内階段から外構階段にまで実際に応用できる。

上り下りしやすい階段の寸法

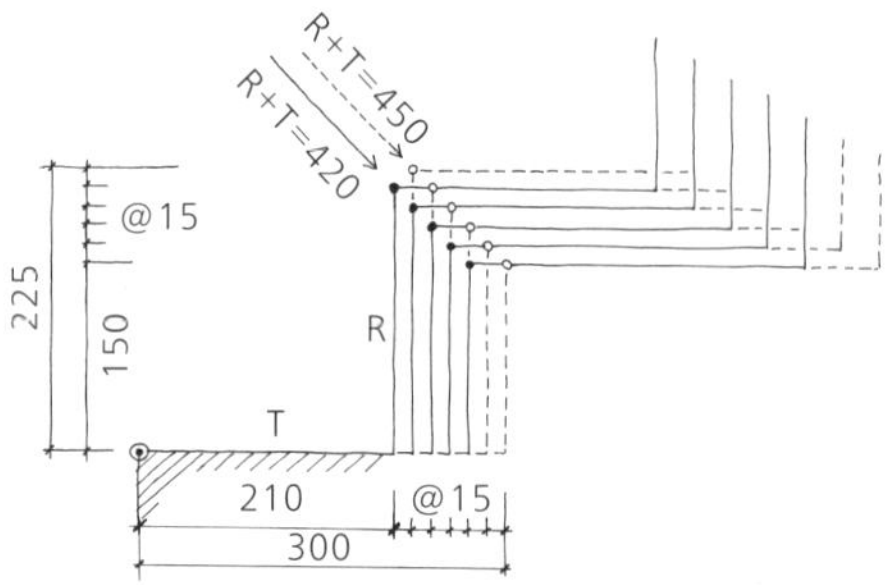

段数を14段、15段と増やせばRは楽になるものの、今度はTが200㎜以下になって危うい。Rを小さくすると同時にTを大きくする必要が生じてくる。だとすれば、このあたりがRとTの良好な関係のキーポイントになる。勾配が45°の階段なら、RとTの寸法を150～225㎜に限定してよさそうだ。
これよりも緩い勾配にするには、Rを減らしてTを増やせばよかろう。つまり、RとTの合計を上り下りしやすい階段寸法の目安にできるのです

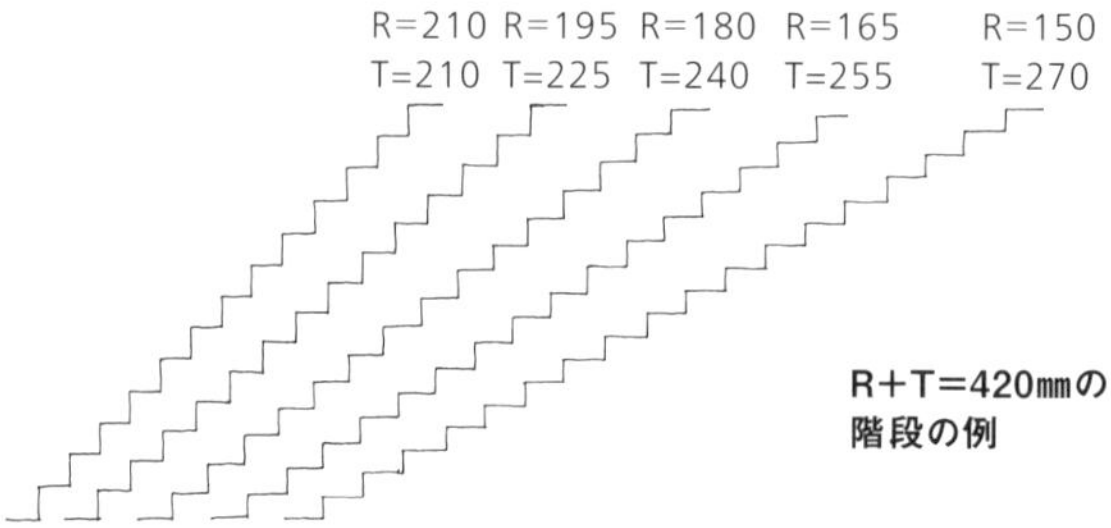

R+T=420㎜の階段の例

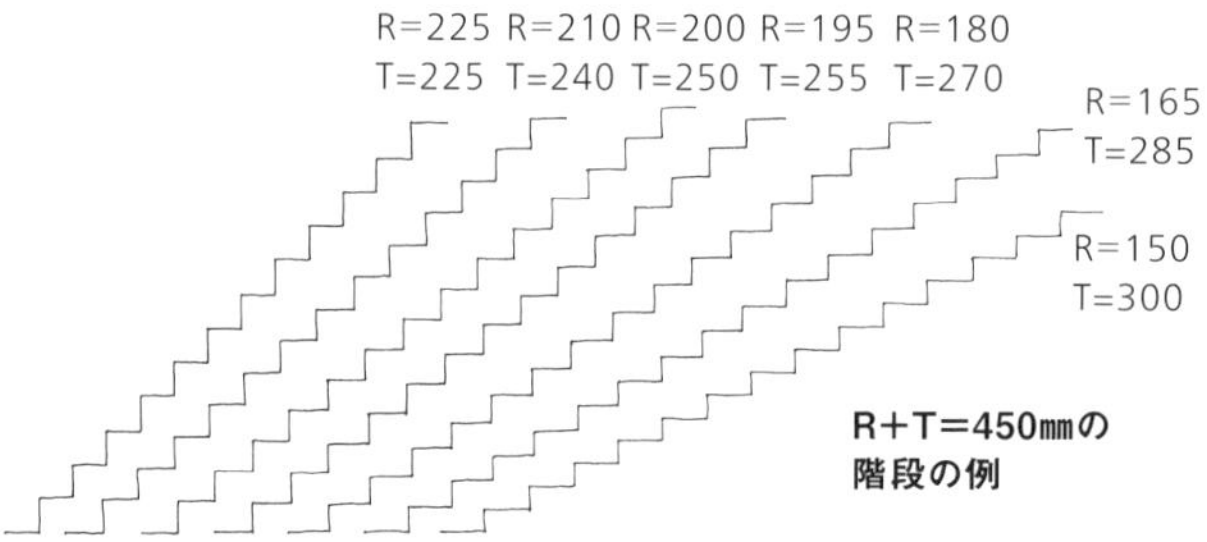

R+T=450㎜の階段の例

念のため申し添えると、同じ建物でも各階の階高は同じとは限らない。もちろん階によって階段の寸法は変わらざるを得ないし、変わっても構わない。頭と体にインプットされた階段寸法は、それぞれの階段の1段目でリセットされますから

小ぶりの螺旋階段の基本

次はいよいよ螺旋階段。
住宅に設ける最小サイズである1坪のモノを考えましょう。

階高2,700㎜、R＝225㎜、12段

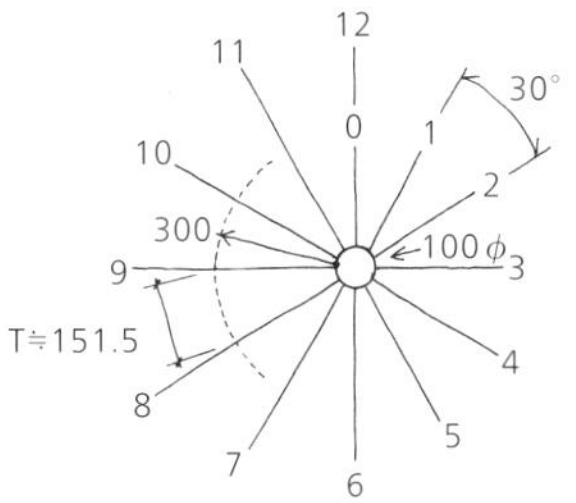

螺旋階段の場合、建築基準法により芯柱から300㎜の位置でT≧150㎜以上としなければならない。芯柱が直径100㎜程度の各段は、円を12等分した扇型が最小になる

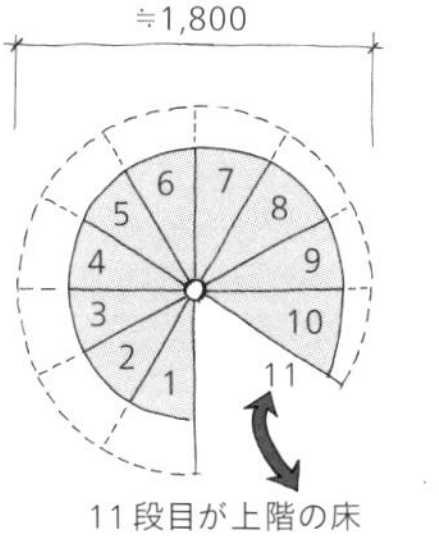

最終段はせめて2枚分を要するから、段数は11段。Rを大きめに225㎜としても、階高は225×11＝2,475㎜と、相当低く抑えなければならない

それが難しい場合、11段目のダブルの段板と2階床レベルの間にもう1段増やして12段とするワザが生まれる。このとき階高は2,700㎜。1段目の段鼻と11段目の段板との間でヘッドクリア（垂直有効寸法）は2,250㎜足らずとれるから、大丈夫だろう（ヘッドクリアは2,000㎜は欲しいよね）。階高2,700㎜、R＝225㎜、ワザありの12段という寸法関係が、小ぶりの螺旋階段の基本に、なるべくしてなるのです

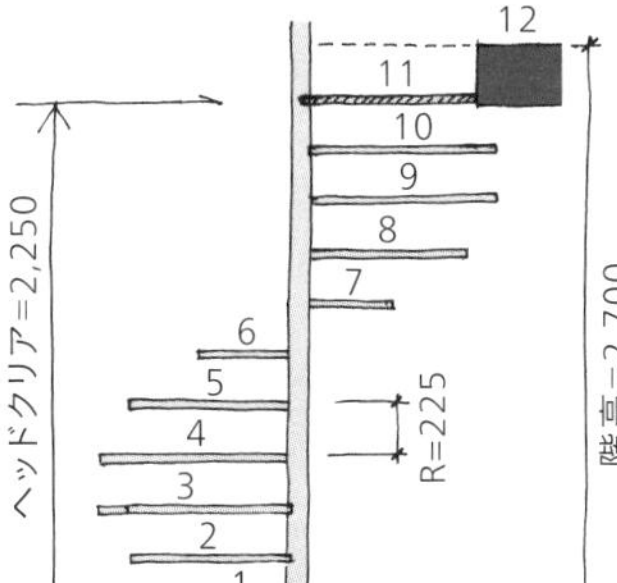

階数3以上を貫く螺旋階段

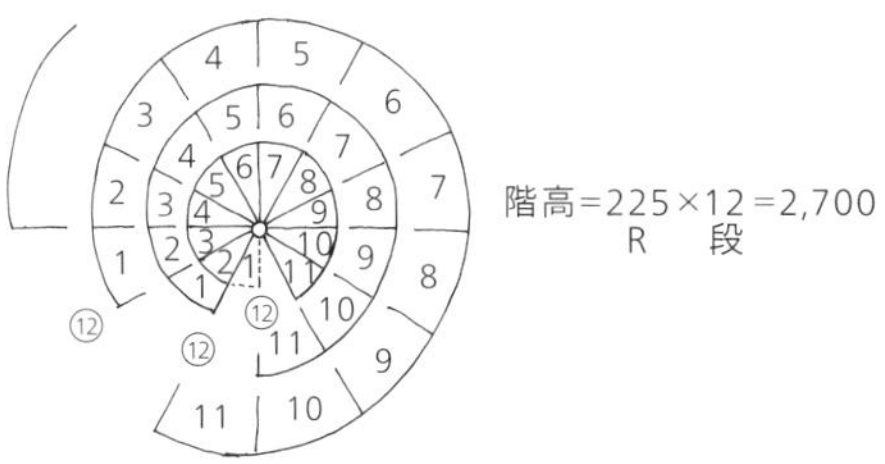

ところが、螺旋階段を3層以上に通そうとすると、前述のワザが使えない。階高を2,500㎜前後に抑えられない場合は、各階の1段目とダブルの最終段を、1段ずつラップさせざるを得なくなる。各階で昇降位置が30°ずつずれていくので、どうかお気をつけあそばせ！

キホン

その十三

かつて、調理と食事は同じことでした

調理したらその場で一緒に食べる
私たちのＤＮＡにはそんな単純明快な
生きる術《すべ》がインプットされているようだ。

食事という舞台の演者たち

レストランを想像してみてほしい。キッチンで調理し続けるシェフ。それをサーブするホールスタッフ。ゴハンを食べるお客たち。食べ終わった食器を片づけてキッチンへ運ぶ者もいるし、食器を洗って仕舞う見習いもいる。食事というエンターテイメントを始め、終わらせるには、少なくとも5人の人々が必要だ。しかし、英国郊外の屋敷で貴族が執事や使用人を従えて暮らしているのなら別だが、われわれのような一般家庭では、役割は兼任するのだ。

ここではキッチンのタイプをおさらいしたい。といっても、I型・L型・U型・パラレル型のようなキッチン自体のレイアウトのことではなく、キッチンとダイニングの関係のことだ。クローズド・キッチン、ダイニング・キッチン、オープン・キッチン、アイランド・キッチン、カウンター・キッチン——各タイプの長所・短所や、好き嫌いの議論はかまびすしいけれど、つまりはキッチンをどれだけ開放したいか、ということ。正直に言い換えれば、どれだけ楽屋裏を見せても大丈夫か、ということだ。

けれど、キッチンもゴハンもダイニングも主役ではない。大事なのはそこで立ち振る舞うヒトである。住宅という建築の話をしようとすると、つい空間や装置ばかりが気になって、それらが何のために、誰のために設えられているのか、肝心な目的を置き去りにしちゃうんだよね。食事空間を、ヒトの役割や視点から見直すことで、キッチンの各タイプの特徴を再認識できる。

調理した本人もそのゴハンを食べる

一般家庭では、調理するのは1人暮らしなら本人?
家族なら奥さん？　ご主人も料理上手かも。

ワタシも食べます

たった1人でつくる・出す・食べる・下げる・洗う、の5役をこなす寂しくも気楽な食事もあれば、複数が2役や3役を担うにぎやかな食事もある。いずれにせよ、調理した本人もそのゴハンを食べるのだ（ゴハンを運んだり片づけたり、食器を洗ったり仕舞ったりするのは家族のだれでもできるから、進んで手伝うべきだよね）

クローズド・キッチン

裏方に徹してダイニングに出てこないのがクローズド・キッチン。クローズド・キッチンに籠ってせっせとゴハンを調理していたはずのヒトもエプロンを外したら、まるで別人のように、ダイニングでにこやかに食事するのです

オープン・キッチン

裏に籠っていてはダイニングとのコミュニケーションが取れないから、ゴタゴタした部分は手元足元に隠して、顔だけは出そう、というのがオープン・キッチン。オープン・キッチンのカタチは、今調理しているゴハンは私も一緒に食べるからね！　というアピールかもね

ダイニング・キッチン

裏のほうが手っ取り早いし気が楽だから、ここで食べちゃおうよ、とキッチンにダイニングを呼び寄せたのがダイニング・キッチン。調理したその場で食事するのだから、1人2役に何の違和感もありません

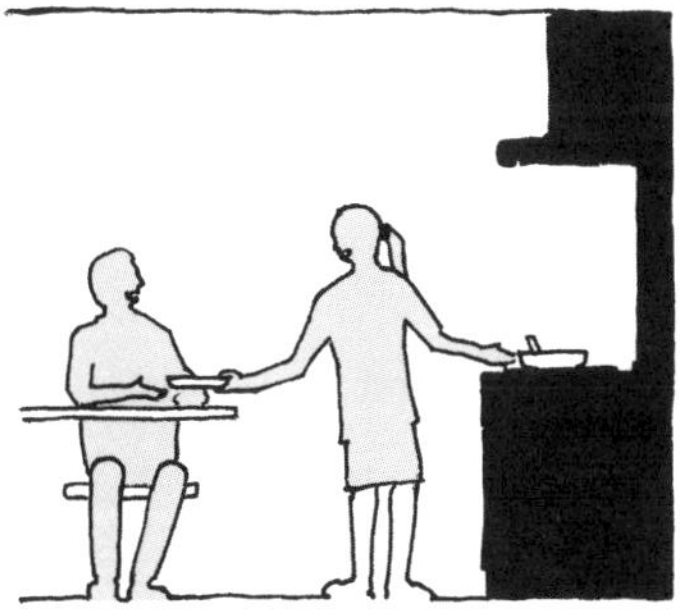

アイランド・キッチン

いやいや、おいしいゴハンを隠すことはないでしょ、と表舞台のダイニングに堂々と出てきて、今や流行になっているアイランド・キッチン。みんなで調理して、同じみんなで食べましょ！

カウンター・キッチン

どんどん調理するから、アツアツのまま食べてよ！　ほかに注文があれば遠慮なく言ってよね！　私もつまんで食べるから！

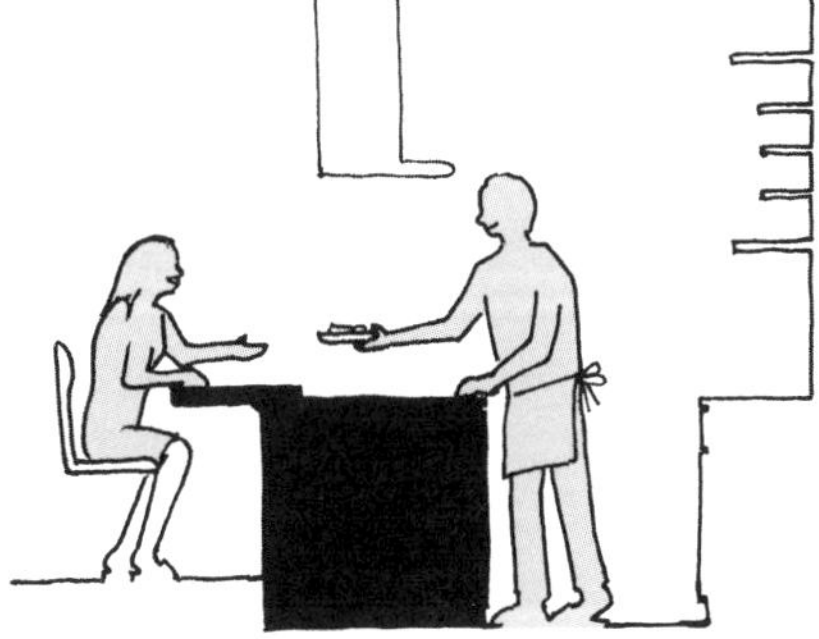

さんざん食事空間のタイプを論じた後で水を差すようですが、はたしてどれだけの頻度でその空間は生かされているのでしょうか？

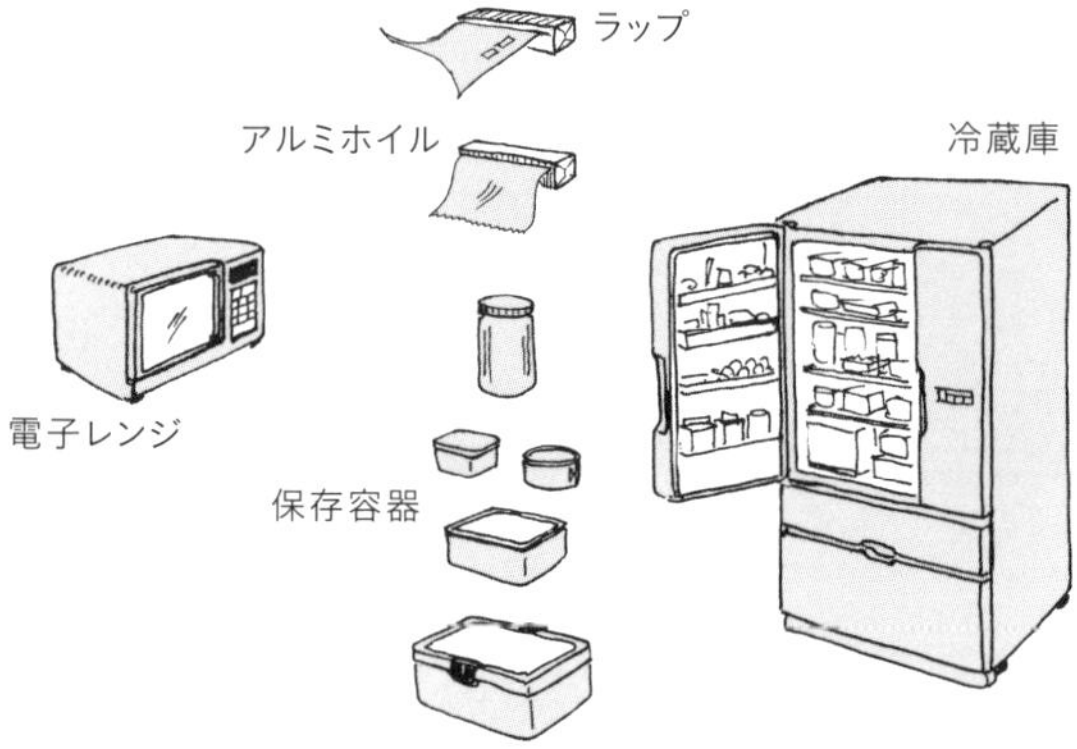

食事のタイミングを遅らせる近代5種

家庭の食事風景は一変している

今日の家庭において、調理したゴハンを直ちに食べるという前提はもはや大きく崩れている。家族全員が一緒に食事することは、むしろまれなのではないだろうか。一度に全員分のゴハンを調理し、時間をおいて家族各人の都合に合わせてサービスしたり、セルフサービスで食べたりするのが現実。このような食事を可能にしている近代的装置が、冷蔵庫、保存容器、ラップ、ホイル、そして電子レンジだ。

現代では食事空間を整える必要はないのか？　あるいは、少ないからこそ貴重なひと時のために、きちんと設えるべきなのか？　あなたと建築主が決めるしかないけれど、アイランド・キッチンで1人で調理してゴハンを食べる寂しさも、週末に親しい友人たちを招いてパーティーをする楽しさを想えば、あながち勘ちがいではないのかもね。

調理しながらその場で一緒に食べる

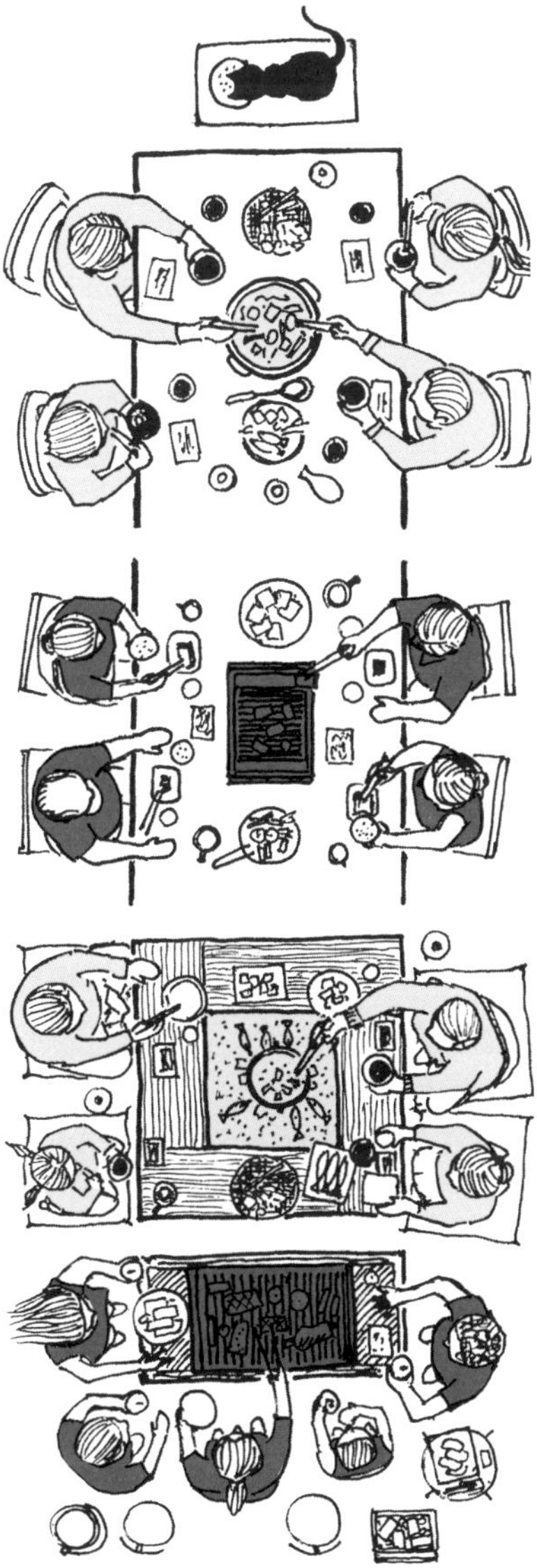

食卓を囲んで鍋料理

焼き肉ですよ！

囲炉裏の廻りで
ゆっくり食事

屋外での
BBQパーティー！

こんな食事は文句なしに楽しい。こうしてみると、みんなで一緒に食事する喜び、
調理したものをすぐに食べる幸せを、改めて感じるよね

キホン

その十四

水廻りの専有と共有

間に合わないと大変な便器を
いくつ用意するか？

便器の数から洗面室・浴室のあり方を考える。

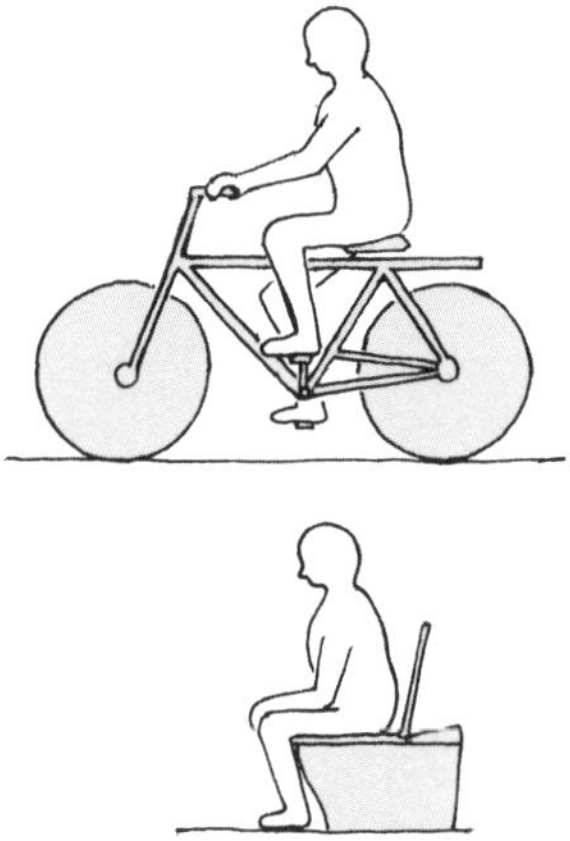

一人乗り

「限定共有」の「逐次専有」

はばかりながら、今回は便所の話。トイレは英語でトイレット、ラバトリイ、バスルーム、レストルーム、ウォッシュルーム、パウダールーム。逆に、これらに相当する日本語は便所、お手洗い、浴室、休憩室、洗面室、化粧室——どうやらトイレを考えると、話が水廻り全体に及ぶようだ。ではいっそのこと、便器自体から考え始めてみよう。

1個の便器が誰のために鎮座しているのかなんて、考えたことないよね。けれど、どの便器も「限定された誰か」のためにある。たとえば公共施設や大規模店舗のそれだって、男性用、女性用に限定されているでしょ。コンビニのトイレは男女兼用じゃないかって？　いえいえ、それは客用に限定されていて、従業員用トイレは別にある。便器に座るのは1人、トイレは基本的に1人用だから、使用者を限定する必要があるのだ。

余談だが、学生のころ、サークルの溜まり場だった喫茶店のトイレの扉をノックしたら、中から「どうぞ」という声が聞こえてきた。一瞬とまどったが、大笑いした。

大勢で使いたくても1人ずつしか受け入れられないので順番待ちになる。専有と共有というややこしい問題の始まりだ。特定多数の完全な共有があり得る一方で、不特定多数に開かれた完全な共有はあり得ない。共有とは、限られた使用者のための限定共有なのだ。そのうえ限定共有のなかには、ママチャリや便器のように、複数人で所持していても使うときは1人ずつという代物がある。これを「逐次専有」と名付けよう。こうして、やっと本題に入ることができる。

日本の住宅に必要な便器の数

判断の基準は、その数で間に合うか？　間に合わないと悲惨なことは
客人も同じだから、便器を「逐次専有」するのは家族と客人（1人）と考える。

使用人数と便器個数

家族		客人		合計	便器	
1	+	1	=	2		
2	+	1	=	3	1個	私の場合、使用人数5人が分かれ目と考えている。つまり、3人家族+客人1人の合計4人までなら便器は1個でよい
3	+	1	=	4		
4	+	1	=	5		
5	+	1	=	6	2個	4人家族+客人1人の合計5人以上なら2個目の設置を考える
6	+	1	=	7		
7	+	1	=	8		
8	+	1	=	9	3個	3個目が必要になるのは、7人家族からだと計算できる。7人家族とは、たとえば老夫婦・若夫婦に子ども3人の大家族だ
9	+	1	=	10		

便器までの距離

便器が遠くて、たどり着く前に漏れちゃっても困る。3人家族でも、2階建てなら2個必要になるかもしれぬ

便器が2個になったとき

使用者全員で限定共有すればいいというのはちょっと工夫に欠けるだろう。
2個の便器それぞれに相手を割り当ててこそ、デザインというものだ。

化粧室に

1個は客人も使えるように化粧室として仕立てたい。すると、もう1個の便器が相手にするのは、家族だけに限定できる

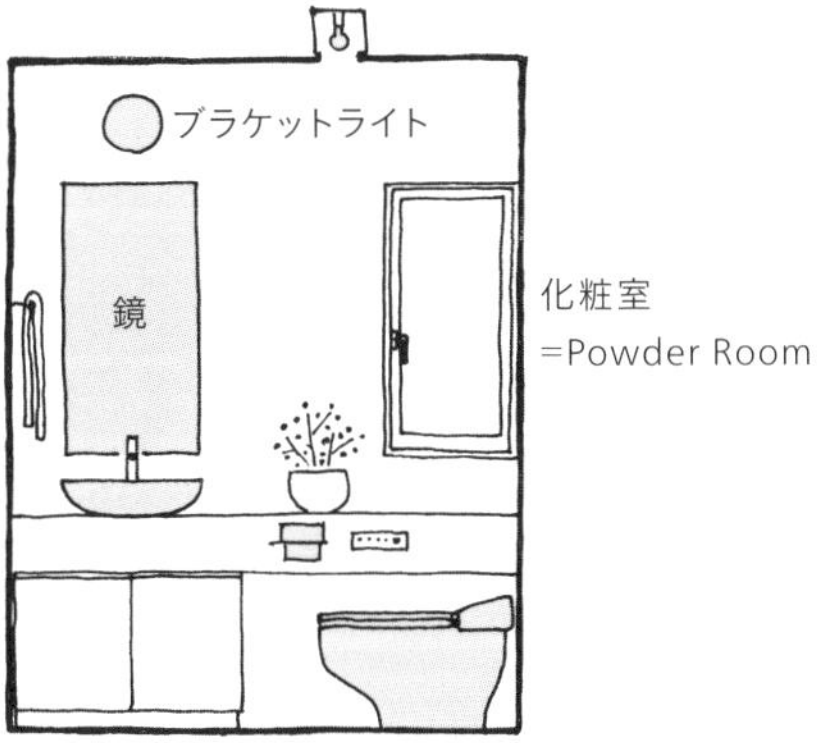

洗面室・浴室に

2個目は化粧室のようによそ行きである必要はないので、思いっきり家族になついてくる！ 家族の誰もが大目に見て、逐次専有の便器のくせに、彼はトイレではなく平気で洗面室や浴室に居るのだ

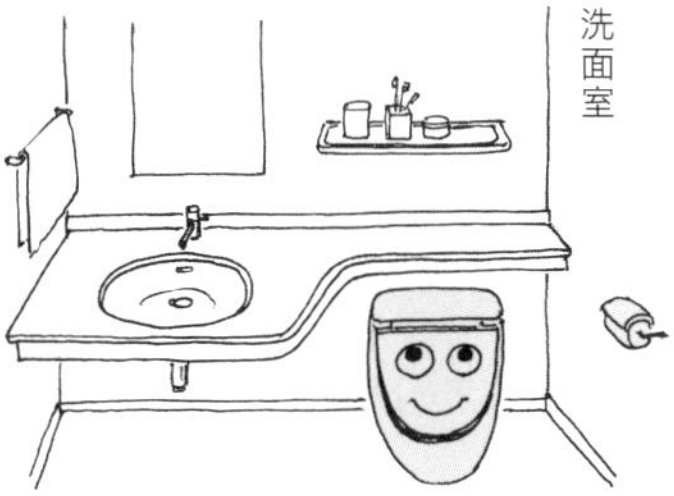

おじゃましてます

「洗面器や浴槽なんかボクに比べれば使用頻度が少ないのだから、ボクがここに居たってイイでしょ！ それにここなら洗面器があるから、手洗器もいらないでしょ!」

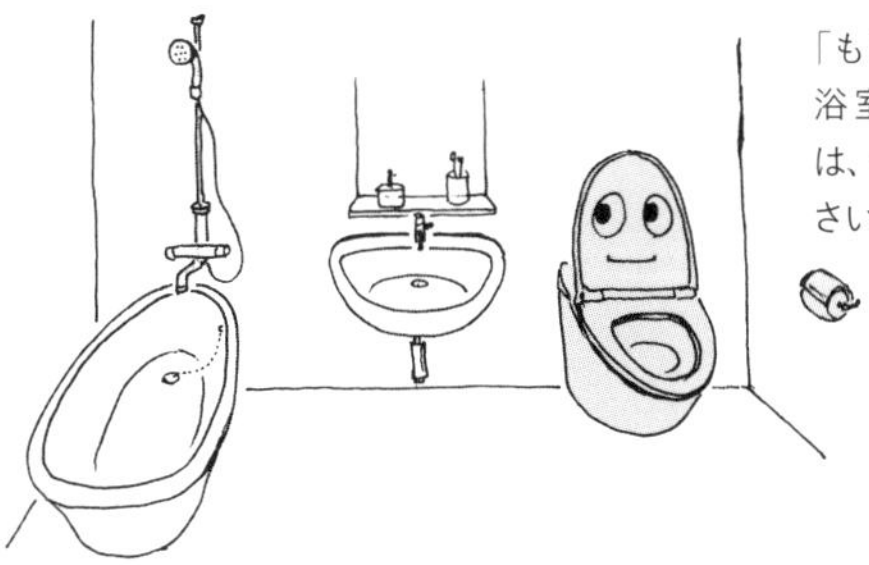

「もし誰かが洗面器や浴室を使っているときは、化粧室へ行ってくださいな！」

便器・洗面器・浴槽が一緒でも大丈夫

たしかに、2個目の便器を洗面室や浴室に置けばスペースの有効利用になる。
この手を使えば、カップルの小住宅の水廻りはとてもシンプルになる。

2人のための水廻り

もし客人が来たらどうするのか？　お客が来ているときに浴槽を使うはずはないでしょ。大丈夫

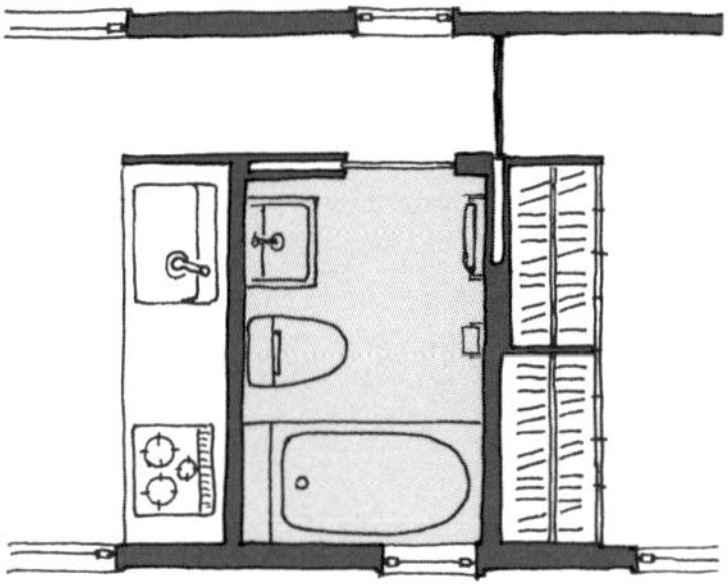

欧米の住宅では

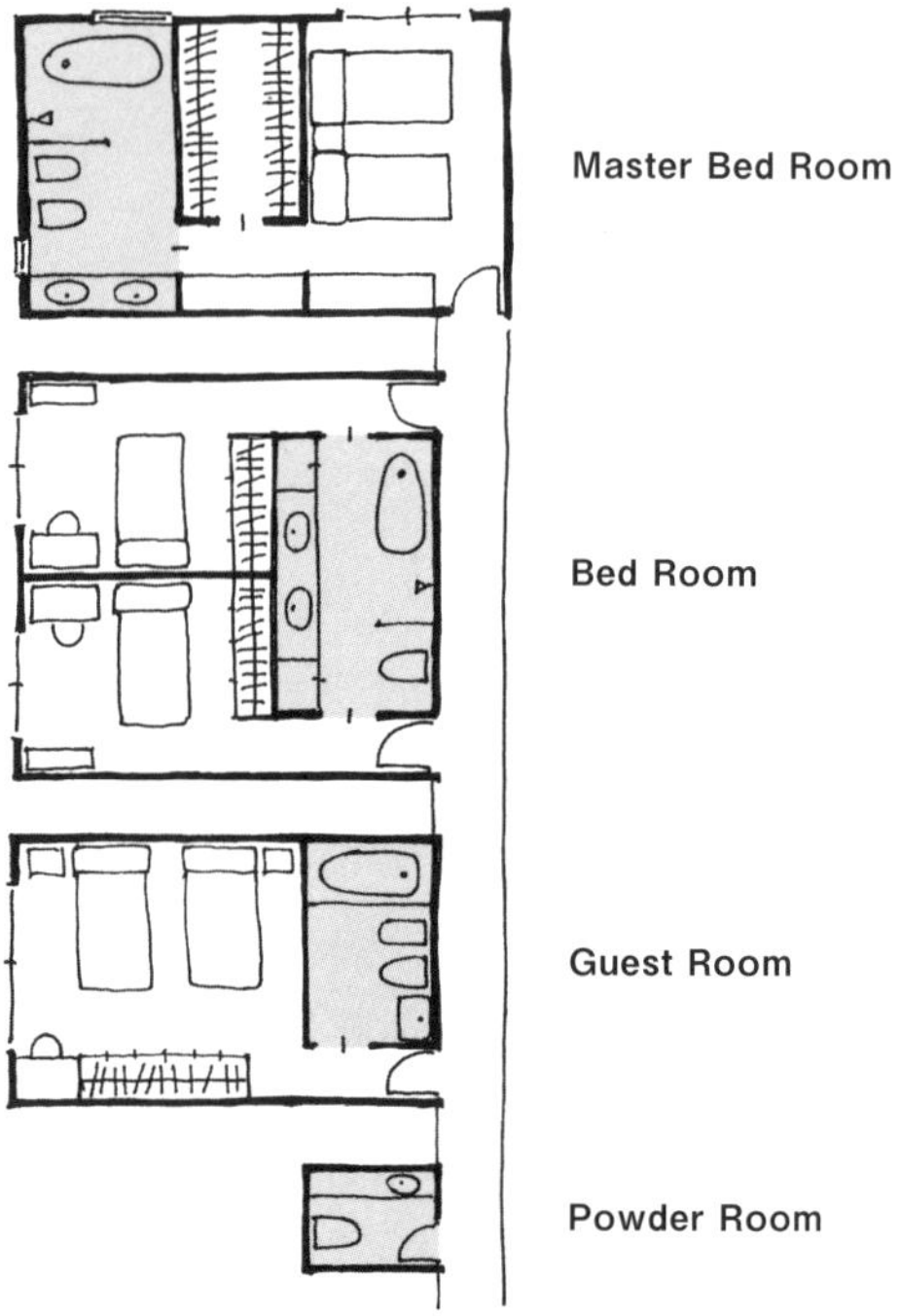

欧米の主寝室に夫婦専用の浴室が付属しているのはナルホド

子ども2人で1つの浴室を共有しているのもナットク。トイレをバスルームと呼ぶのもうなずける

ゲストルームにももちろんバスルームがあって、便器の逐次専有者は2人だけ。つまり最小共有人数

さらに日帰りの客人のために化粧室があれば、もう万全。限定専有の極みである

贅沢は言ってられないわれらの住宅事情

欧米のバスルームは寝室で脱衣する前提だが日本はそうはいかない。
2個目の便器を洗面室・浴室に置く場合、脱衣も考慮する必要がある。

洗面器・浴槽・便器の順列組み合わせ

入浴の際に脱いだ衣服をどこに置くのか。同じ広さでもレイアウトはいくつもある。これを見て、あなたとあなたの家族はどうするのか考えてみてください。私はそこまで立ち入れませんから！

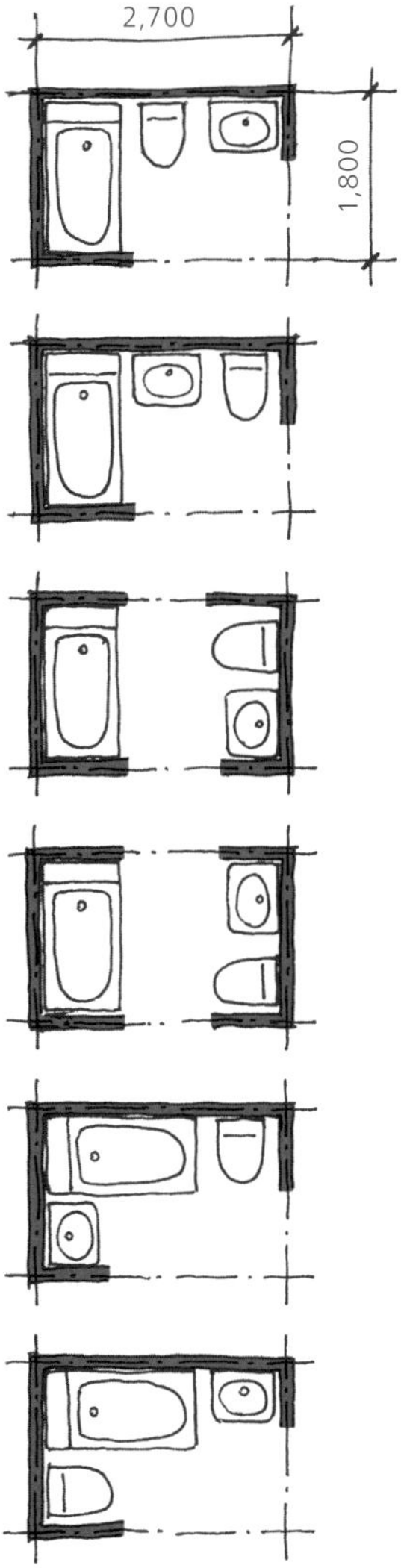

どこから入りますか？

脱衣については洗濯機の位置も検討しなければならない。拙著『住まいの解剖図鑑』p88洗面室と水廻りも参考にしていただけると幸いです

キホン その十五

雨仕舞と防水は違います

お出口はアチラ！

雨水の必殺技トリオ、風圧力・毛細管現象・界面張力とまともに戦っても勝ち目はない。無駄な抵抗はやめて素直に・あっさり・軽くいなすのが得策だ。

雨水を防ぐカタチとは

台風一過、設計者は青空を見上げながら、建築主から電話がこないかヒヤヒヤする朝だ。昨秋からこの夏までに竣工・引渡しをした新築は、初めての吹降りに耐えてくれたのかどうか……。

設計・施工における不安と悩みの代表格が、雨漏りだよね。構造、設備、材料の技術が進化向上しているにもかかわらず、いまだに我々を脅かし悩ませる風雨。これに立ち向かうのが「雨仕舞」だ。おっと、ここで勘ちがいしないように。雨仕舞とは、防水のことではありません。

防水とは、シートや塗膜、シーリングなど、建材の防水性とその施工方法である。これに対して雨仕舞とは、カタチの工夫。どんなに優れた防水材料といえども、それを活かすカタチがなければ、やがて哀れな最期を遂げることになるだろう。建物に対する雨水の性質や、その雨水処理について詳しく知りたい方には、『雨仕舞の仕組み　基本と応用』（石川廣三著、彰国社）をお薦めする。名著です。わたしも大いに参考にしてきました。

え？　要点をサクッと押さえたいって？　それなら、まずは温故知新。とっておきの裏ワザよりも、先人のごく当たり前の知恵に学ぼう。昔ながらの民家の屋根には、雨仕舞の見事な工夫が見受けられます。

古民家を構築する材といえば、木材、草、紙（いずれも植物）と石材だ。釘さえ使われていない。ガラスも合成樹脂もなかった時代、防水シーリングなんて論外だ。防水材料に頼らずとも、立派に風雨に耐えるシェルターとして建っていたワケは？　古民家の屋根に集約されている雨仕舞のキモを、ここで改めて整理してみよう。現代にも活かせるワザを見つけられるはず。

古民家に学ぶ雨仕舞の知恵

要点は4つ。屋根勾配、軒の出、水切り、空隙だ。
雨水はさっさと流し、浸入はさりげなく追い払うべし。

絶妙な茅葺き

防水性能など無きに等しい茅《かや》葺き屋根は急勾配にして、雨水をさっさと流している。屋根勾配は、屋根材の防水性能と反比例する

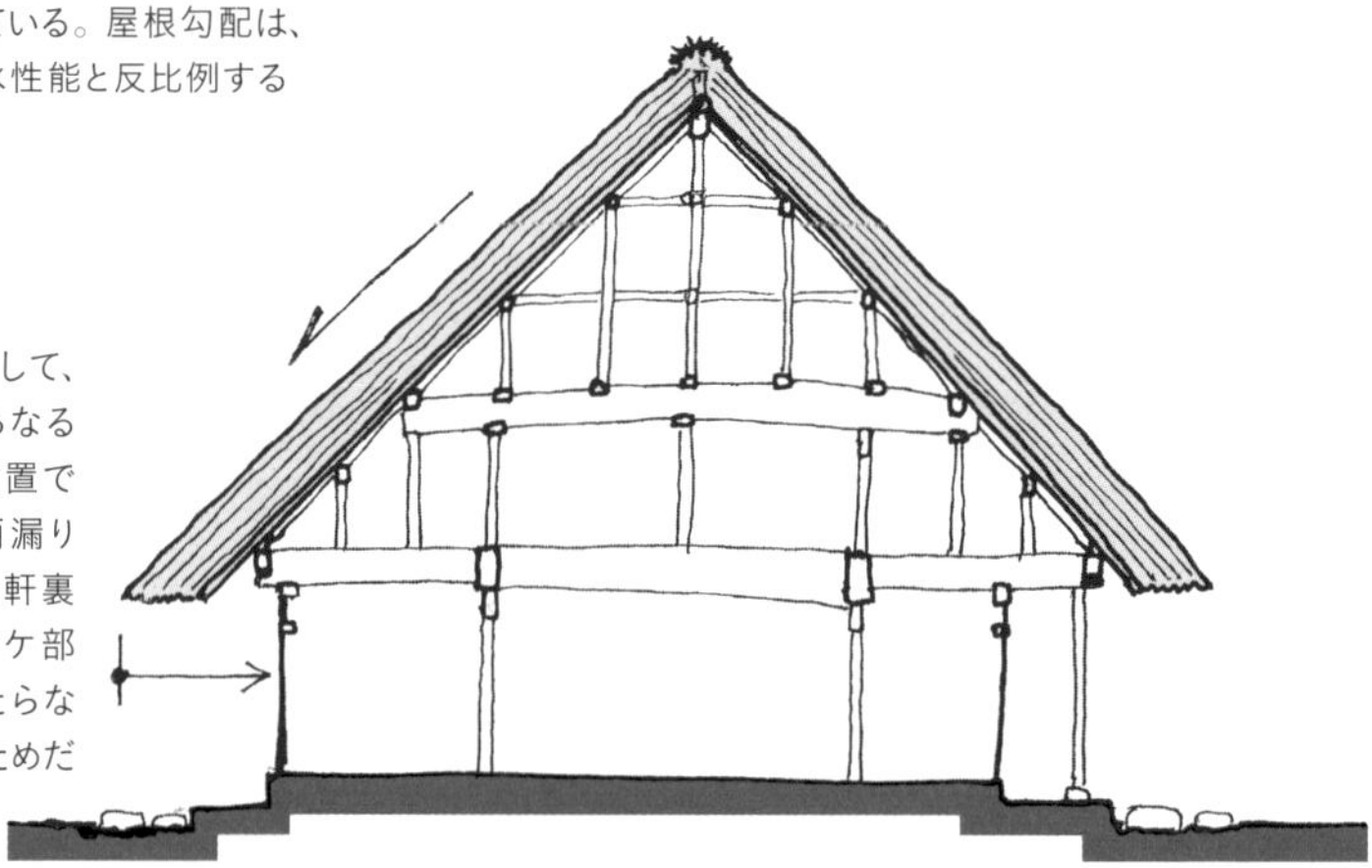

軒の出を深くして、雨水を壁からなるべく離れた位置で流すのは、雨漏りの弱点である軒裏と壁のキリツケ部分に雨が当たらないようにするためだ

茅をきつく束ねたところで、雨水の浸入を防ぐことはできない。茅は、きつからず緩からず束ねられ、絶妙な並べ方と重ね方で葺かれている。屋根厚の中に空隙を確保して、それを水道《みずみち》とするためだ。浸入してきた雨水には、この水道を流れて軒先に出て行ってもらい、屋内への立入りは御遠慮いただく

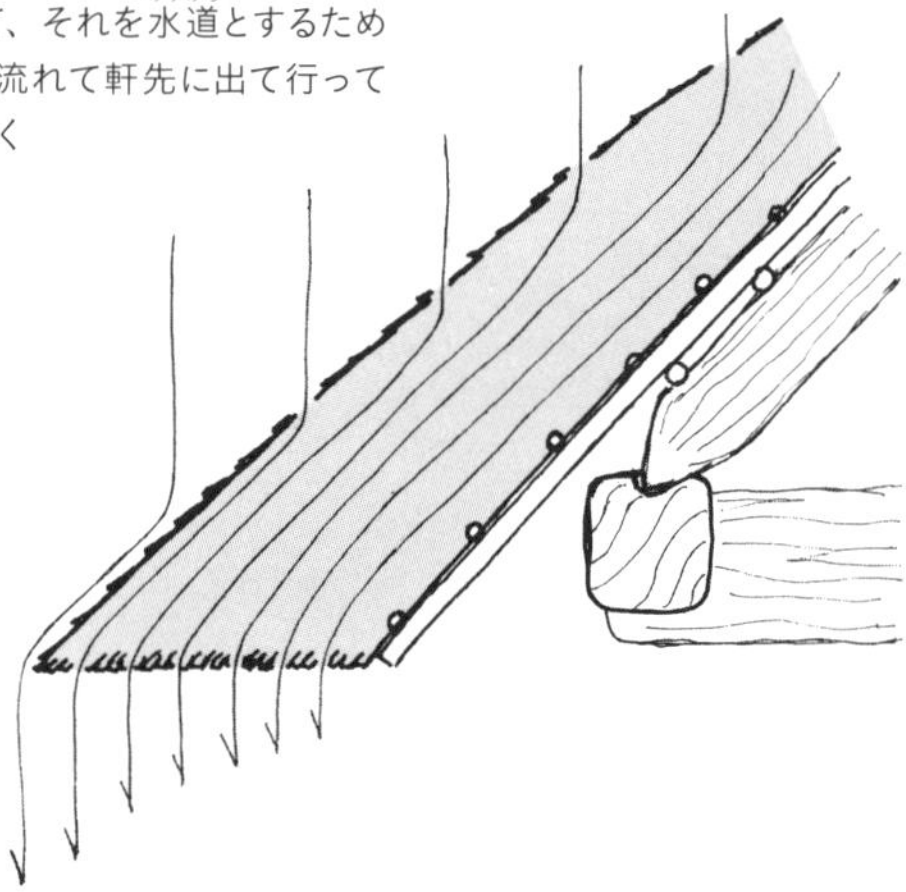

雨水は、軒裏を伝ってキリツケ部分まで来ないよう、軒先で落としたい。茅葺きの軒先は茅が切りっぱなしだから、雨はそこで落ちて軒裏を伝うことなんてできない。「水切り」である

現代の建物も同じ

現代の建物にとっても、雨仕舞の要点は
古民家と同じ4つで過不足ない。

屋根勾配

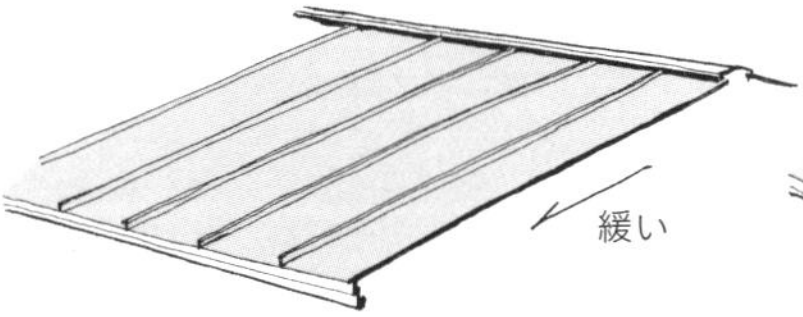

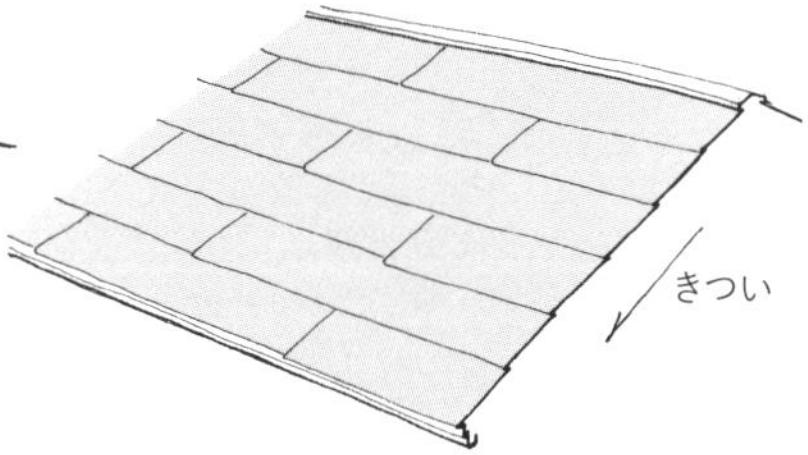

近頃よく使われるガルバリウム鋼鈑の葺き方を比べてみると解りやすい。立はぜ葺きや瓦棒葺きなら、棟から軒先までを1枚の鋼鈑で葺くから、その間で漏水の心配はまずしなくて大丈夫。勾配を緩くできる

一方、平葺きは縦横にジョイントが走るから、そこで雨水が寄り道しないように、サッサと流れる適当な勾配を確保する必要がある

軒の出

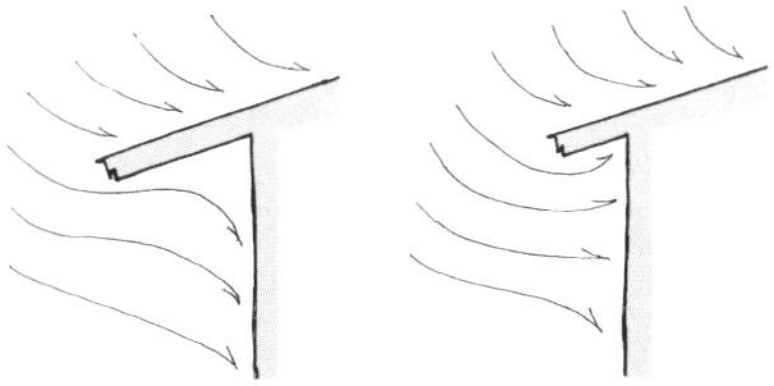

軒の出は深いほど、外壁上端のキリツケ（水平部材と垂直部材がぶつかる入隅）部分を雨水から守り、吹降りの雨から外壁を守って劣化を遅らせる

水切り

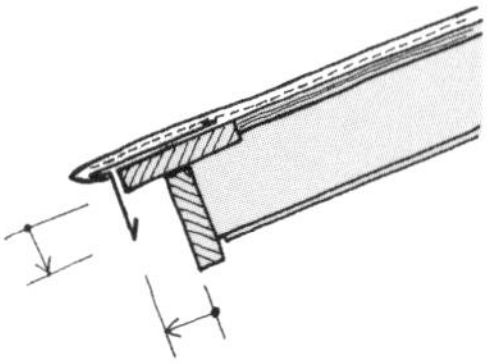

軒先の水切りは、立下り寸法や鼻隠しとの離れ寸法を十分とる必要がある

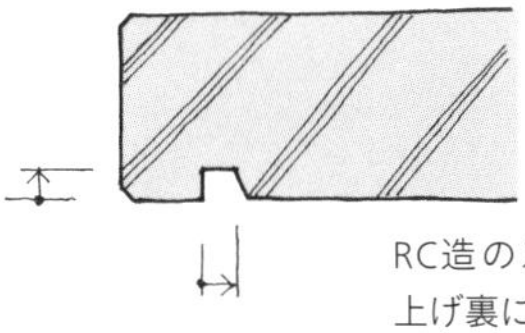

RC造のスラブの上げ裏にとる水切り目地も同じこと

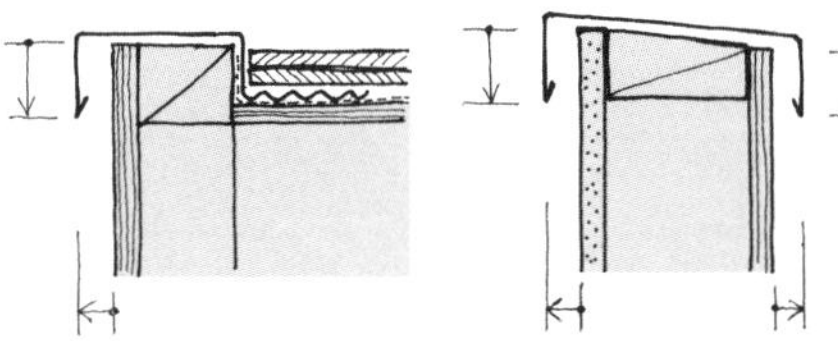

妻側のけらば水切りやパラペット笠木を単なるキャップだと勘ちがいしていると、痛い目に合う。水との縁はきっぱり切らないとやつらは執拗に追いかけてくるぞ

空隙のシカケ

茅の束の空隙は、現代ではエア・チャンバーが担っている。
平葺き屋根や外壁の接合部分、キリツケ部分に応用される工夫だ。

エア・チャンバーの仕組み

外側の隙間を比較的大きく、内側の隙間を極力小さくして、最前線に設けるのがコツ。雨水の浸入を必死に防ぐのではなく、更に奥まで入ろうとする気をそいで、一旦入ってきても、やがて出て行くようにするのだ

屋外と室内は同じ気圧のはずだが、風雨の際の屋外は、室内に比べて高圧になったり低圧になったりと変動を繰り返す。つまり、波状攻撃。外側の隙間が大きければ、外部と空洞は等圧になり、雨水が空洞内に押し入る道理がなくなる（等圧ジョイント、オープンジョイント）

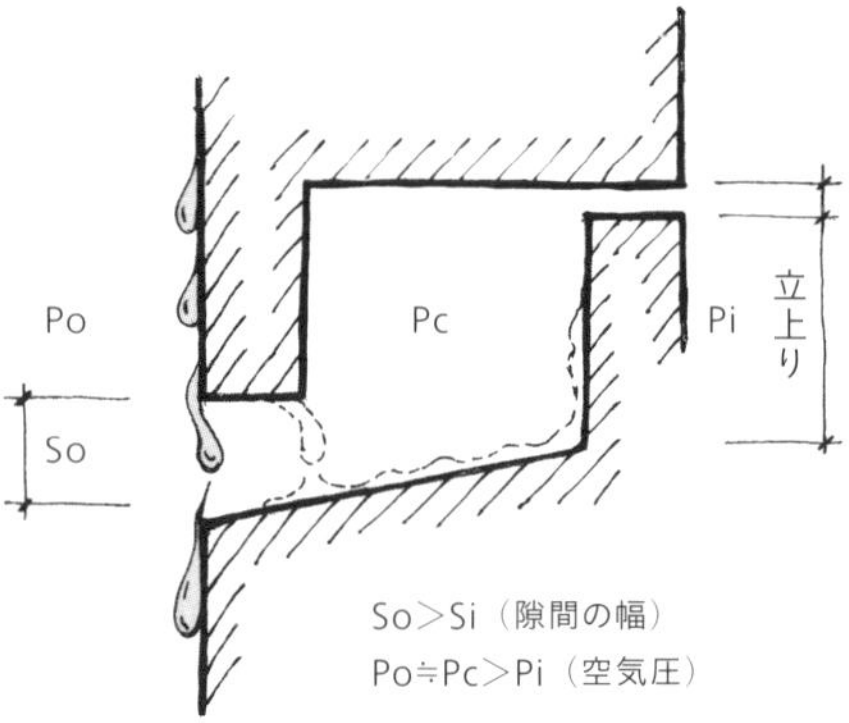

それでも侵入してくるつわものが界面張力だが、これは内側の隙間に十分な立上りをとってやれば、もうやつらは諦めるしかない

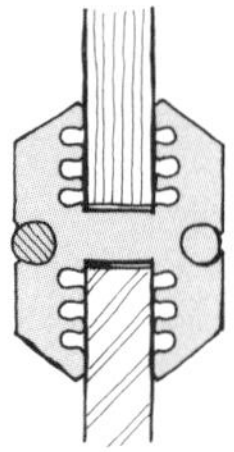

ゴムガスケットに細かく刻まれている溝は、エア・チャンバーの隊列

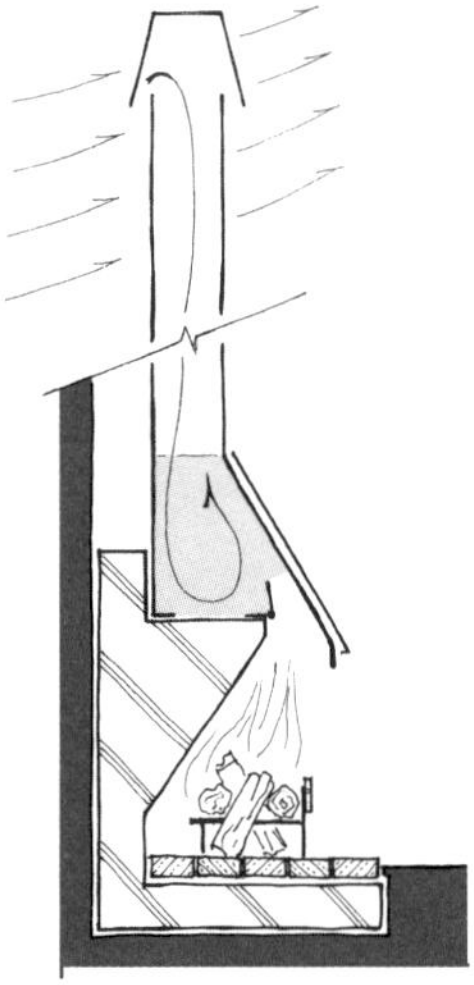

暖炉本体上部に煙突より大きな断面のチャンバーを設けるのは、突風の侵入を柔らかくいなすため。いずれも同じ考え方だ

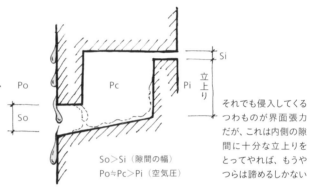

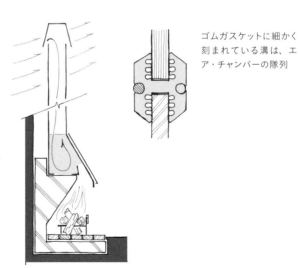

接合部のあるべきカタチ

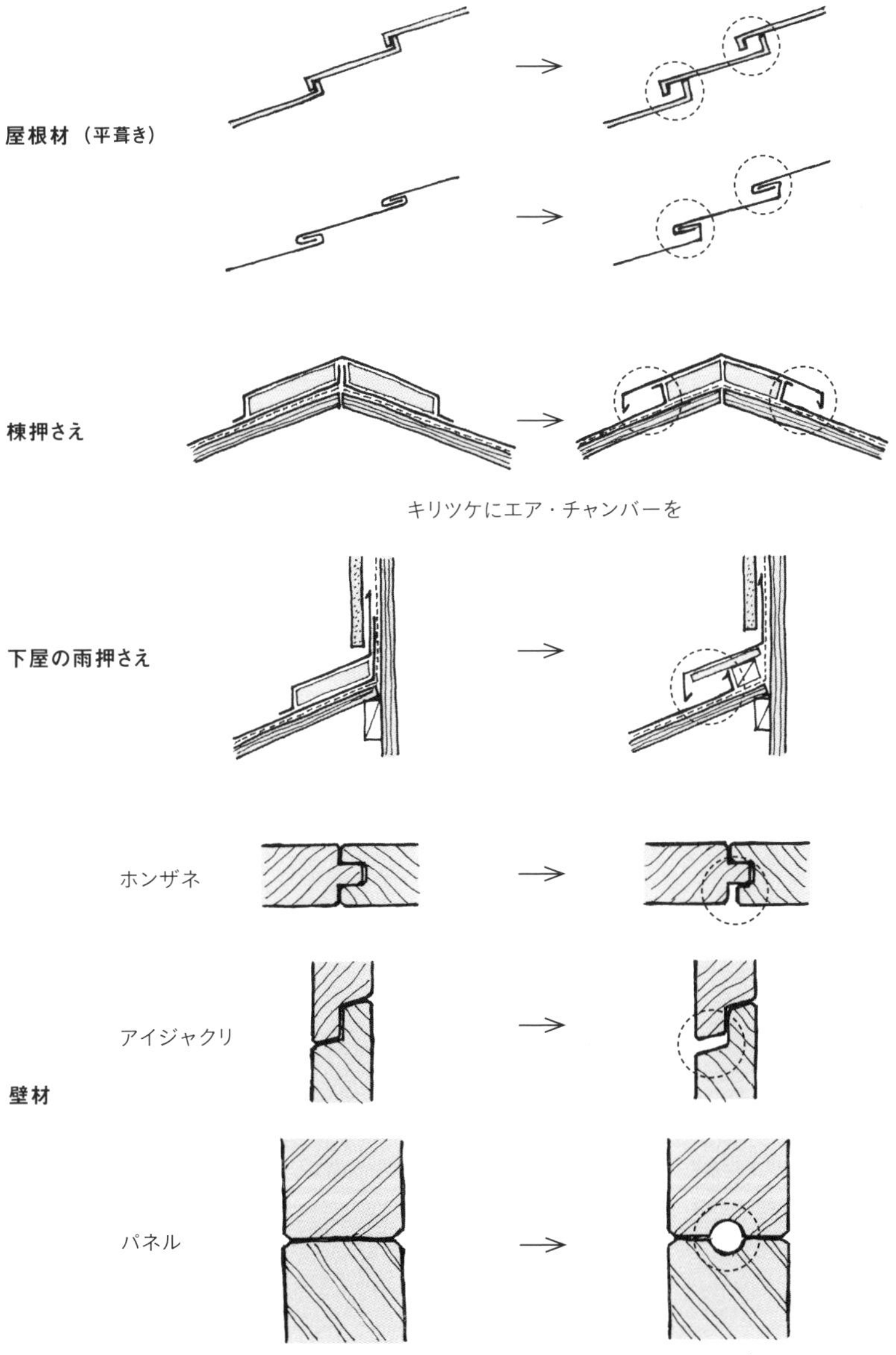

＼飛び込んでくる雨水の攻撃を、いなそう／

キホン その十六

モノは必ず生き残る

いったいなぜなのかしら?
湧くように増えるのがモノだよね!
仕舞うことばかりに執着すると、かえって
モノたちの出たがり性に火をつけることになる。

出しておく≠散らかっている

「賢い収納術」「賢い収納特集」——そんな記事を目にするたびに私はつぶやく。「どうせ俺は賢くないですよ」。ふてくされついでに捨てぜりふも吐く。「世のほとんどの人が賢くないぜ」

私の部屋はモノであふれかえっている。正直に言えば、身動きに支障もある。だが、頻繁に使うモノは手が届くところにあるので、「さして動く必要もない」と負け惜しみも言う。この際だから思いきって言おう！　片付けるとは、仕舞うことではない。そのとき必要なものを、使いやすい位置に待機させておくことなのであーる。

部屋にはモノが出ていて当たり前だよね。したがって、何をどれだけ出しておくかは、あなたが決めていい。何もかも仕舞っておかなければイケナイと考えるのは勘ちがいであって、ましてや仕舞っていないことを恥ずかしいと思うのは、自分のためよりも人の目を気にしてのことだと、気付いていただきたい。

モノが出ている光景は活き活きと生きている証し

やっと長雨が明けて晴れわたった日。家々のテラスやバルコニーに洗濯物や寝具が一斉に干され、陽に輝いている

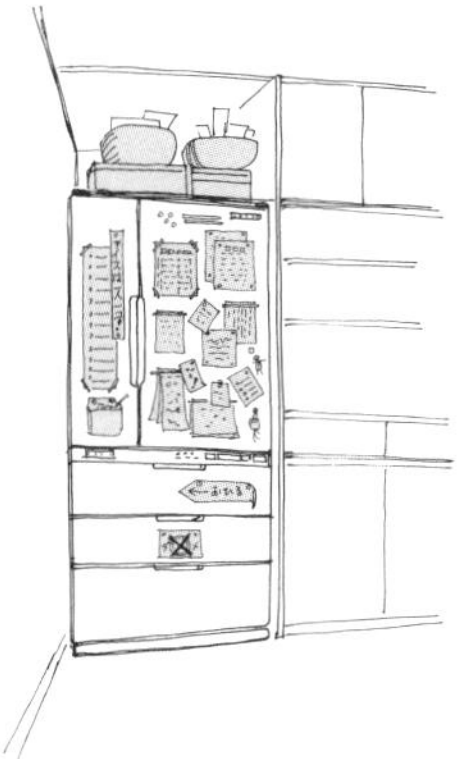

子育て真っ最中の日々。冷蔵庫の扉には学校からの大量のプリント、買い物のリスト、伝言メモなどが、マグネットで貼られまくっている

学校の設計演習課題提出の朝、完成した模型のまわりには、材料の破片や折られたカッターの刃、空になったカップ麺やお菓子の袋があふれている。おそらく徹夜したのだろう。こんな光景を見るたび、私はうれしくなって拍手を送りたくなる

CHIPS
YOU DID YOUR BEST!

＼一所懸命を感じる光景には、いつもモノが出ている／

収納には共通した様態が見てとれる

物持ちも清貧《せいひん》を貫く人も、豪邸も狭いアパートも、収納には共通した様態が見てとれる。このことを改めて整理（!?）してみようではありませんか。

モノの使用頻度と収納場所

モノは、使用頻度から5つのタイプに分かれる

● ジョージ Joeji

▲ ズイジ Zuiji

■ イチジ Ichiji

★ ダイジ Daiji

✕ イコジ Icoji

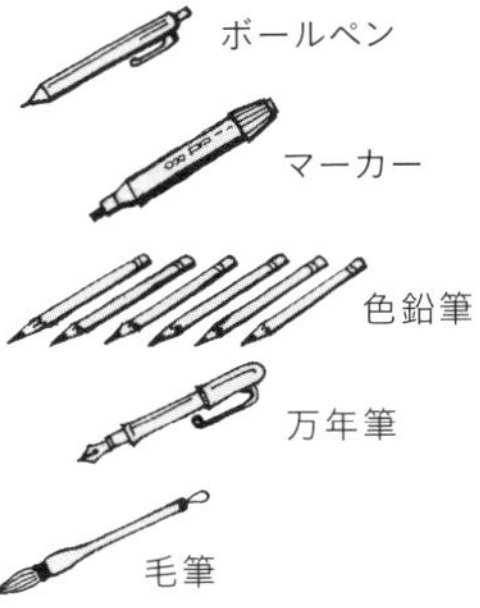

たとえば筆記具なら

モノの居場所は、大まかにこの4カ所だろう

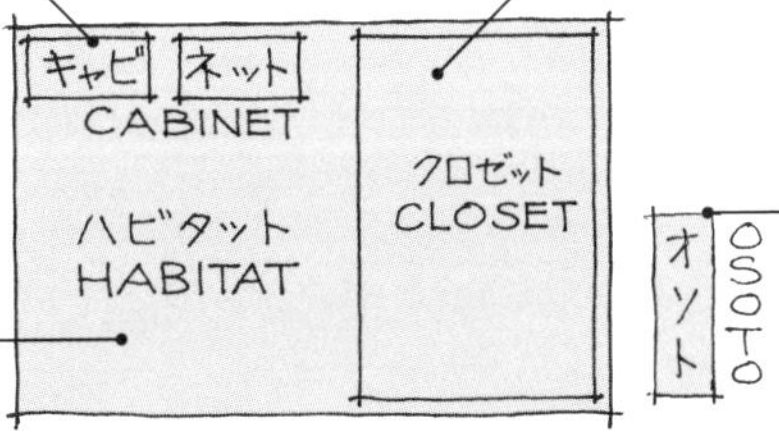

クロゼットに入れ（ら）ないけれども、仕舞っておきたいモノが行く場所。部屋に置くタンスや食器棚や本棚。いわく付きの家具も

あなたが居る部屋やLDKそのもの

納戸やウォーク・イン・クロゼット、押入れや造付けの戸棚、食品庫、クロークもあるかも

お宅に入ら（れ）ないので、屋外の物置にぶち込んだり、あるいはほったらかしのオソト

5タイプに分けたモノを、あるべき収納場所へと配属してみる（初期状態）

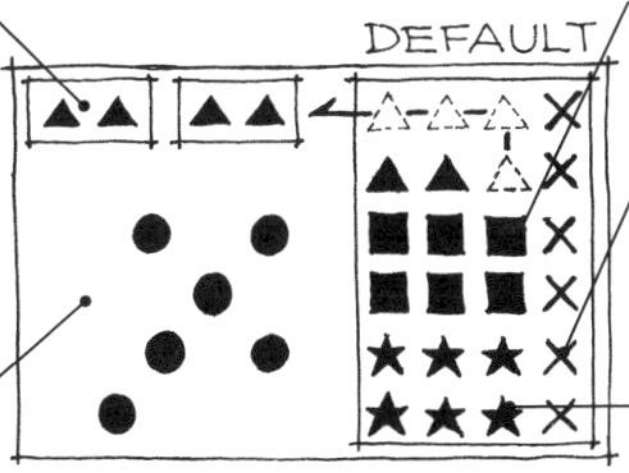

ズイジは、初めはクロゼットに居たけれど、結構お呼びがかかるので、キャビネットへ召し出される

ジョージは、もちろんハビタットに

イチジは、自らの本分をわきまえているから、クロゼットで待機

イコジときたら、うとまれながらもクロゼットに引き籠っている

ダイジこそ、クロゼットの主《ぬし》。「お出ましを!」の声を待つ

この状態であれば、住まいの収納計画には何ら問題は生じないはずだが……

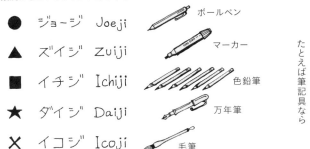

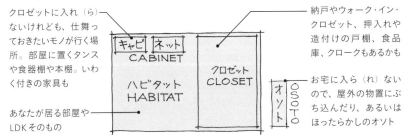

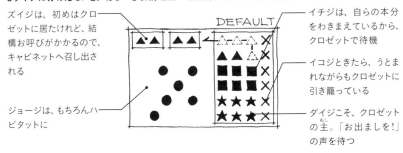

ところが、モノは必ず増えるのさ

こんな事態となるまで、あなたも私も、世のほとんどの人も、
モノたちの繁栄を見て見ぬふりをしてしまうのです。

モノの繁殖生態……もはや万事休す

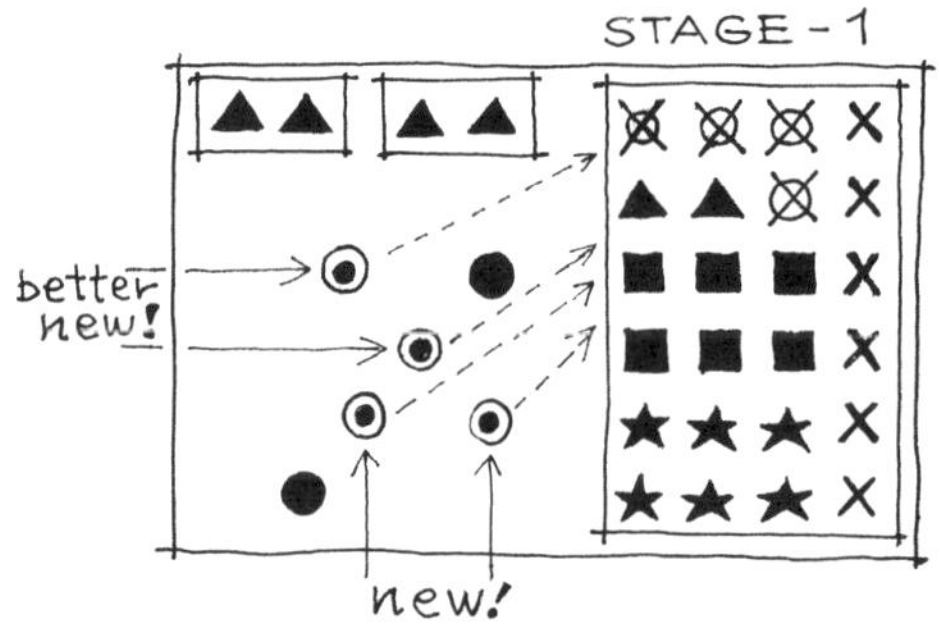

ジョージは必要数量で事足りるので、新顔が現れれば、旧顔は自然淘汰されて捨てられる……はずが、未練がましくイコジに

凡例：●ジョージ　▲ズイジ
■イチジ　★ダイジ　×イコジ

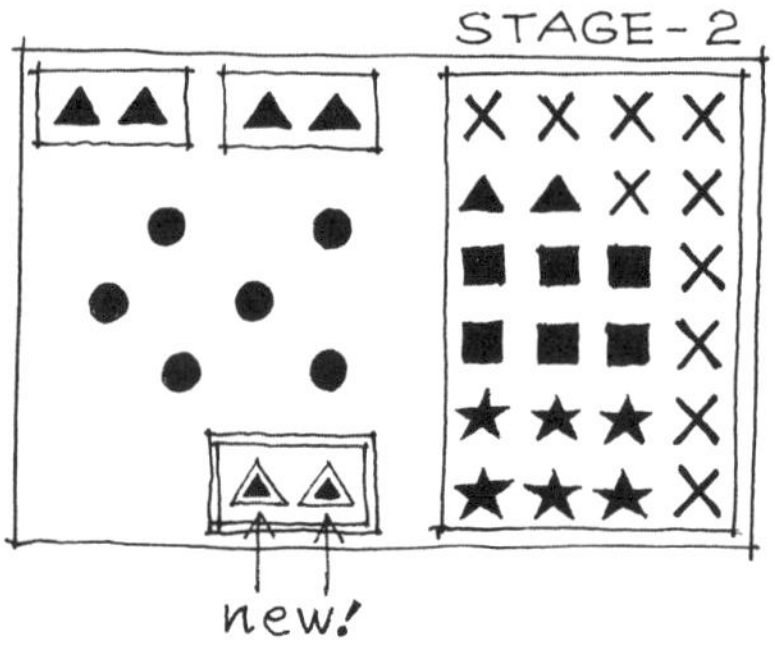

新顔の登場によって旧顔になってしまったズイジは捨てられるか、せめてイチジに格下げされてクロゼットに入ってもらいたいのだが、自分は古参なのだと居座る。そして新顔のズイジのためにキャビネットが新調される

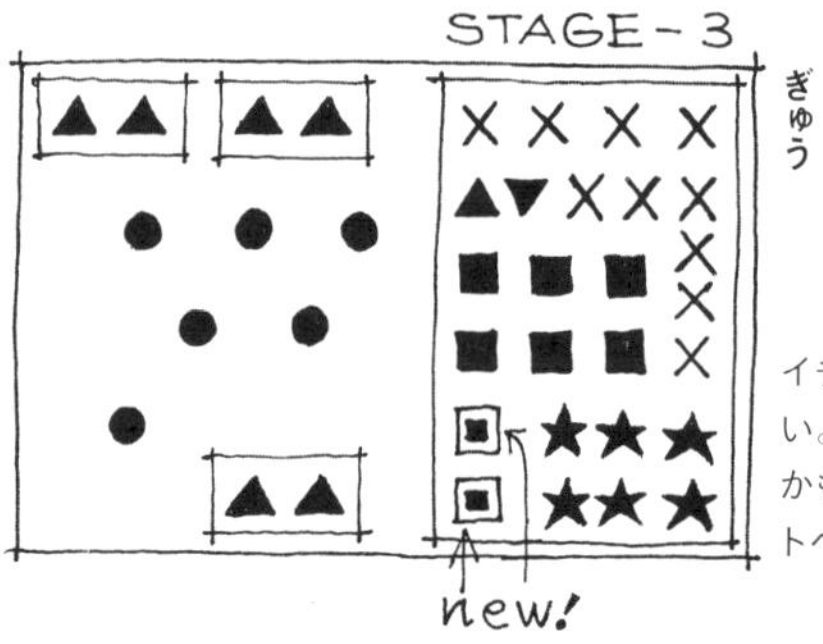

イチジにも新顔が表れる可能性は意外に高い。たまにしか使わないのに、たまには使うかも、とつい迎え入れてしまう。で、クロゼットへ割り込む

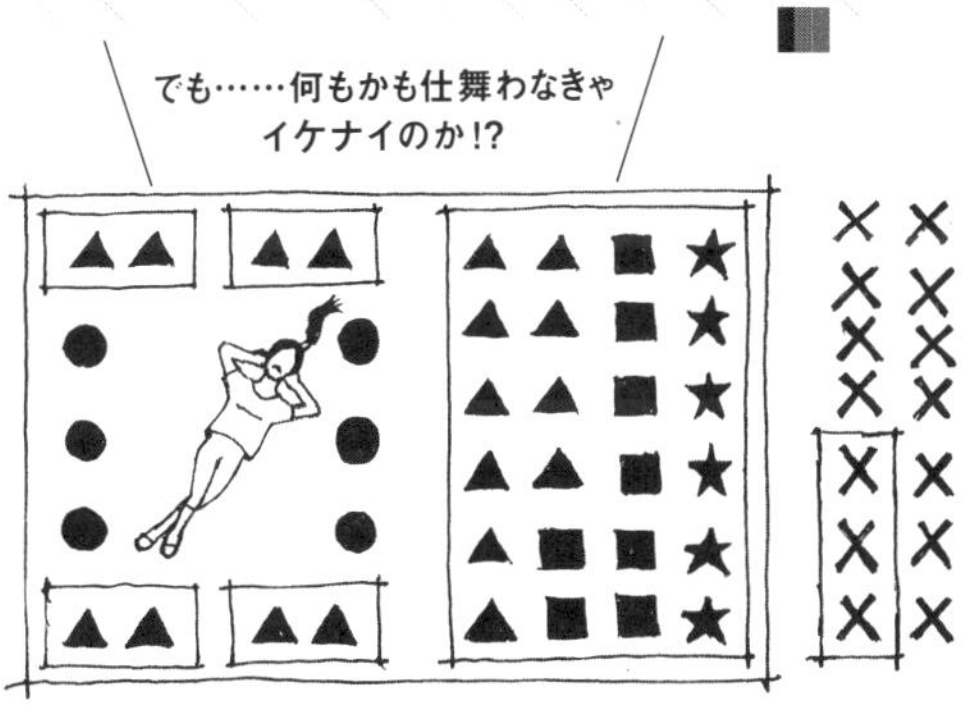
でも……何もかも仕舞わなきゃ
イケナイのか!?

捨てるしかないのは明かです。重い腰をあげて、とりあえずクロゼットからイコジをオソトに追い出す。クロゼットのダイジを、イコジにならぬよう言い聞かせながら奥へと移動。少し空いたクロゼットに、イチジを叱りながら戻す。自責の念に心を痛めるあなた

来たるべき未来

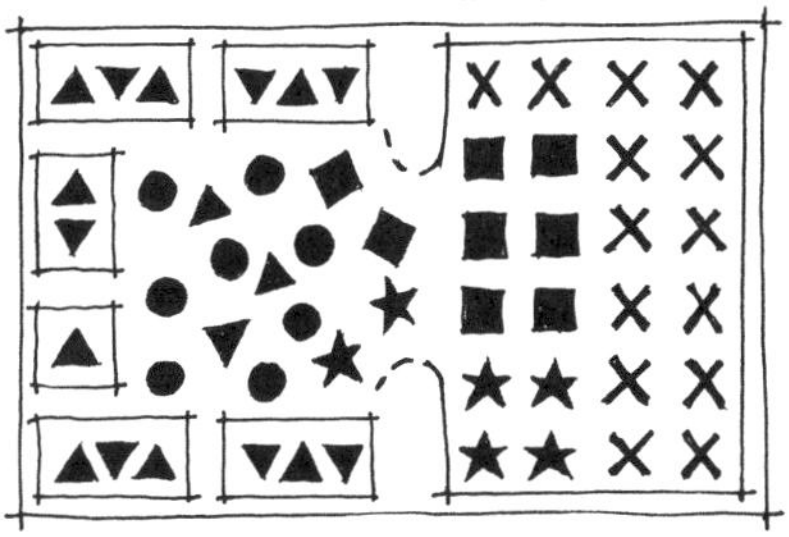

ハビタットには必要以上のジョージがはびこり、ズイジさえ漂う。キャビネットが買い足され、ハビタットは侵略される。クロゼットは悲鳴をあげて、イチジどころかダイジまで飛び出し、もはやクロゼットとハビタットの区別がつかない

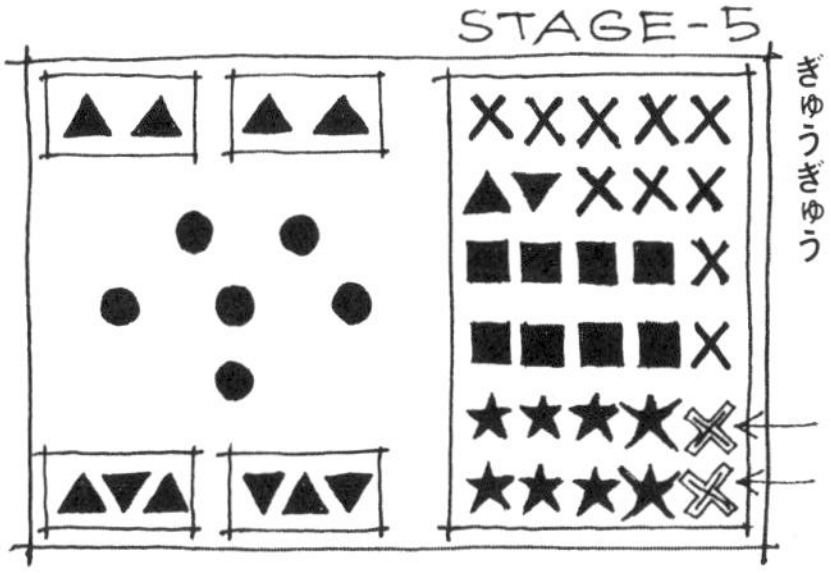
STAGE-5
ぎゅうぎゅう

イコジを自ら増やす人はいない。でもほら、例のあれ! イタダキモノですよ。使わないからといって、すぐに捨てるわけにもいかず、クロゼットに押し込むしかないじゃない!

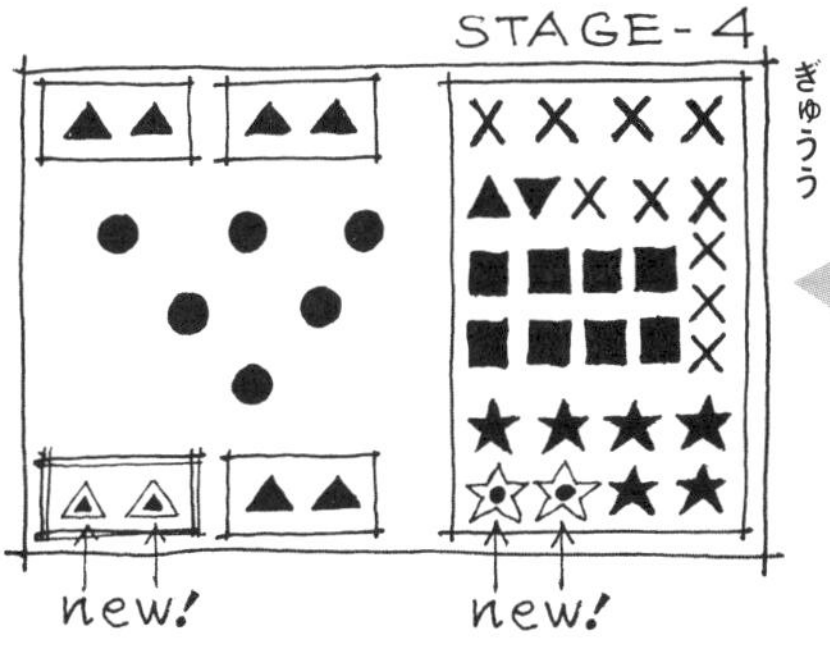
STAGE-4
ぎゅうう
new!
new!

ダイジの新顔はめったに現れないが、現れたとしても、旧顔が捨てられはしない。だって大事なのだから。イコジになることは疑いようもなく、依然としてクロゼットにとどまる

キホン

その十七

片付ける＝仕舞うではありません

収納の意識改革

片付けとは、使うモノをきれいに出しておくこと。
仕舞うとは、使わないものを出しやすく隠すこと。

本当に賢い収納術

まずは、モノは仕舞うものという固定観念、仕舞わなければならないという強迫観念から解放されましょう。そこから片付けを始めてみようではありませんか。使うモノを出しておくのは当たり前。使ったものが出ているのも当たり前。本当に賢い収納術は、「出しておく」と「仕舞う」のセットでしかありえません。

普段使うものは「出して」片付けておきたいが、散らかっていてもよいと勘ちがいされては困ります。きれいに整列させて、スタンバイさせておくということです。注意したいのは、整列のさせ方。「そこに立っていなさい」と言ってもダメ。しばらくすると歩き出して、散らかっちゃいますから。では、どうする？　連中は、ぶら下げておくのです。吊るすというのは力学的にも安定した固定方法。吊るしておけば、モノたちはもう逃げられない。

普段見せないで、使うときに出しやすいよう「仕舞う」モノたちはどうする？　収納を生かし、モノと日々良好な関係を築くコツは3つあります。①できるだけ扉を付けないこと　②とはいえ丸見えにしないこと　③日常的に収納に立ち入らざるを得なくすること。

収納といえば、普通は扉を閉じて中を見せないようにするよね。ところがこの扉1枚が、仕舞う行為の大きな障害となる。仕舞う、つまり、置く・入れる・吊るすという動作だけならワンアクションで済むのに、扉があると開ける動作が加わりツーアクションになってしまう。せっかく仕舞おうと思ったのに、扉が拒んでくるよう……。まるで壁のように見える「壁面収納」も、初めは近《この》衛《え》兵《へい》のように頼もしかったのに、今や機動隊の盾が行く手を阻んでいるようではありませんか！

いっそ扉などないほうが平和です。

吊るしておけば散らからない

吊るすというのは力学的にも安定した固定方法。
吊るすためのフックが各自の定位置となって、すこぶるよろしい。

丸棒1本で簡単クローク

＼扉を付けないのがミソ／

玄関に丸棒を1本取り付けて、明日も着るであろうコートやマフラーをちょいと掛けられると便利だ。これだけで、リビングのソファが外出着で埋め尽くされることもなくなるはず

キッチン・ラインアップ

＼ベンチ入りは願い下げ／

キッチンの吊り戸棚下に1本パイプがあれば、特に命じなくても、菜箸・フライ返し・お玉・木べら・トング・取っ手付きのボウルやざるなど、スタメンたちが勢ぞろい

インしている場合じゃない

毎晩のパジャマやバスローブを寝室の壁に引っ掛けられれば、ベッドの上に脱ぎ捨てたりしないのに、と思わない？　ウォーク・イン・クロゼットにいちいち出し入れなんかしたくないもんね！

吊るしておけば乾きます

洗面所にはタオルのほか、ハンカチやポケットティッシュを袋にストックして吊るしておけば、それで結構

吊るせないものは箱に

もちろん、ジョージ（常時）のすべてを吊るせるわけではない。
満を持してクロゼット内のダイジ（大事）たちに出動要請だ！

大事な箱を普段使いに

もう毛筆もしないなら……
硯箱を文具入れに

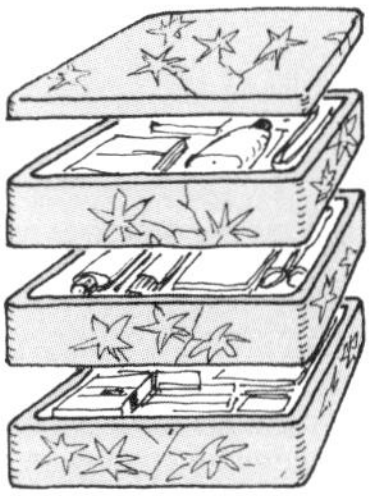

もうおせち料理もつくらないなら……
重箱を薬箱に

上等なお酒やお菓子が入っていた桐の箱などカトラリーボックスに

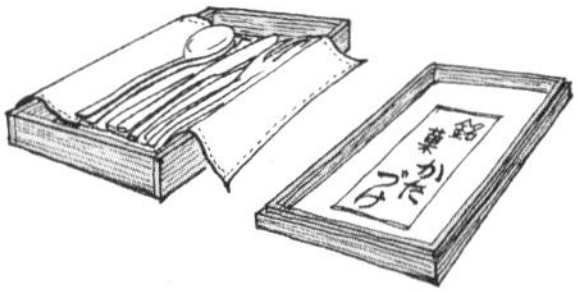

色とりどりの押しピン、マグネット、付せん……プラスチックケースに入れておくよりも滅多に使わないベネチアングラスやチェコグラスに

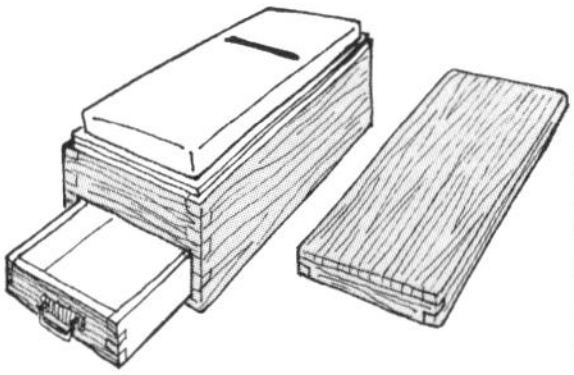

かつお節削り器！
眠っていませんか？
そのまんまでも、ばらしても使えますよ！

昔から家にあったので何となく捨てられない木製の脚立やざる

それほど価値はないけれど捨てるには忍びないし、そもそも重くて捨てにくい火鉢や壺

こうして次々と必要なモノたちが、つまりジョージやズイジ（随時）がしかるべき場所で待機し、展示されたいと思っていたダイジまでもが日の目を見ることができ、一安心。でもまだ、使うときに出しやすく「仕舞う」モノたちが、うずうずと待っていますよぉ

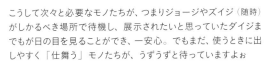

収納は「見え隠れ」するレイアウトに

動線と視線に配慮したこの手を使えば、扉がなくても中が見えずに
かつ使うときは出入りしやすい空間を構築できる。

ドアのないトイレをご存知でしょ?

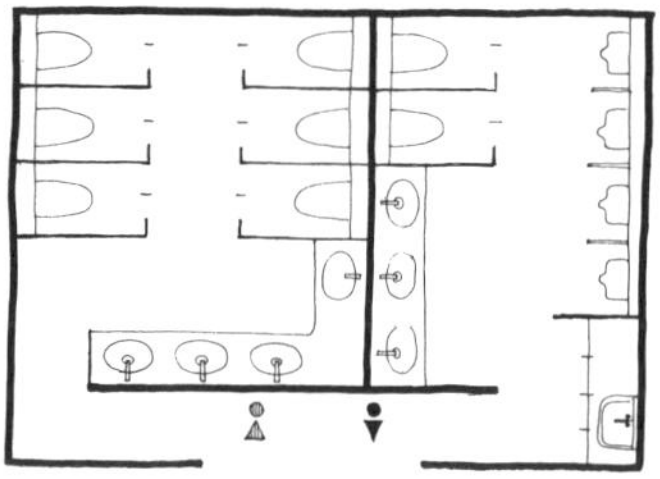

納戸の扉もなくせます

扉がなければ、ずっと気軽に立ち入れるでしょ？　見え隠れ収納にするために、幾分か収納量が減るかもしれないが、それで納戸との関係が密になるのなら、ありがたいよね！

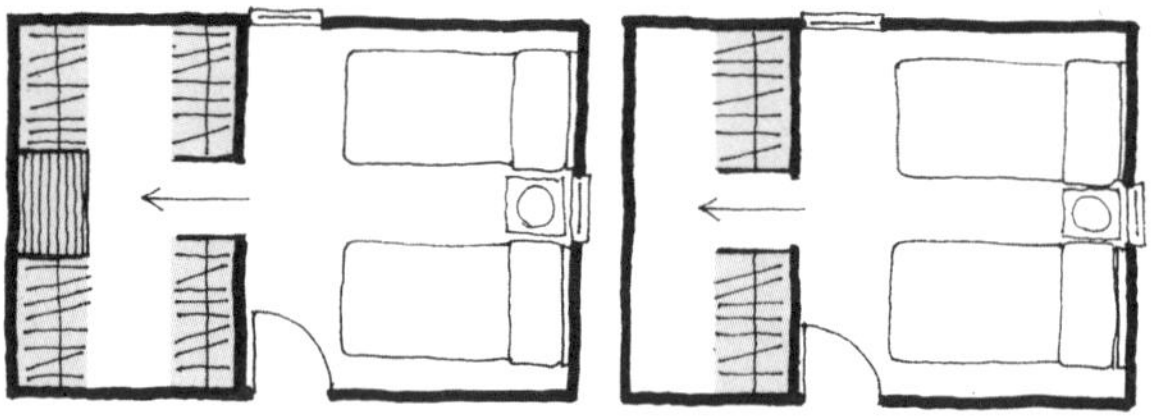

ウォーク・スルー・クロゼット!

納戸がごみ溜めにならないためには、入口と出口の両方があればよい。納戸の中を通り抜けて隅々まで目が届くようになる。風通しもよくなる。これがウォーク・イン・クロゼットの進化系、ウォーク・スルー・クロゼット！

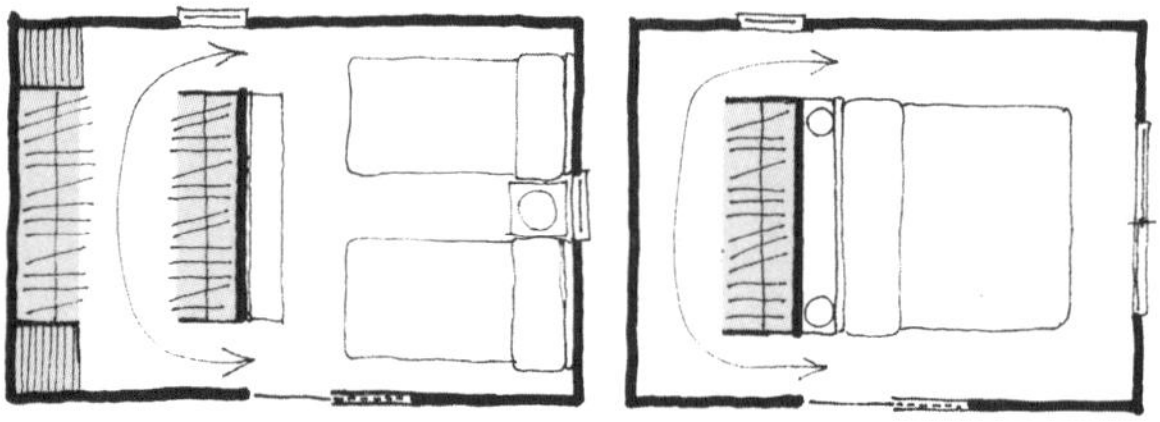

鈴木信弘氏が名付け親かな？　鈴木信弘氏は私の畏友で建築家仲間。氏の『片づけの解剖図鑑』（エクスナレッジ）は、収納術というより収納設計の極意を著した名著です。本稿を書くにあたって、私も大いに参考・引用させていただきました

納戸を廊下と兼用する

ただ通り抜けられるだけでなく、納戸が日常生活において必要不可欠な
動線上にあってほしい。それがプランニングというもの。

どうぞまず収納にお入りください

車庫から倉庫を抜けて玄関へ

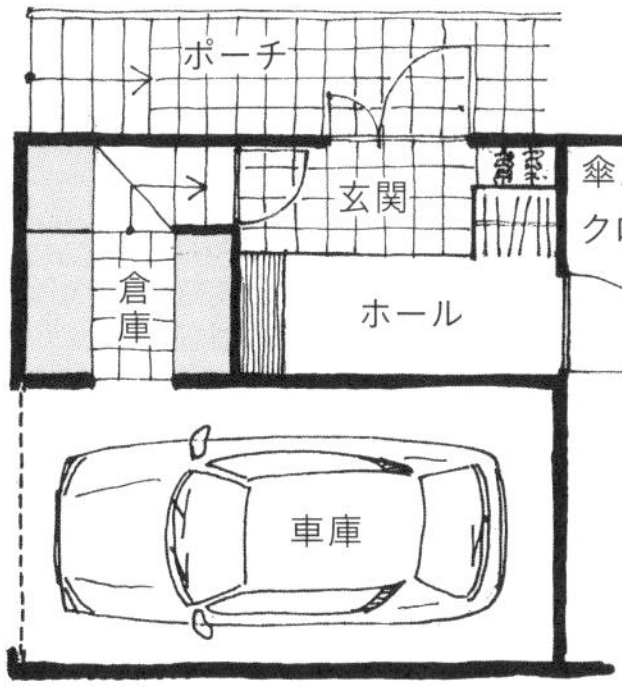

玄関からクロークを抜けてホールへ

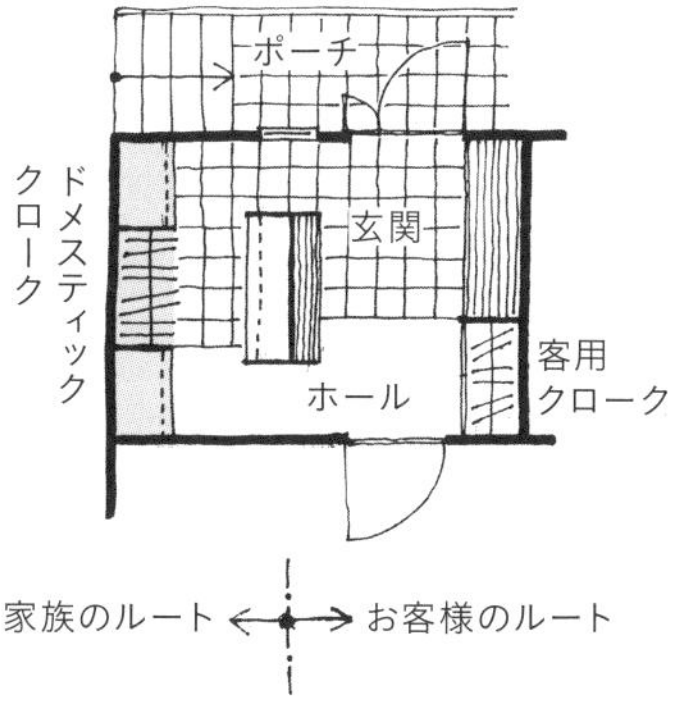

台所から食品庫を抜けて勝手口へ

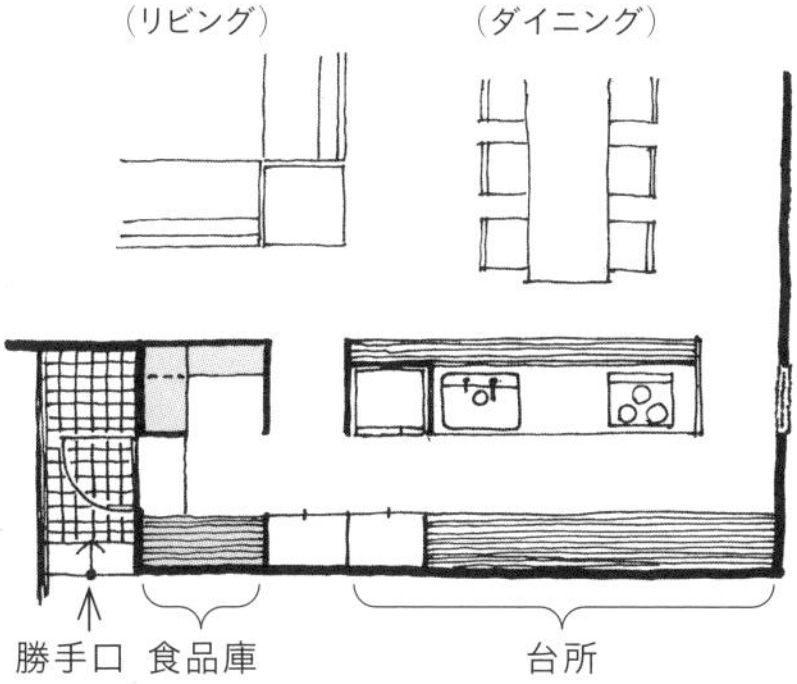

クロゼットを抜けて寝室へ

これは欧米の住宅では珍しくない

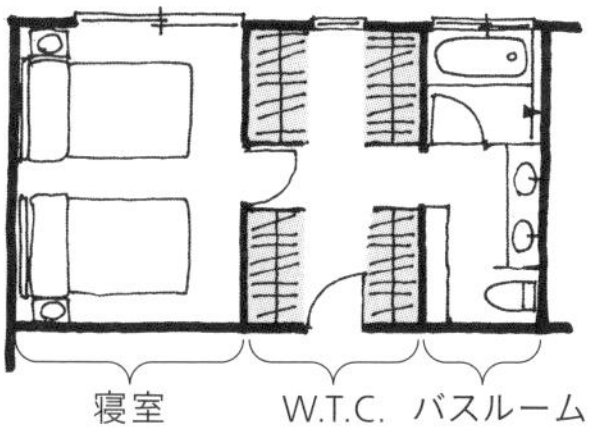

収納スペースにモノだけを入れようとしてはダメ！　あなた自身も入っていかなくっちゃ！
いつもあなたが通ることで、モノたちもイコジにならずに笑顔で鎮座するのです

キホン

その十八

住宅設計上のダイアグラムとは？

動線はダイアグラムの段階で決まる
ダイアグラムをいい加減に済ませてしまうと
その先には迷路か行き止まりが待っています。

ダイアが乱れちゃ進まない

「ダイアが大幅に乱れております」。車掌の声が車内に伝わる。このダイアとは、「列車ダイアグラム」のことだ。乗客である私たちがみている時刻表と、鉄道会社のスタッフが見ている運行表は、同じ路線のものでも表し方がまったく違う。列車ダイアグラムでは、上り列車と下り列車で斜線の方向が逆になるから、それらが交差してたくさんのひし形ができる。それをトランプカードのマークになぞらえて「ダイア」と呼んでいるのではありませんよ。ダイアモンドではなく、ダイアグラムです。

住宅設計においては、各部屋の配列やつながりだけを描き表すことをダイアグラムといい、重要なプロセスの一つである。けれども、近ごろこれがなおざりにされているように思えてならないのです。設計条件（プログラム）からすぐに間取り（ゾーニング）や平面（プランニング）を描く前に、まずはダイアグラムを！

列車時刻表

東京発（下り）

駅名＼列車名	のぞみ 207	ひかり 463	のぞみ 15	のぞみ 305	のぞみ 155	のぞみ 209	のぞみ 307	こだま 639	のぞみ 17	ひかり 505
東京	800	803	810	813	813	820	823	826	830	833
品川	807	810	817	821	821	827	830	834	837	840
新横浜	819	822	829	832	832	839	842	846	849	852
静岡		911			(12/23〜1/07)			956		
浜松		937						1028		
名古屋	940 942	1009 1011	949 951	954 956	954 956	1001 1003	1004 1005	1115	1012 1014	1017 1019
京都	1019	1049	1027	1033	1033	1040	1043		1052	1113
新大阪	1033	1103 1105	1040 1042	1046	1046 1048	1053	1056		1106 1109	1126
岡山		1220	1128		1136				1156	
広島			1209		1215				1232	
新山口					1250				1304	
博多			1311		1327				1339	

列車運行表

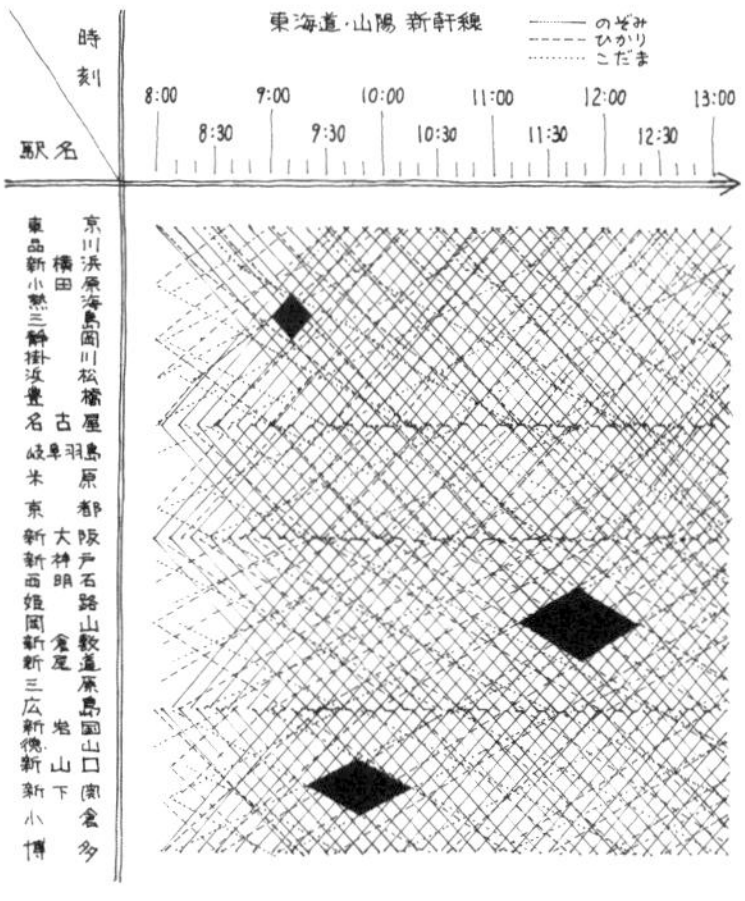

ダイアグラムとは何か？

複数の要素の配列やつながりを、抽象化された図などで
2次元平面上に描き表したものだ。

ダイアグラムのいろいろな図表

家系図（樹）

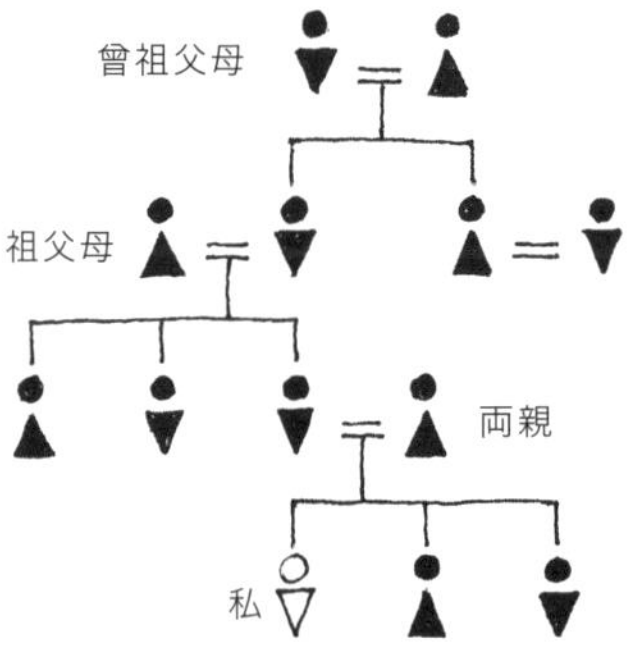

ネットワーク図

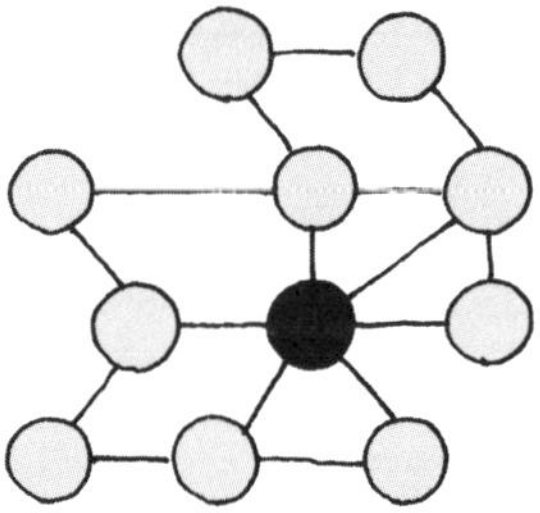

ベン図

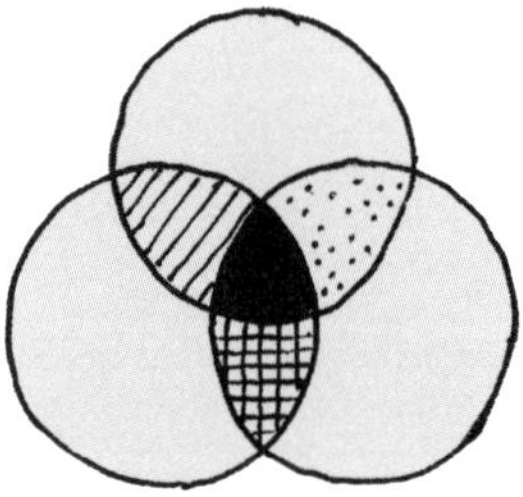

フローチャート

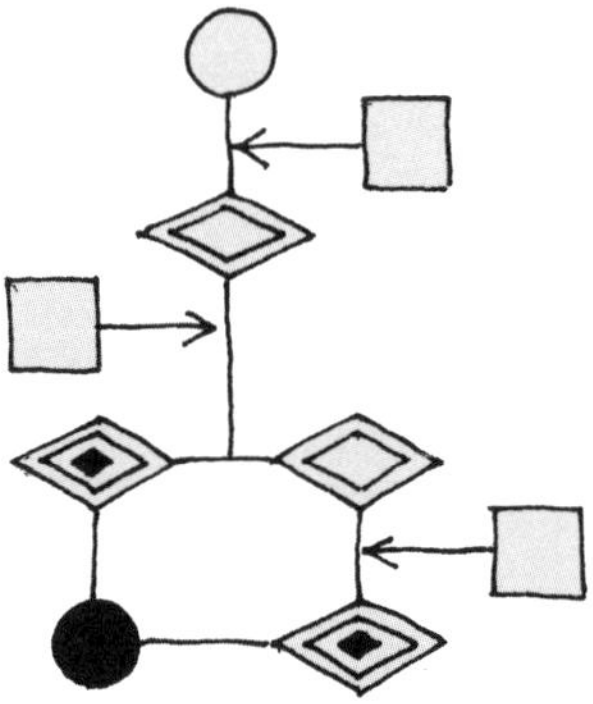

頭の中だと分かりにくい複雑な関係を、形や大きさを無視した抽象化した図にして、
それらの関係だけ表そう、というもの。ほら！　とても分かりやすくなった

住宅設計の標準プロセス

住宅設計を大まかに順序立てると、与条件を整理したプログラムから始まり、ダイアグラム、ゾーニング、プランニング、最終的なドローイングへと進む。

ダイアグラムはカタチのつぼみ

言葉が形になりたがる最初の段階がダイアグラム。行きつ戻りつ、順調に進むとは限らないけれど、言葉と文章だけの夢が、徐々に形になっていく過程。ここで動線が上手に考えられていると快適性が増したり、部屋を広く感じられたりする。一方、下手な動線計画ではイライラするだけでなく、面積の無駄が生じることにもなる。おろそかにできない

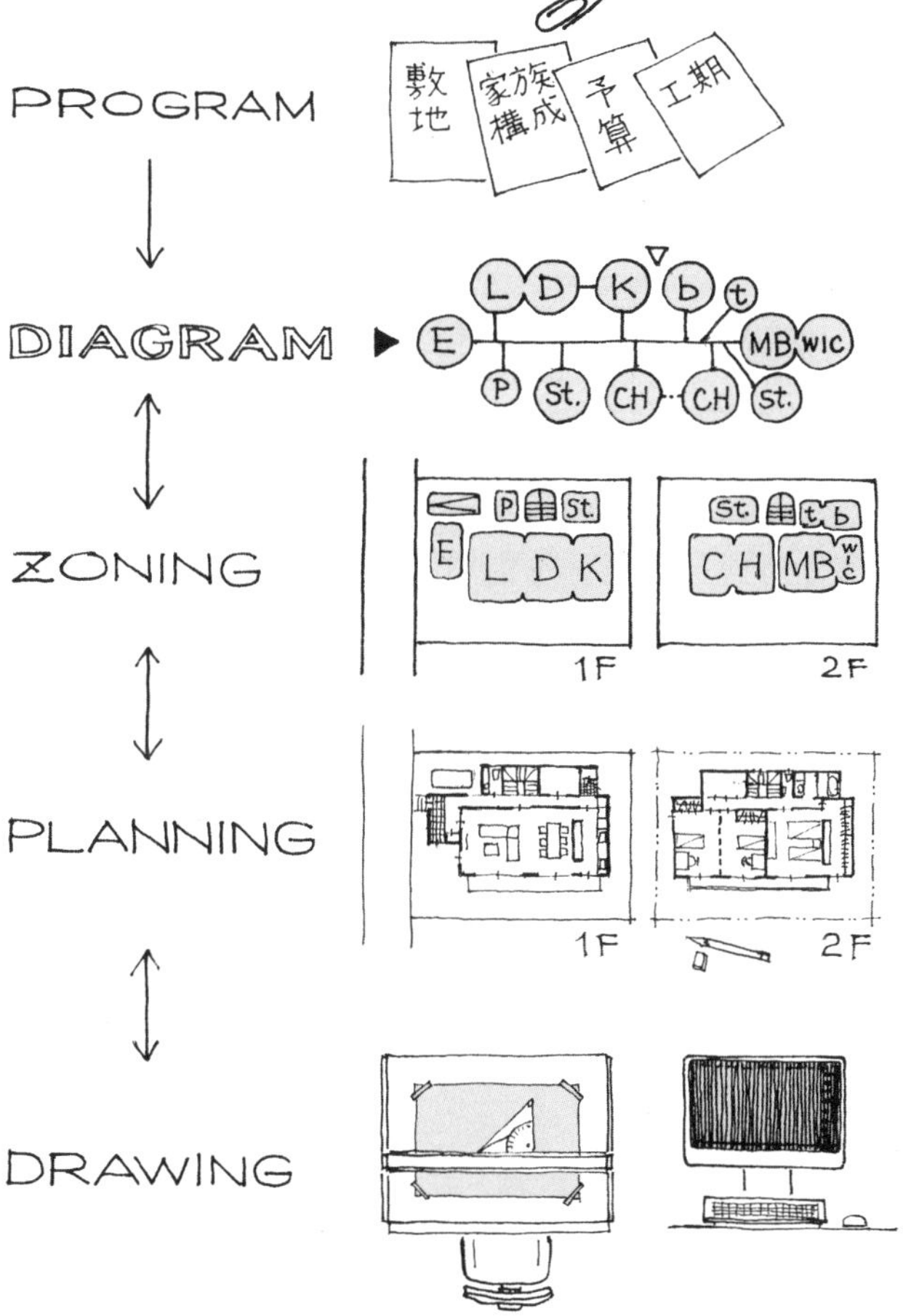

ダイアグラムの表現は単純な形で

ダイアグラムを決めるにあたって、各スペースの形や大きさを考えなくてよい。
単純な形で表し、相互関係の構築だけに集中すべきだ。

ダイアグラムのメンバーたち

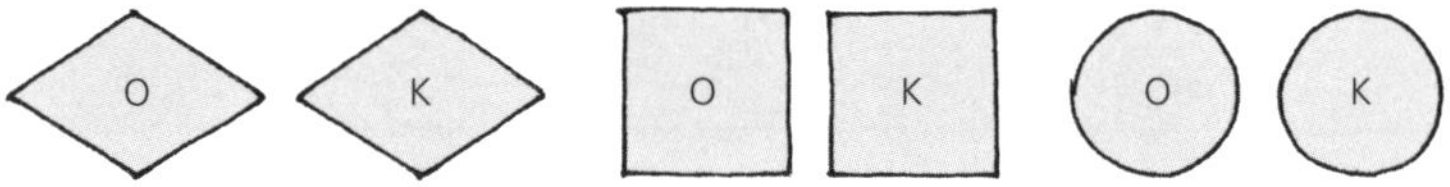

ついつい大きさや形を
気にしがちですが……

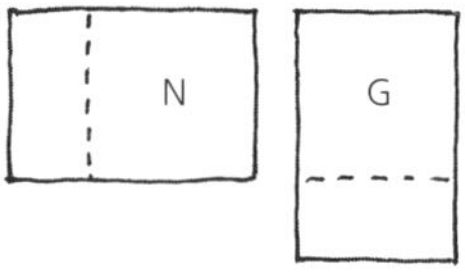

それは
イケマセン!

ダイアグラムが円や正方形やひし形という単純な形で表されていることが多いのは、具体的な形や大きさをイメージするな！　ということなのだ。長方形だと、縦横のプロポーションや寸法を気にしちゃうからね

ダイアグラムの線が動線となる

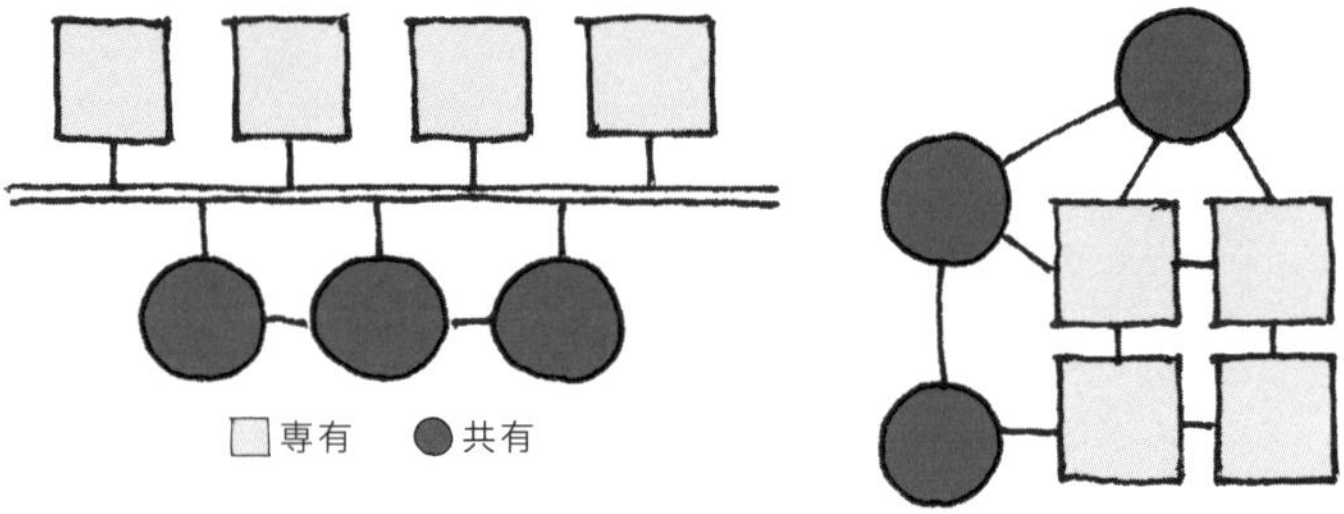

ダイアグラムでつないだ線上を住人が動き回るので、それが動線になる。そして動線は、専有と共有の関係（プライバシーのあり方）をも構築する

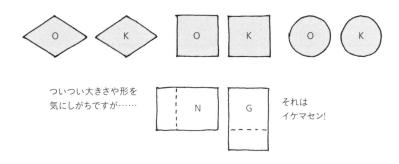

住宅の地域的特徴とプライバシー意識

世界の住宅は、地域ごとの気候風土や生活習慣、宗教や伝統によって
さまざまな性格をもっているが、それらはプライバシー意識の違いでもある。

日本の民家

湿度が高い地域では、風通しをよくしないとやっていられない。各部屋の少なくとも2か所を開けないと風は抜けていかないため、専有・共有に関係なく各スペースがつながっている

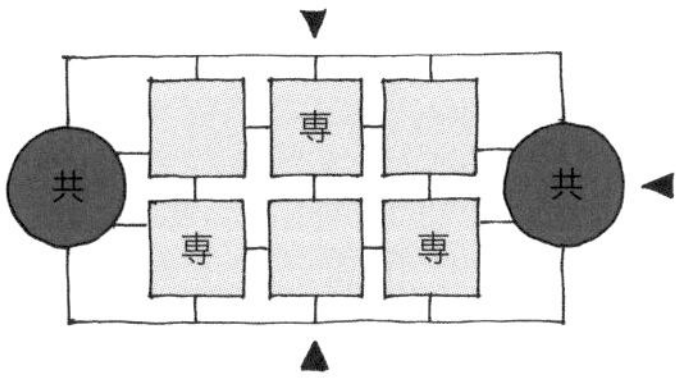

＼プライバシーなどどこ吹く風か／

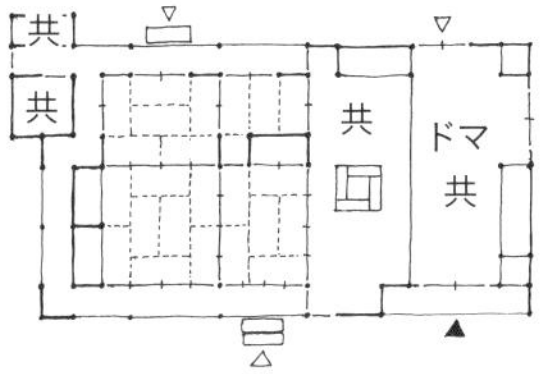

間取りのイメージ

ヨーロッパの住宅

寒冷で乾燥した外気は遮断したい。石やレンガの組積造に開口部は開けにくい。共有スペースはつながっても、専有スペースはシングルアクセスで閉ざし、プライバシーを尊重する文化が生まれた

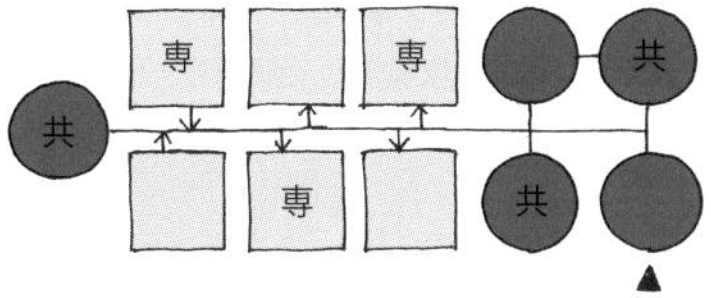

＼プライバシーを尊重する／

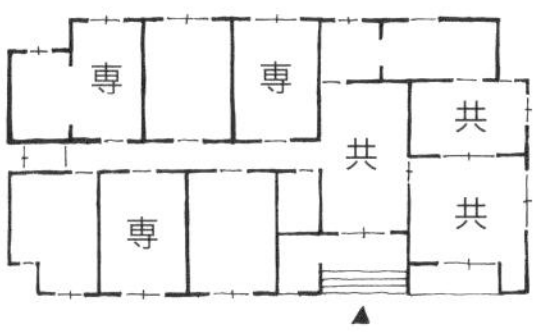

平面のイメージ

砂漠の家

昼は灼熱《しゃくねつ》、夜は凍える寒さ。外周は閉じても、各世帯・各戸まで閉じてしまっては地縁・血縁が成り立たない。そこで、専有スペースは独立していても、すべて共有のパティオを介してアクセスする

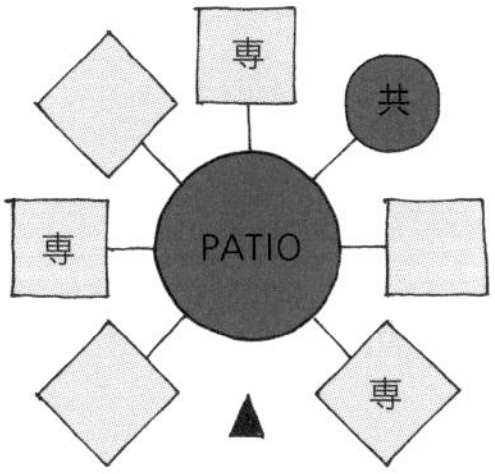

＼プライバシーは奥の奥へ閉じ込められる／

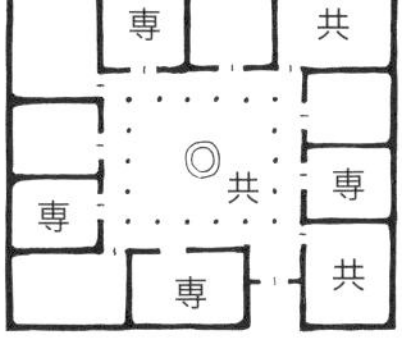

壁のイメージ

平面図からダイアグラムを抽出すると、3地域の特徴と相違がはっきりするでしょ？
だって、ダイアグラムは平面計画のエッセンスなのだから！

イニシャルコスト・ランニングコスト・エントロピー増大則

住宅の「性能」を評価する指標がいくつかあるようだ。耐震性能や断熱性能などがあり、それをもとに優良住宅という烙印が押されるらしい。一方で、住みやすさや費用対効果は性能として評価されていない。耐震性や断熱性は数値化しやすいのに比べ、快適性や利便性などは数値化がむずかしいからだ。もしかして、合理的な動線の平面計画や無駄のない断面計画などをＡＩに分析させれば、合理性や効率も数値化されるのかもしれないが、それでも住みやすさの指標にはなるまい。住みやすさの基準は個々の居住者によって、それぞれ異なり、一般化できないからだ。私のようなアトリエ住宅建築家の存在意義がそこにあるのは言うまでもない。建売住宅業やハウスメーカーが標準化を目指すのとは、対極にある。依頼主が私たちに求めてくるものが「一品性」であるうちは、まだ大丈夫。

とはいえ、その個人的依頼主たちが冒頭の耐震性能や断熱性能の裏付けを求めてくるようになって久しい。耐震性能の数値を求められれば、私は協働している構造設計家に頼んで説明してもらう。耐震性能を明示することは依頼主に安心感をもたらすから、効果的である。だが、断熱性能を求められたときは、私は素直にそれに従うことをしない。最近の断熱至上主義に対して首を傾げているからだ。

住宅を断熱材で包みたがるのはなぜ？

「室内空気調和環境を快適に保ちたいから」

「夏は涼しく冬は暖かくしたいから！」

当り前のように返事がくる。では断熱材で包んだだけで夏の酷暑や冬の酷寒に耐えられるの？

「もちろん家庭用ルームエアコンのような空調設備が必要だけど、断熱材によってその稼働負担が軽減され、光熱費が安くなるよ！」

やっと断熱材を施す経済的つまり数値的な理由にたどりつく。

でも、ちょっと待ってほしい。経済的というのなら、断熱材の施工費用も勘案すべきだろう。たしかに断熱材の有無で、あなたの家の暖かさの違いは、はっきりと体感できるだろう。たしかに光熱費の低減は実感されるだろう。では、断熱材を多く施せば施すほど、光熱費は安くなってゆくのだろうか？　その施工費が単純比例して高くなるのに対して、その効果の上昇度合はしだいに弱まる。いわゆる指数関数的減衰である。つまり、施工費というイニシャルコストの増加と光熱費というランニングコストの低減を、どこかでバランスさせなければ、過度の断熱は総体として高価になってしまう。そのどこかとは言うまでもなく、その住宅の寿命がやってくるいつかのことにほかならない。あなたの家が半永久的に存続するのならば、多量の断熱材を施しても必ずペイするだろうけれど、20～30年後に改築したり、建て替えることになるとすれば……どうだろう？　今月の光熱費が安かった、と嬉んでいては、トータルな費用対効果を見逃すことになる。

「葉を見て木を見ず」「木を見て森を見ず」そんなトータル・グローバルな〝？〟は数多い。

ソーラーパネルの設置費用と電気代0円の謎
ソーラーパネル製造過程でのCO_2排出の可能性
目指される電気自動車化と発電所の発電方式
使用済核燃料処分と廃炉まで含む原子力発電

過剰な施策は無駄遣いであって、無駄遣いが地球環境によいはずがない。

おしなべて環境問題・資源問題・エネルギー問題は「熱力学」の問題であって、とりわけ「熱力学の第2法則」の無理解が多くの無駄を生んでいると、私は想っている。第2法則を簡単に言えば、時間が経つにつれて、高いエネルギーは散らばって低くなってゆく。例えば、コップの湯は冷めて水になってゆく。これに手を加えずに逆行させることはできない不可逆的な法則だ（エントロピー増大則）。断熱も蓄熱も蓄電も、この自然法則に必死で抗っているに過ぎない。まるで、なんとかして時間にブレーキをかけようとしているようなものである。あの手この手でエネルギーを抱え込みたいのだな。

たとえ他のエネルギーを駆使してでも！

第3章

空調と構造

キホン
その十九

気化熱の奇奇怪怪

扇風機は涼風を吹きません
風に吹かれて体温が下がるのは
汗が蒸発するとき身体から気化熱が奪われるからです。

秘密は体感温度

梅雨の時季。蒸し暑いよね。でもまだ6月だから、冷房するにはちと早い。とりあえず扇風機でこのうっとうしさをしのぎましょうか。扇風機の涼風に当たれば気分爽快！　えっと、涼風……はて？　見るからに簡単なこの電気製品は、どんなシカケで涼しい風を送ってくれているのでしょうか？

誰しもが、扇風機から涼風が吹いてくると勘ちがいしてしまうのも無理はない。けれど、扇風機本体が冷たいワケはないから、そこから送られてくる風が涼しいはずがない。室温です。湿っぽく生暖かい部屋の空気がそのまま吹いてくるだけだ。それなのに涼しく感じるのは、あなたの側に原因がある。それは「体感温度」。

体表面で感じる温度は、気温だけでは決まらない。湿度、風速、熱輻射、服装、さらには周囲の色や音（もしかして周りの奴らや雰囲気も？）までが複雑に影響する。では、扇風機からの室温の風が涼しく感じられる理由を、温度、湿度、そして風速の3要素から考えてみよう。

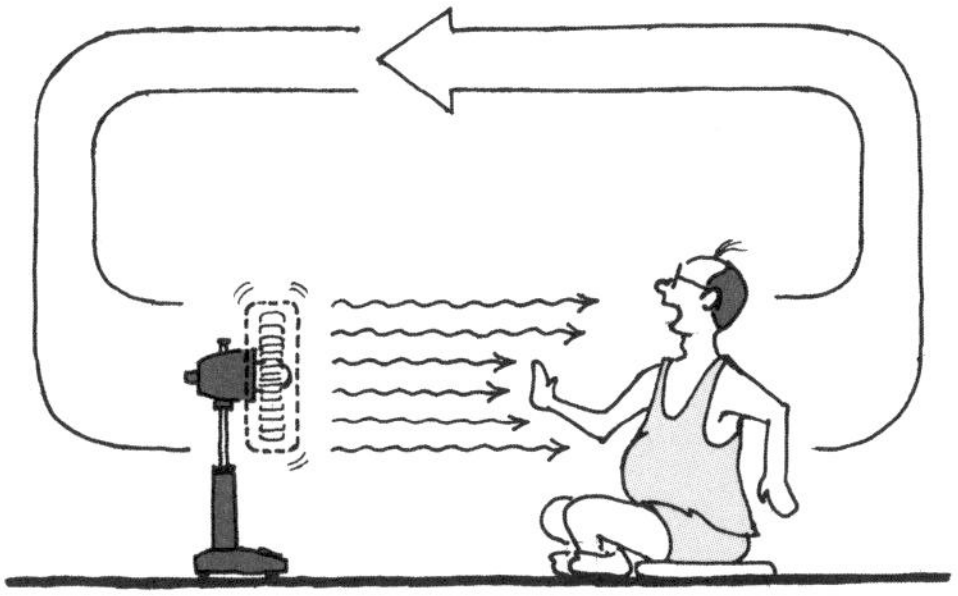

扇風機の風は室温なのに涼しい？

体感温度の要因はさまざま

なぜ扇風機の風は涼しいのか？

無風の状態ですら、室内の温度は一様ではない。天井面と床面との温度差はもちろんだが、ここでは体表面付近の空気の温度に着目したい。

体表面の高温を吹き飛ばす

一般的に、夏期でも室温より体温のほうが高い。体表面付近には、体温で温められた比較的高温の空気がまとわりついている。扇風機の風が、そのモワッとした空気を吹き飛ばすってワケだ

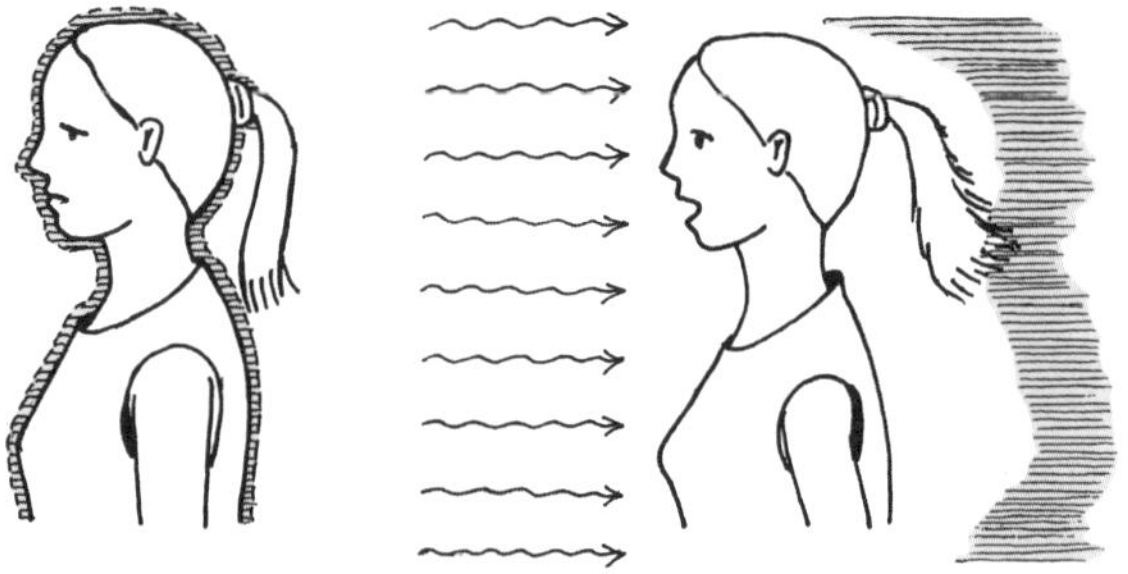

体表面の高湿度を引きはがす

湿度も同様である。体温を下げるべく身体は発汗を繰り返す。そのため体表面付近の湿度は比較的高い。扇風機の風が、そのベタッとした空気を引きはがすってワケだ

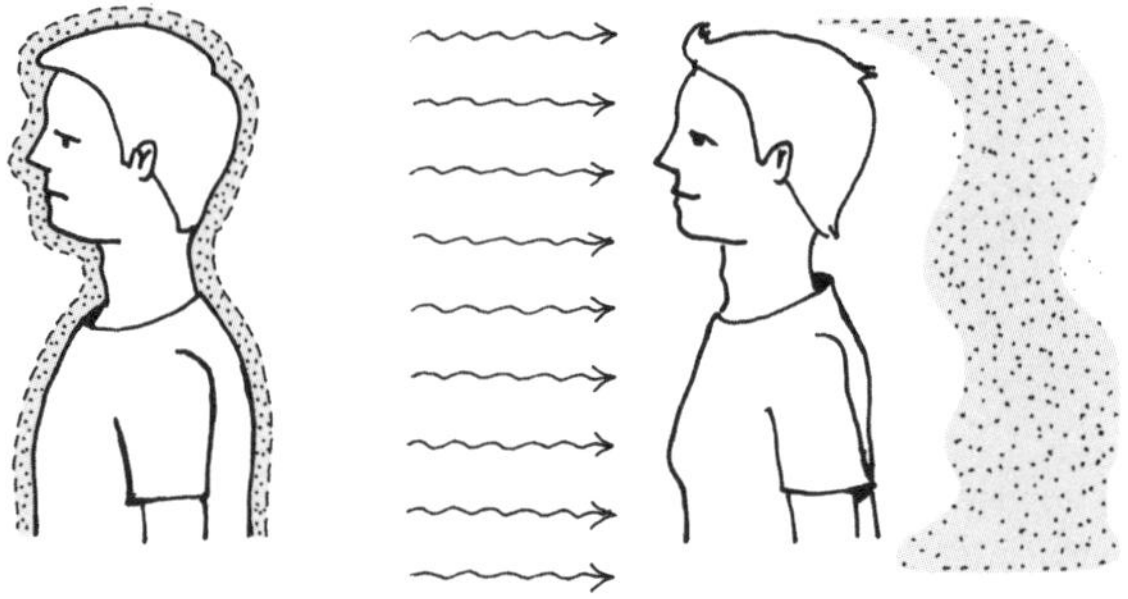

でも、それだけでは体表面が感じる温度はせいぜい室温程度でしかない。扇風機の風を受けて感じる涼しさは、そんなもんじゃないよね？

汗が蒸発するとき気化熱が奪われる

汗（液体）が水蒸気（気体）へと状態変化するとき、身体から気化熱が奪われていく。風に吹かれると体温が下がる確かな理由が、ここにある。

扇風機で体温が下がる理由

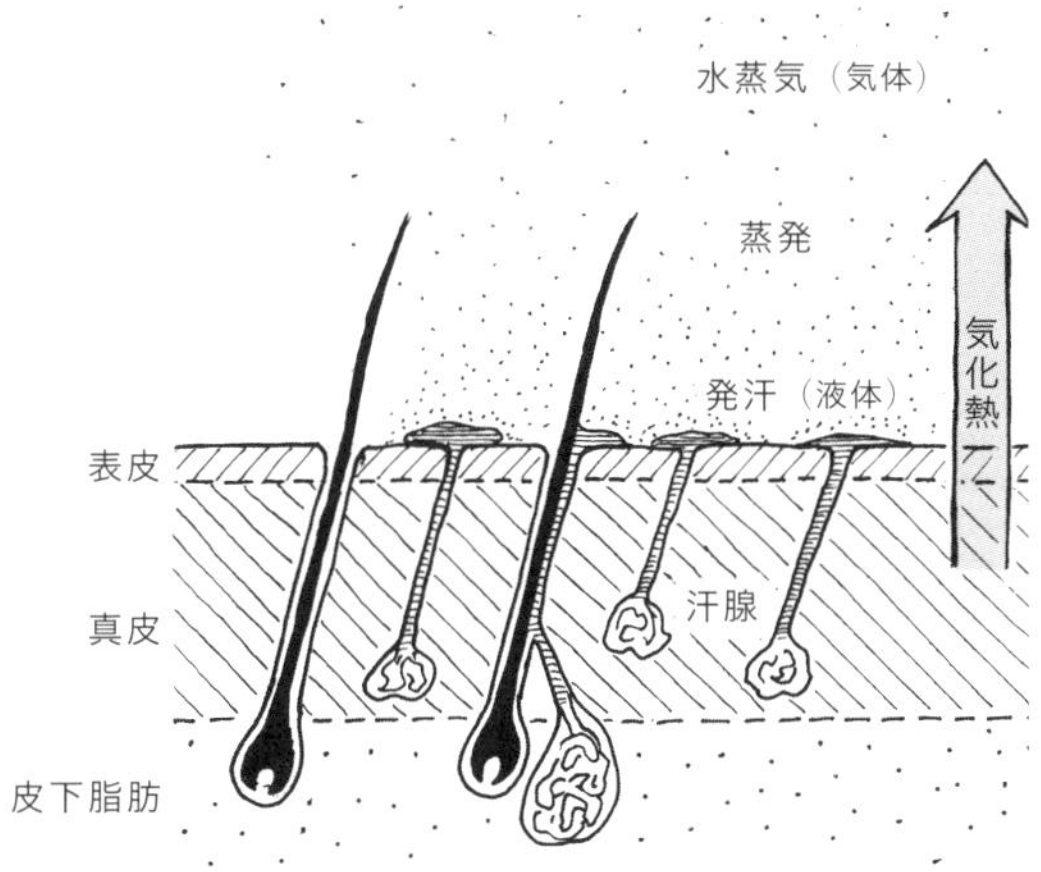

体表面から汗が蒸発するとき、身体から気化熱を奪っていく（身体から気化熱を奪うことで汗は体表面から蒸発していく）

扇風機の風で体表面付近の湿度が下がると、汗は蒸発しやすくなる。おまけに、風という空気の流速が増せば、静圧が下がるから、汗の蒸発は若干ながら促進される。気圧の低い高山では100℃以下で沸騰するのと同じだ

ベルヌーイの定理

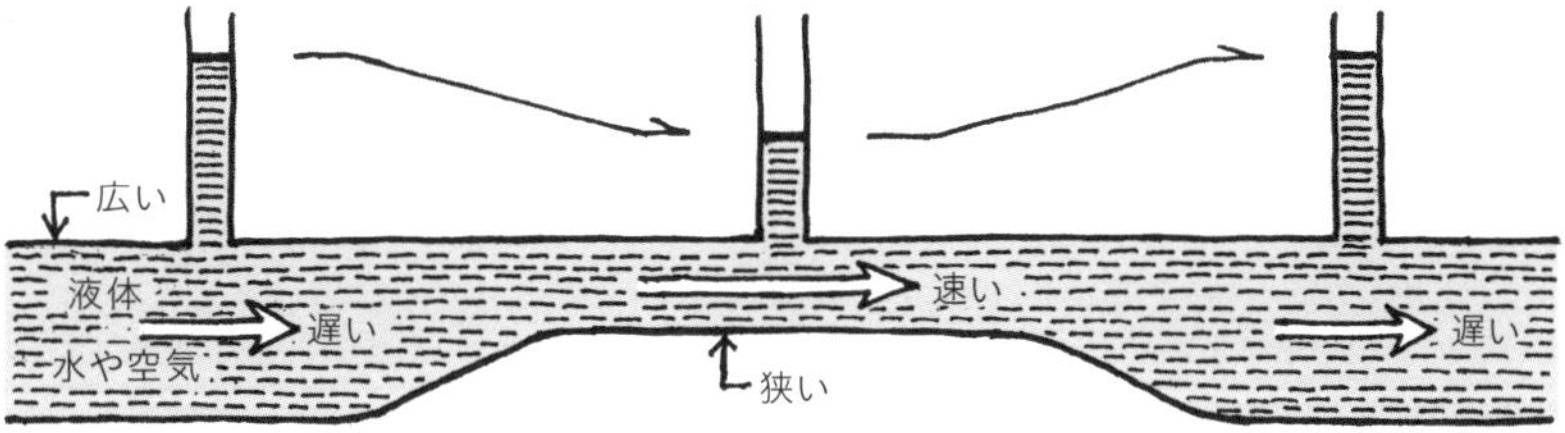

流速が上がると静圧は下がる

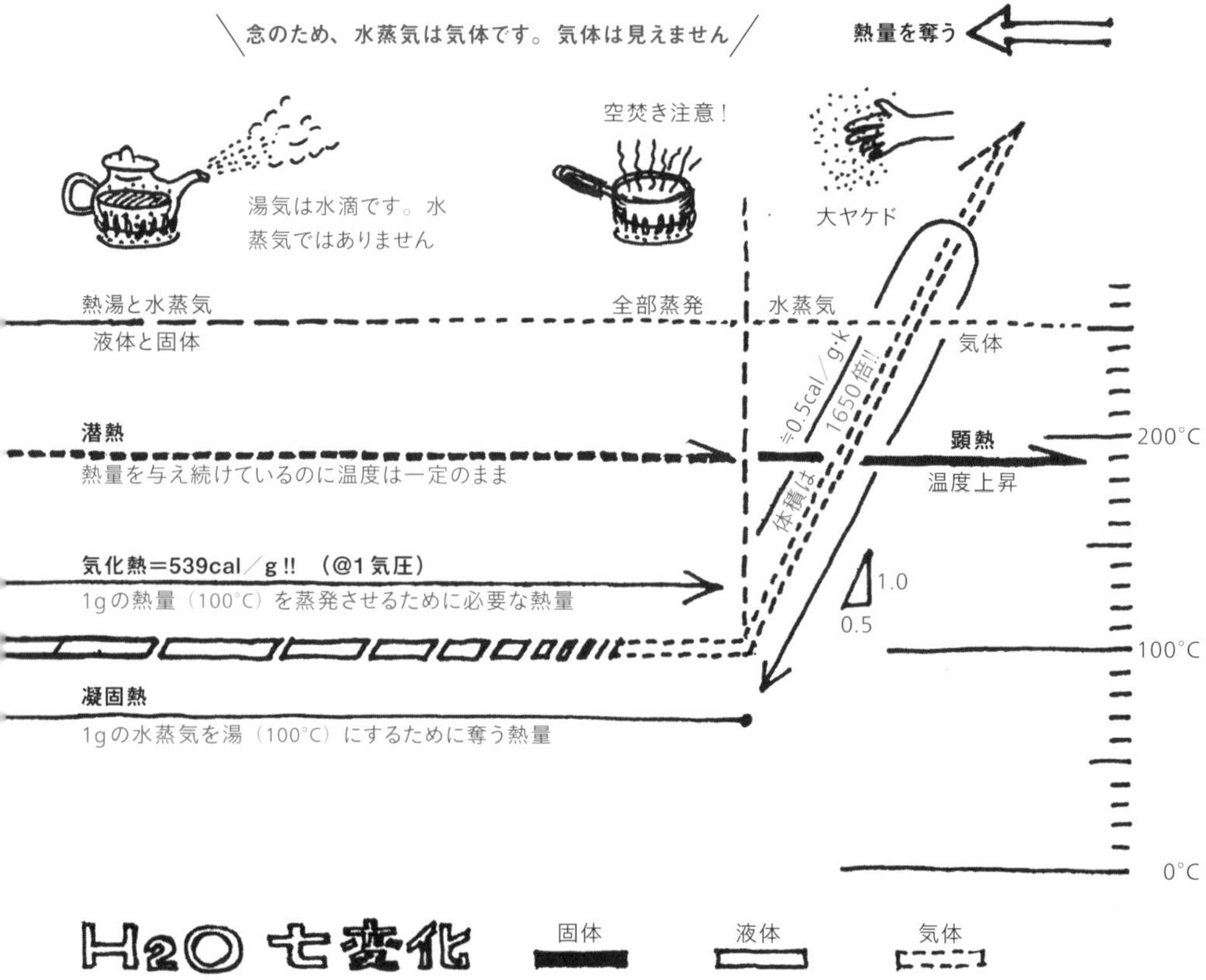

H_2Oに与えられる熱量による温度変化をグラフに表すと
温度ごとの状態変化も「見える化」する。
グラフの左から右は熱量を与える方向、反対に、右から左は熱量を奪う方向だ。

グラフの水平部分に注目しよう。ちょうど0°Cで氷が冷水へと状態変化し、ちょうど100°Cで熱水が水蒸気へと状態変化している。つまり、熱量を与えられて、温度は変わらなくても、状態は変化していく。このときの熱量が「潜熱」だ。
汗が蒸発していくには、気化熱という名の潜熱が必要で、それはもちろん、身体が与える。言い換えれば身体から奪っていく。その熱量は、想像をはるかに超えて大きいのです

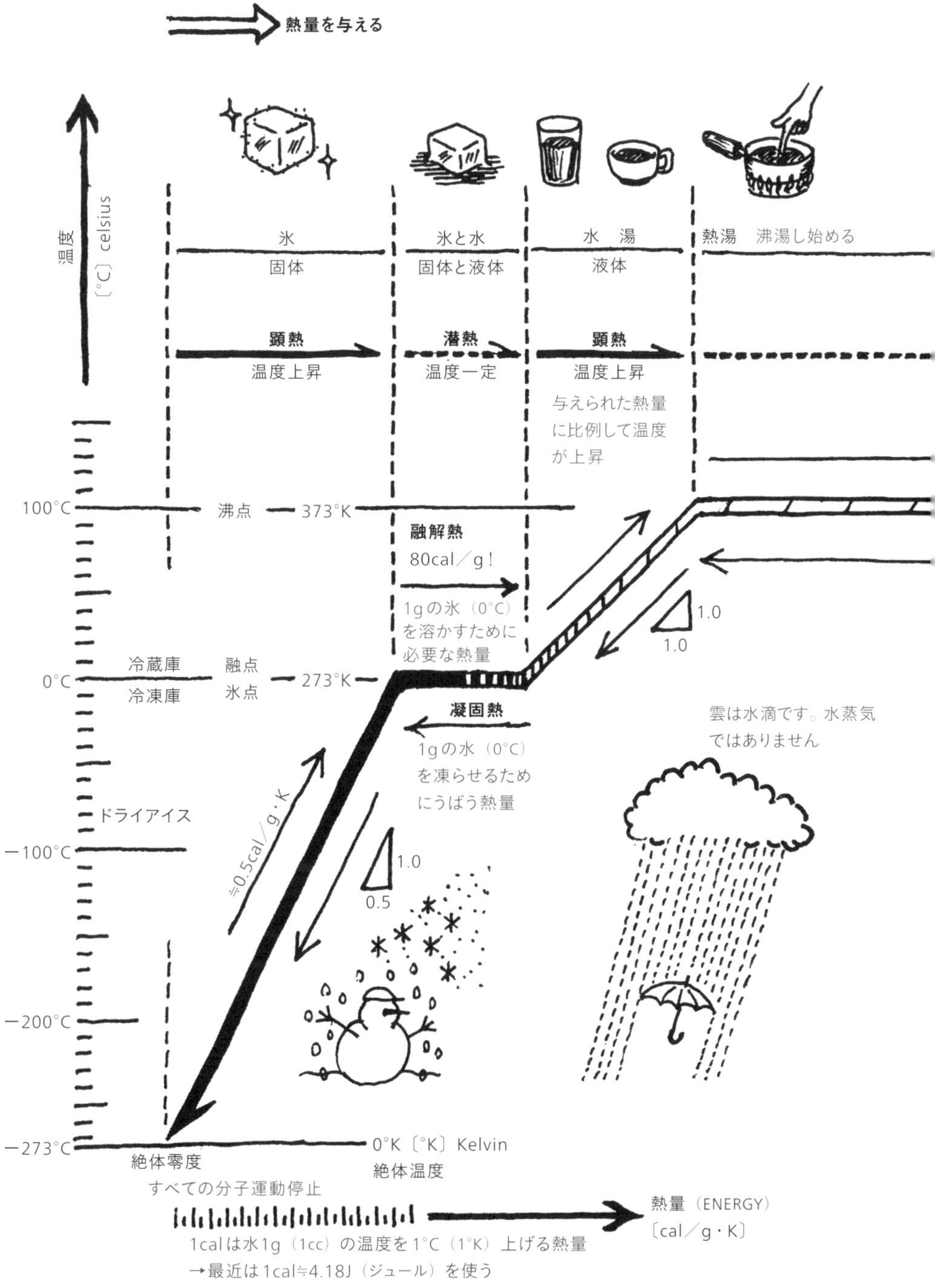

熱量を与える
温度
〔°C〕celsius
氷
固体
氷と水
固体と液体
水　湯
液体
熱湯　沸湯し始める
顕熱
温度上昇
潜熱
温度一定
顕熱
温度上昇
与えられた熱量
に比例して温度
が上昇
100°C
沸点
373°K
融解熱
80cal／g！
1gの氷（0°C）
を溶かすために
必要な熱量
1.0
1.0
冷蔵庫
冷凍庫
融点
氷点
0°C
273°K
凝固熱
1gの水（0°C）
を凍らせるため
にうばう熱量
雲は水滴です。水蒸気
ではありません
ドライアイス
−100°C
≒0.5cal／g・K
1.0
0.5
−200°C
−273°C
絶体零度
すべての分子運動停止
0°K〔°K〕Kelvin
絶体温度
熱量（ENERGY）
〔cal／g・K〕
1calは水1g（1cc）の温度を1°C（1°K）上げる熱量
→最近は1cal≒4.18J（ジュール）を使う

キホン

その二十

ルームエアコンは漫才コンビです

コンプレッサー（圧縮器）と
エバポレーター（蒸発器）
冷媒という名のネタで熱くなったり、冷やかしてみたり。

空冷式ヒートポンプ空気調和機

暑さ対策に欠かせないエアコン。そもそも、エアコンの正しい名称は何でしょうか？　学校で習いましたよね。「空冷式ヒートポンプ空気調和機」。今回は、このヒートポンプについて分かりやすい説明を試みたい。

エアコンが室内機と室外機を管でつないだセットであることは御承知でしょう。管の中を行き来しているモノは「冷媒」だ。水と同様に、冷媒も気体↕液体の状態変化によって熱量を潜熱として抱え込む［128頁参照］。冷媒はこの性質を利用して、室内機と室外機の間で気化・液化しながら、せっせと熱を運んでいるワケです。冷媒の種類はいくつかあるが、いずれも水より低い温度で蒸発し、装置をコンパクトにできるために選ばれている。

冷媒を気化・液化させているのは、エバポレーター（蒸発器）とコンプレッサー（圧縮器）のコンビだ。ちょうど漫才のボケとツッコミにたとえると分かりやすい。冷媒という名のネタを、ツッコミ役の圧縮機がギュッとヒートアップさせる。そして、ヒートアップしたネタを、蒸発器がふわっといなしてクールダウンさせるのです。

エアコンのしくみ図

下図のようなエアコン（空冷式ヒートポンプ空気調和機）の
しくみの解説を、見たことはありますか?

冷暖房サイクル

エバポレーター（蒸発器）とコンプレッサー（圧縮器）コンビの絶妙なハナシの運び方を詳しく解説したいのだが、それはすこぶるシンドイのであります

冬の暖房サイクル

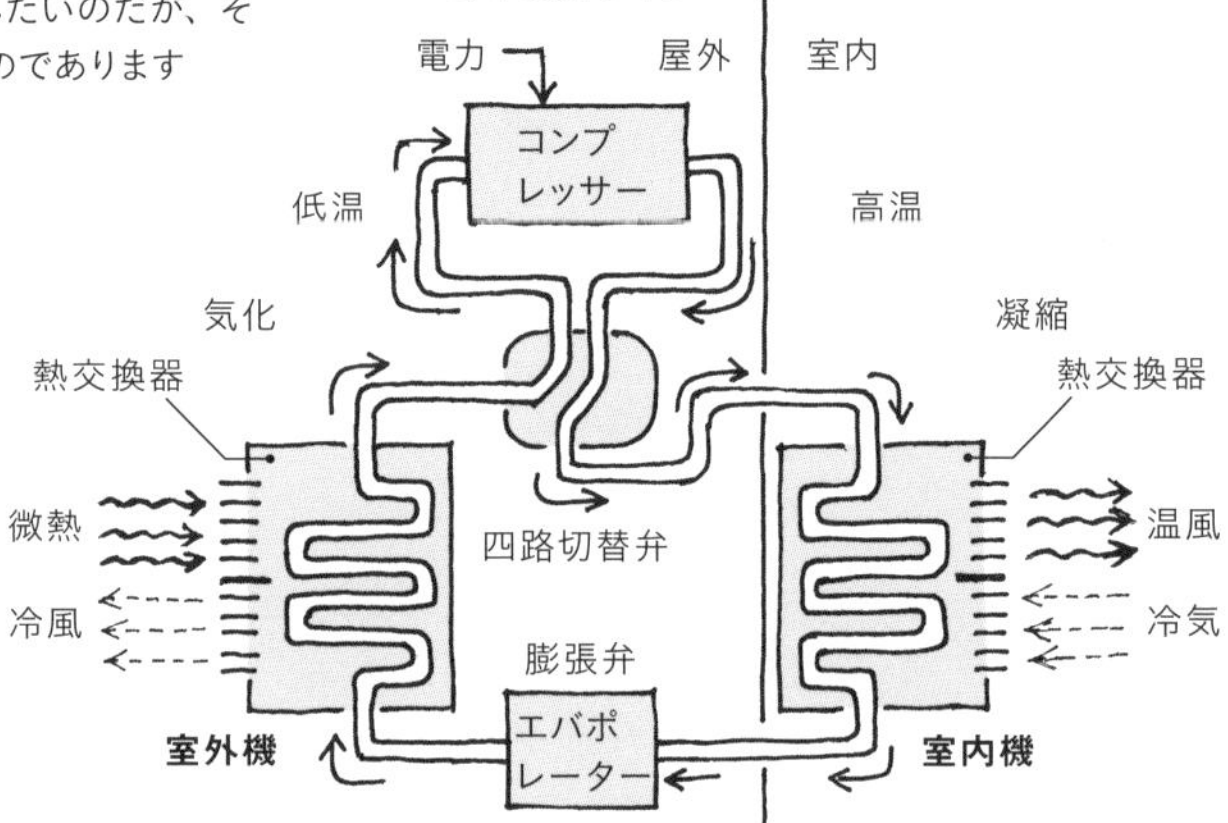

とりあえず描いてみたものの、私はかつてこの手の図を見た途端に思考がストップしてしまったことを想い出さずにいられません。まるで面白くない漫才を見せられているようです！　あなたは大丈夫でしょうか?

夏の冷房サイクル

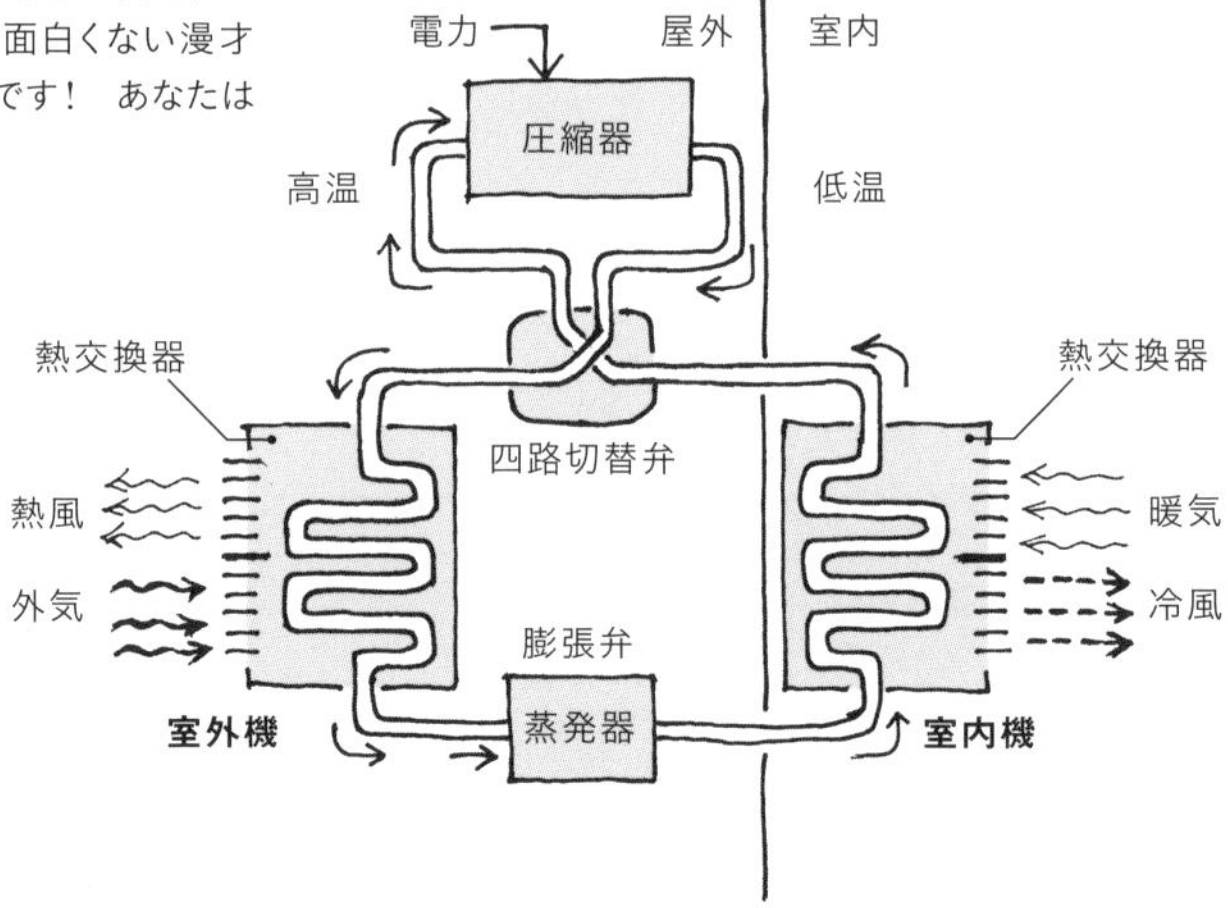

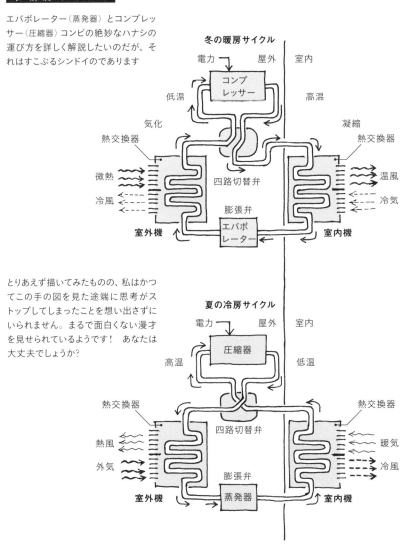

そもそもポンプとは？

気持ちを整え直して、
ヒートポンプのポンプとは何かを考えてみましょう。

低い所から高い所へ持ち上げるのがポンプ

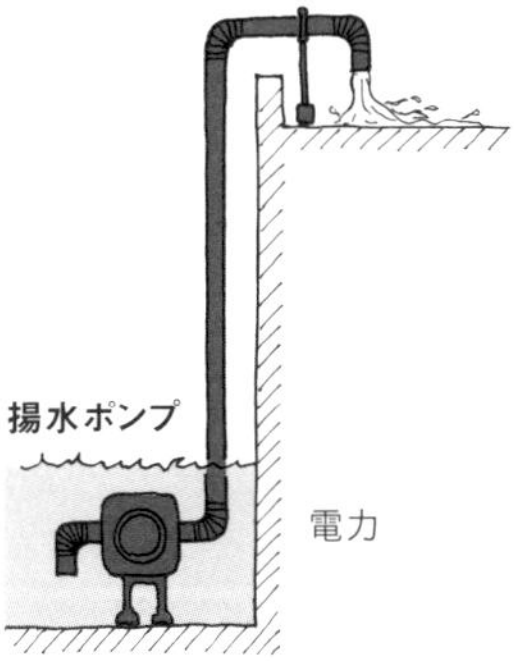

たとえば、重力に逆らって低水位から高水位へと液体をくみ上げる揚水ポンプ

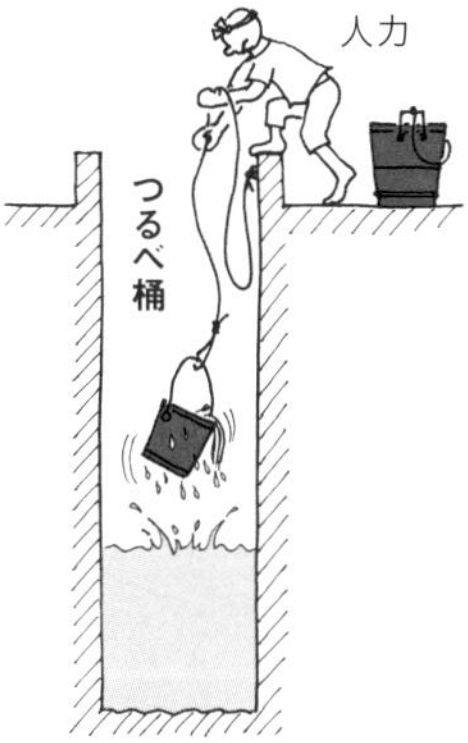

揚水ポンプの動力は電気だが、これを人力で行うならば、つるべ桶だって立派なポンプでしょ

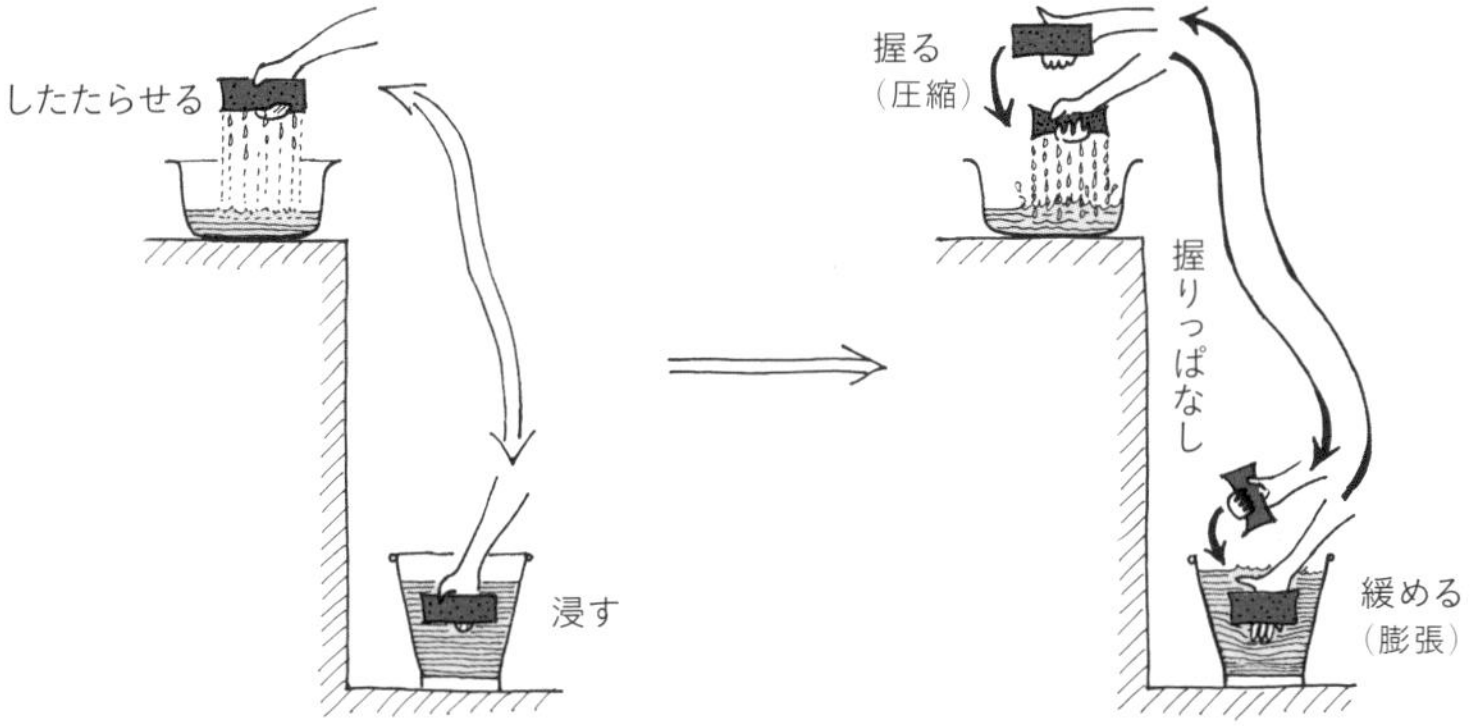

もっと簡単な方法で水を汲んでみたい。床のバケツから机の上のタライに水を移したいときに、手元にスポンジが１つあったとする。あなたも私も、することは同じだ。スポンジをバケツに浸して水をたっぷりと含ませる。それを急いでタライの上へ持ち上げて水をしたたらせる

繰り返すうちに、まどろっこしいからギュッと握ったスポンジをバケツの中でパッと緩めて水を含ませ、タライの上でまたギュッと握って水を絞り出す。気が付けば、スポンジを降ろすときはもう握ったままにしている。つまり、１行程の中で、握ると緩めるは１回ずつだ！　実はこれが、ポンプの基本原理なのだ

ヒートポンプとは？

熱量だってあえて低温部から高温部へと移動させることができる！
それが「ヒートポンプ」と言われるゆえんなのだ。

低温部から高温部へ

暖房サイクル

冬場の低温の外気から、あえて熱量をかき集めて、暖かい室内へ移すのが暖房サイクル。潜熱を蓄えた気体の冷媒を、圧縮器でギュッと握って液化して、熱量を絞り出す

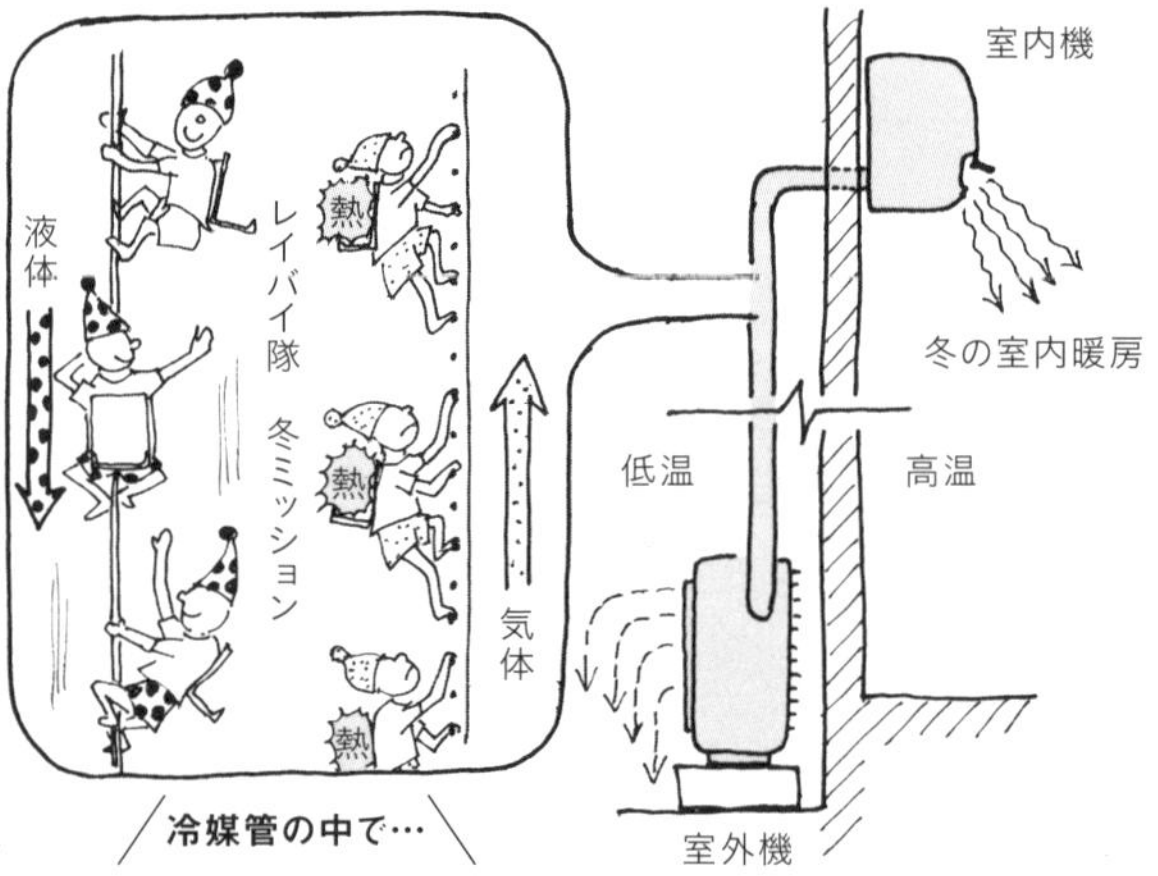

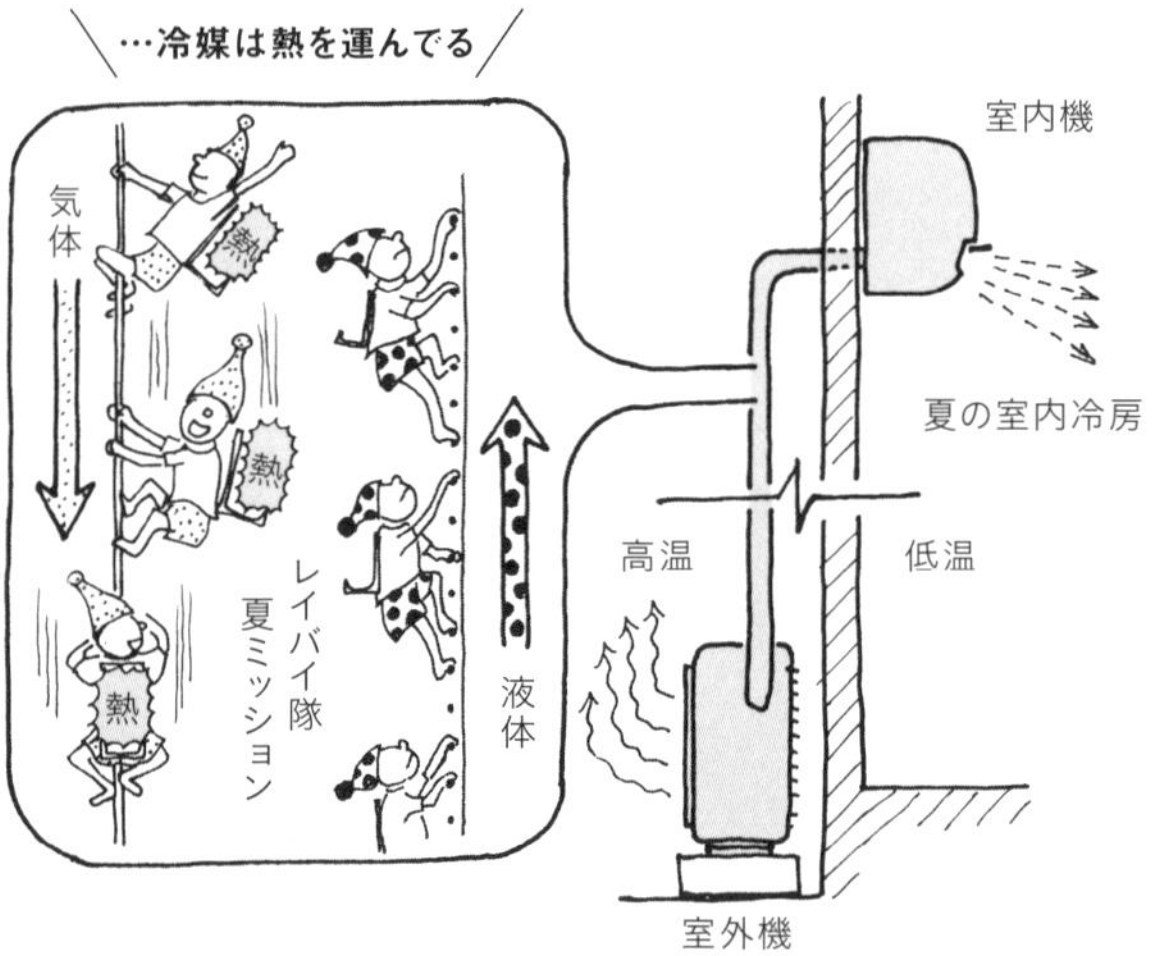

冷房サイクル

夏場で冷房している涼しい室内空気から、あえて熱量をかき集めて、暑い屋外へ移すのが冷房サイクル。液体の冷媒を、蒸発器で気化させて、熱量を背負わせる

冷媒が気体となって熱量を潜熱として運び、その荷を降ろしながら液体となって帰ってくる、というサイクルができる。どうですか？　先のエアコンしくみ図が、少しは見やすくなりませんか？

もう1つ、エアコンの見逃せない機能

それは「除湿」。いわゆる「除湿モード」のことではありません。
冷房するということは、同時に除湿もしているのです。

冷房による除湿

128頁のグラフにあるように、室内の熱量のかなりが、室内の水蒸気の中に潜熱として蓄えられているワケだから、冷房してどんどん熱量を屋外に排出すれば、水蒸気は液化（結露）していく。エアコンのドレイン管を通じて屋外にポタポタと垂れている水が、それだ

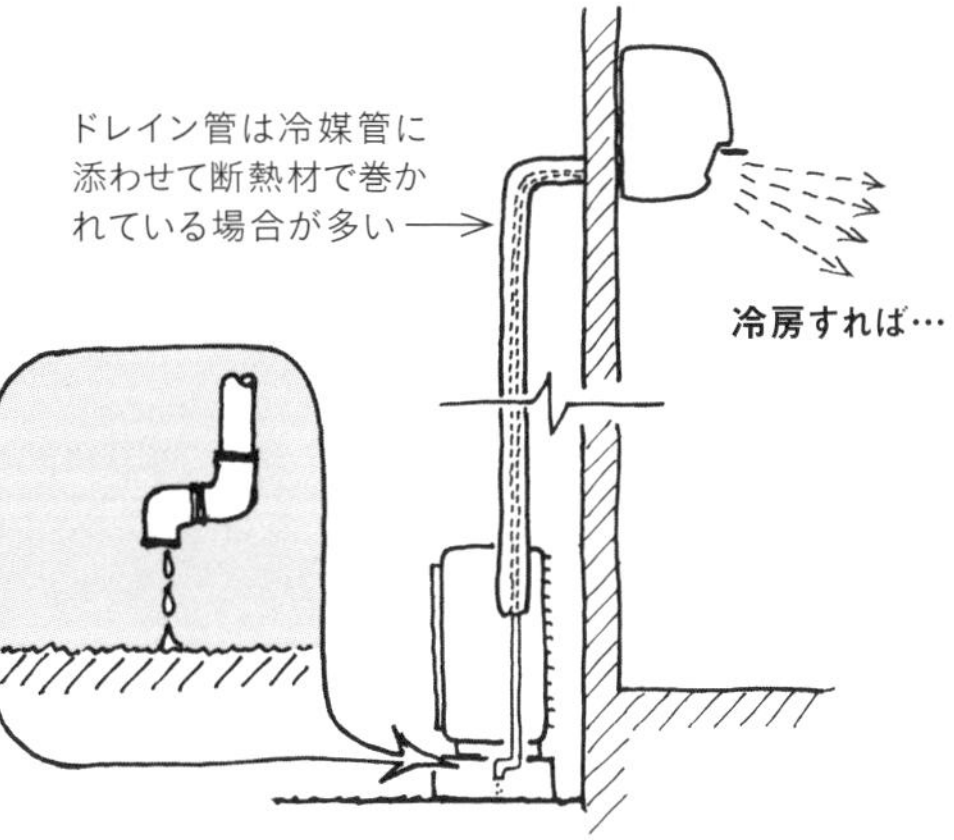

ドレイン管は冷媒管に
添わせて断熱材で巻か
れている場合が多い
冷房すれば…
…除湿される

冷房すると除湿もされるという事実は、その逆も成り立つ

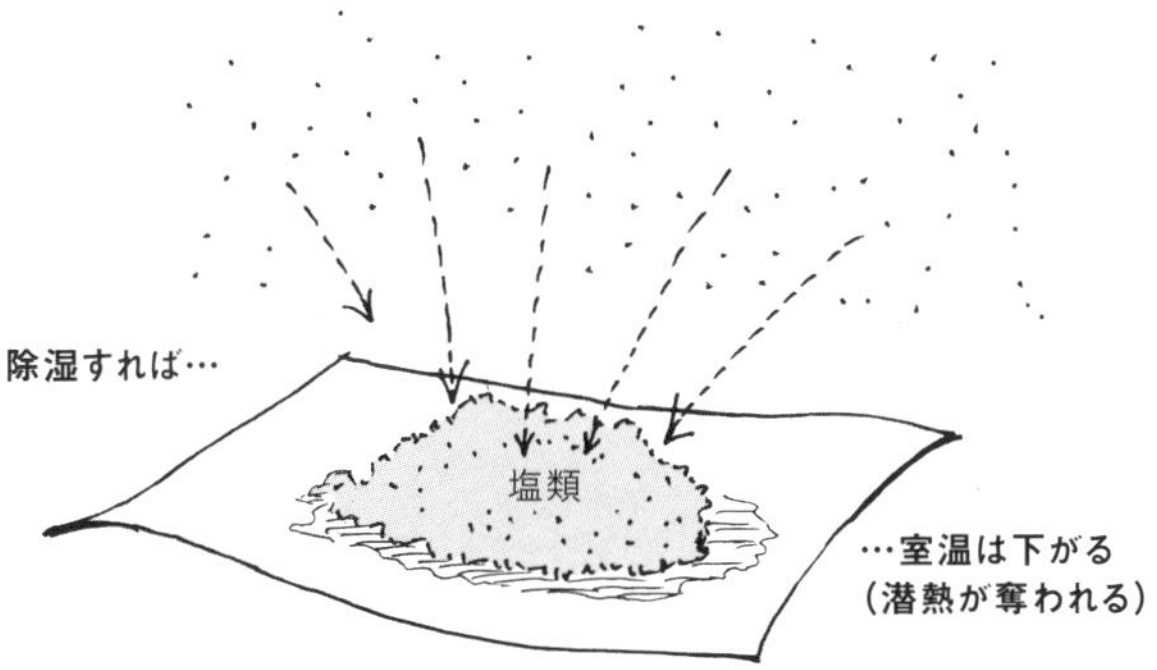

除湿すれば…
塩類
…室温は下がる
（潜熱が奪われる）

くどいようですが、除湿すれば室温は下がるのです！

たとえば室内に塩類を置いておくと、次第に室内の水蒸気を吸ってベトベトになるよね。これを屋外で焼くなり乾かすなりして、再び室内へ戻す。これを繰り返し、どんどん除湿して室内の温度を下げようという冷房方式が「吸収式冷凍機」の原理だ。御興味があるのならば、お調べください

おまけに、もう1つ！　住宅にはエアコンのほかにもう1つのヒートポンプが居座っている。どこのどいつだか、お判りかな？

キホン その二十一

断熱とは遅熱・緩熱のことです

熱の伝達を完全に遮断することはできない

我々は、物理的に微視的な運動を熱力学として巨視的に捉えている、という前提を心得ましょう。

そもそも熱とは？

寒くなってくると、毎年新しい断熱材や断熱方法が披露され、自画自賛する。けれどそのなかには、熱とは何かを分かっていないような勘ちがい製品も数多い。

てっとり早く言えば、熱とは分子運動の集合的状態の結果なのだが、それじゃあ面倒くさいから、まとめてモノとして考えようや！　ってことにした。そもそも熱は伝わるものなのに、まるで移動するモノのように思えてきて、それはそれで実感しやすくはなる。

ところが、そのうちその前提を忘れ、建材の性質や施工方法を丸暗記するだけになる。原理を理解していないと応用が利かない。断熱材で熱を完全に遮断できると勘ちがいしてしまう。微視的と巨視的の両方の視点を行き来しながら、しかも混同することなく考えなければイケマセン。

「熱伝導」

物質中のある分子が、運動の勢いで隣の分子を突き動かす。それが次々と伝播して熱が伝わってゆく現象が「熱伝導」

微視的には、熱はリレーのように伝わるもの

巨視的には、あたかもモノが移動するように取り扱う

分子間距離が短いほど、つまり物質の密度が高いほど、熱の移動は速い

分子がまばらだと熱の移動は遅い。原理はこれだけ

「熱伝導率」は物質の密度が小さいほど低い

熱伝導率は金属、コンクリート、木材の順に低くなる。
試験の定番だからみんな丸覚えするけれど、そのワケは分かるかな?

各種物質の熱伝導率

金属、コンクリート、木材のほか、さらに液体、気体、真空の密度まで含めて考えれば、熱伝導率は物質の密度と関係することがよく分かる。断熱材のほとんどが気泡を含んでいるワケも分かるよね

大 ↑ 熱伝導率〔W／(m・k)〕 ↓ 小

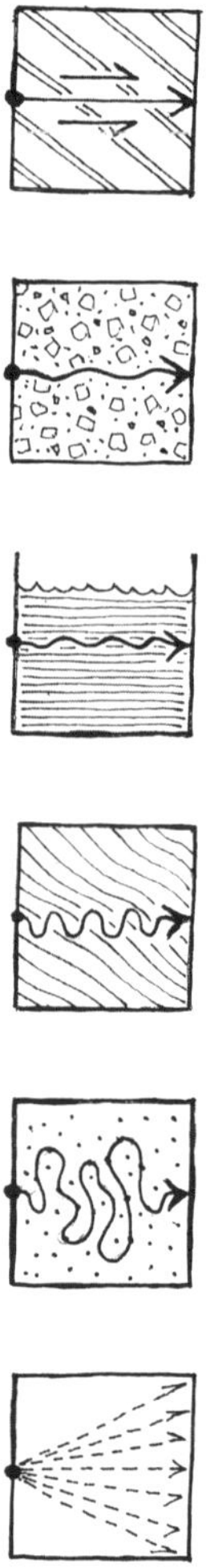

鋼材 45　金属はとても密実な固体。おまけに金属の特質である自由電子が熱の伝播を加速する

コンクリート 1.6　コンクリートはかなり密実な固体

水 0.59　液体は分子どうしが絡み合っている

木材 0.12　木材は固体だけれど内部には空隙（くうげき）が

空気 0.026　気体は分子が離ればなれに浮いている

真空 0.00　真空は分子がないので熱伝導は生じない（熱放射はあるかも）

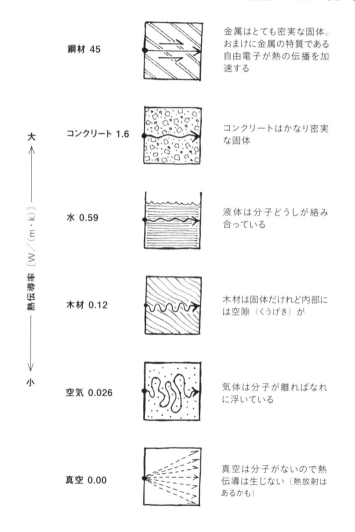

熱伝導率の注意点

前述の原理と矛盾するのだが、気泡を利用した断熱材はかさ比重が大きいほど熱伝導率が低い。気体分子を確実に拘束することで対流を防ぐからだ。

断熱材のかさ比重

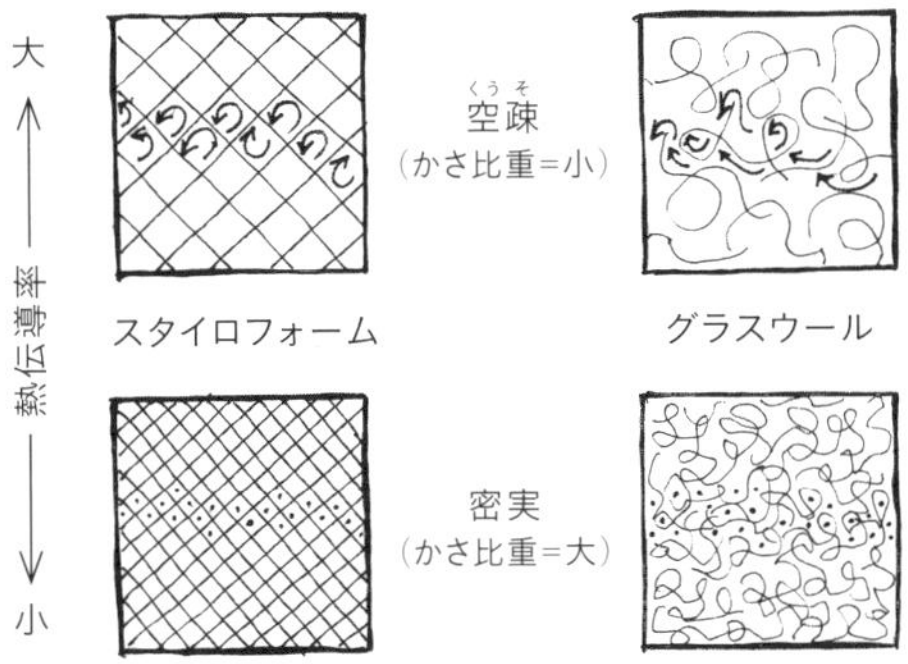

かさ比重が小さい断熱材は、組織が粗く相対的に気泡が大きい。気体分子はその中を比較的自由に動き回れるから、小さな対流を起こして、徐々に熱を伝えてしまう

かさ比重が大きい断熱材は、気体分子を細かく拘束することで対流を防ぎ、気体の特徴である低い熱伝導率の効果を確かなものにする

断熱材の気泡は小さくて、それぞれが独立しているほうが「いいね!」

異なる物質間での「熱伝達・熱伝達率」

建築でたとえると、外壁と屋外・室内の空気との接触面で熱が伝わるのが「熱伝達」。

熱伝達のキモ

風速が大きければ、入れ代わり立ち代わり、空気分子が受け取りに来てくれる

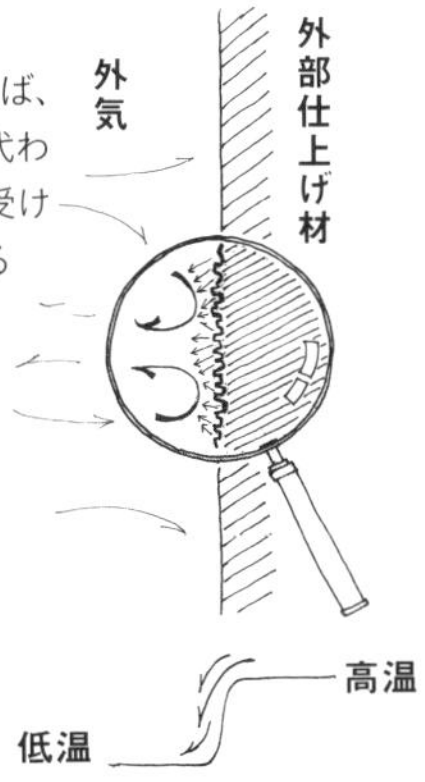

境界面がザラザラしていれば、それだけ表面積が大きく、受け渡しの場が広いってこと

温度差が大きければ分子運動を伝えやすいし、多くを受け取りやすいでしょ

熱伝達率は、隣り合う2つの物質の素性に応じて異なるが、たとえば外部仕上げ材と屋外空気の場合、両者の温度差が大きいほど、外部仕上げ材の面が粗いほど、屋外空気の風速が大きいほど、一般的にその率（割合）は高くなる

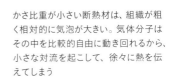

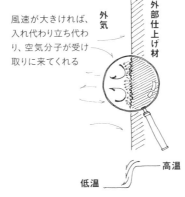

さらに木造住宅の外壁を詳細に見ると、内部仕上げ材・防湿シート・断熱材・透湿防水シート・通気層・外部仕上げ材があり、熱伝導と熱伝達が繰り返される。これをトータルに熱貫流という

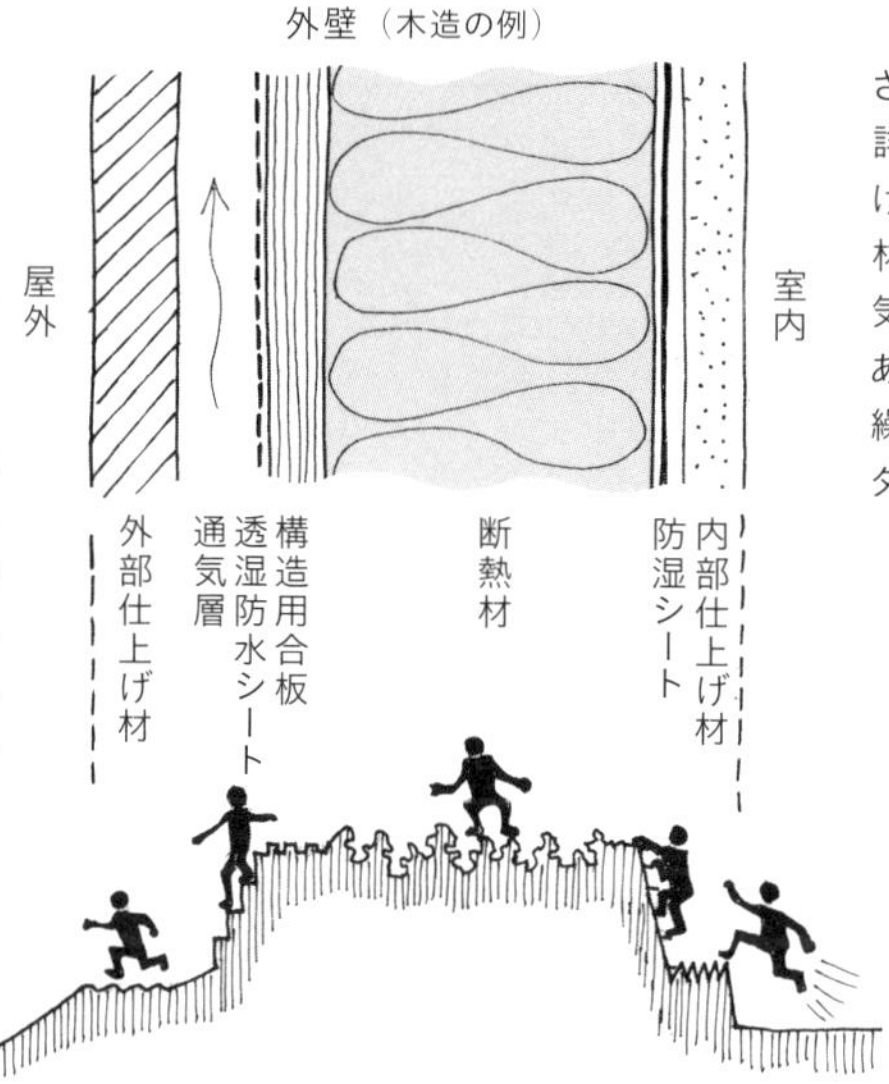

ちなみに熱の移動にはほかに「放射」もあるが、建築の壁体内の熱の伝わり方に的を絞ることにすれば、放射の影響は無視してよいだろう

巨視的に見る「熱貫流」

熱伝導、熱伝達、部分的な対流を微視的に見てきたところで、ここからは壁体内を通過する熱を、巨視的に見てみよう。

冬季を例にすると、熱は、暖かい室内から外壁を通して（貫いて）寒い屋外へと移動して（逃げて）いく。これを微視的に説明しようとすると、前述の熱伝導と熱伝達の複雑な組み合わせを逐一分析しなきゃならない。それは面倒だから、、障害物競走に見立ててみた［上図］。

モノ（者）としての熱は、断熱や防湿を施した外壁の中から必死で出て行こうとする。飛び越えやすい境界もあれば、登りにくい段差もある（熱伝達）。

走りやすい地面もあれば、歩きにくい泥沼だってある（熱伝導）。

それでも、熱はかならず障害を乗り越えて、屋

●熱伝導率　[W／(m·K)]
■熱伝導比抵抗　[(m·K)／W]
■熱伝導抵抗　[(m^2·K)／W]

●熱伝達率　[W／(m^2·K)]
■熱伝達抵抗　[(m^2·K)／W]

●熱貫流率　[W／(m^2·K)]
■熱貫流抵抗　[(m^2·K)／W]

W：ワット（仕事率）　m：長さ　m^2：面積　K：ケルビン〈絶対温度（差）〉

外へと到達するだろう。これが「熱貫流」。

高温部から低温部へと移動する熱を止めることはできない。ただし、競争だからタイムが問題。一定時間内に何人ゴールしたのかが「熱貫流率」だと思えばよろしい。結果だけを見るのだから、熱貫流とは巨視的な見方・捉え方なのですね。

断熱とは、熱の遮断ではない。
熱の移動を遅らせることだ。

「断熱」という言葉よりも、「遅熱」や「緩熱」のほうが実態に即していると私は思う。熱の移動を完全に遮断することはできない、ということだ。

ところで、熱貫流とは熱の立場からのハナシだよね。建築の立場からは熱貫流に抵抗してやりたい。そこで、熱貫流率の逆数、つまり1／熱貫流率＝熱貫流抵抗を掲げるのです。

キホン

その二十二

断熱・気密・換気・通気 四つ巴の闘い

断熱の効果を上げるための気密処理が
結露を招き、断熱の効果を下げるように
換気の必要が叫ばれる
まるで自分の尻尾を捕まえようと
くるくる回り続ける子猫のようじゃありませんか？

断熱と換気の矛盾

前項、「断熱とは熱の遮断ではなく熱の移動を遅らせること」と説明したが、その結果、何が起きるのか？　遅れるとなると、途端に先を急ごうとするのは人も熱も同じ。たとえば高速道路で、渋滞に耐えられなくなった車が出口から下り、一般道路を走り始めることがある。遠回りしてでも走れるほうが得策だと判断したのだ。熱だって、遠回りでも行けるルートを行く。

室内を適温に保とうとするならば、断熱だけでなく、あるいは断熱以上に必要なのが気密（エアタイト）だ。部屋の気密の弱点は概して建具の隙間にある。もとより建具は人や空気の出入りのためにあるのだから、開けられることが使命、隙間があるのは宿命である。それをダメだと言うのだから、断熱の意地はとめどもない。かくして「高断熱・高気密」なる指標が掲げられたのである。

ところが、高断熱・高気密に執心するあまり室内空気汚染と酸欠が引き起こされた。この事態に対して、慌てて御触れを出したのが、２００３年施行の「居室の24時間換気義務規定」だ。施行当初は通称「シックハウス法」と呼ばれ、高気密住宅が普及するにつれて問題になっていた、建材に含まれる有害物質を排除する目的がうたわれていた。現在ではそんな有害物質は見当たらないのに、24時間換気が免除されないのは、やはり酸欠を心配してのことだろう（この本の出版を計画中の最中にコロナ禍……室内空気の換気の必要が叫ばれています）。

確かに断熱や気密は必要だが、高断熱・高気密にすればするほど室内環境をコントロールしやすいという考えは、自らの首を絞めかねない。くどいようだが、「断熱とは熱の遮断ではなく、熱の移動を遅らせること」。そこそこ遅らせたら、そこまでにしてはいかがですか？

せっかく開けた穴を密閉しなさい？

いくら懸命に断熱したところで
建具の気密が不十分だったら台無しになる。

エアタイトで建具の気密をとる方法

開き戸

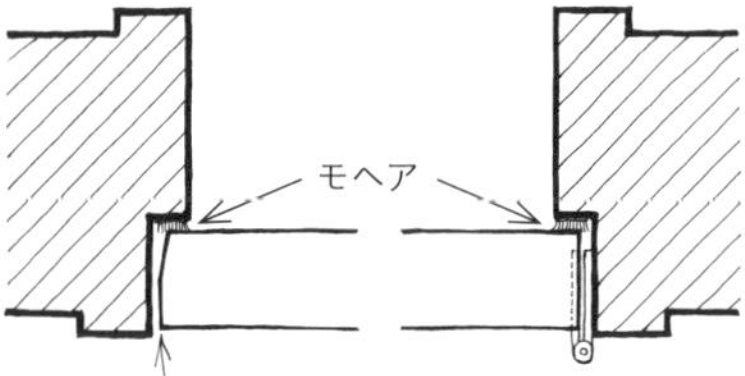

簡単なエアタイト
※開閉しやすい

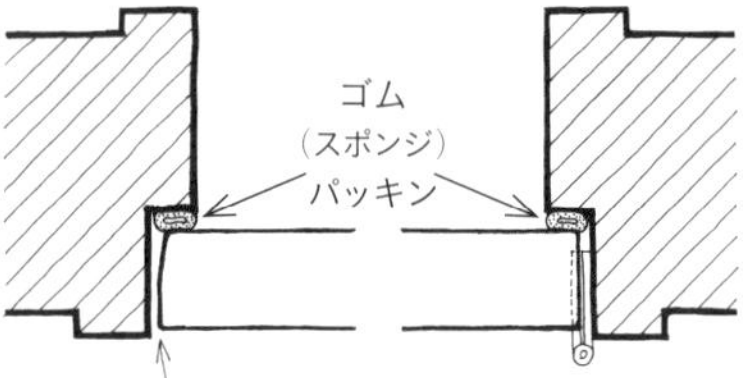

確実なエアタイト
※開閉は少しかたくなる

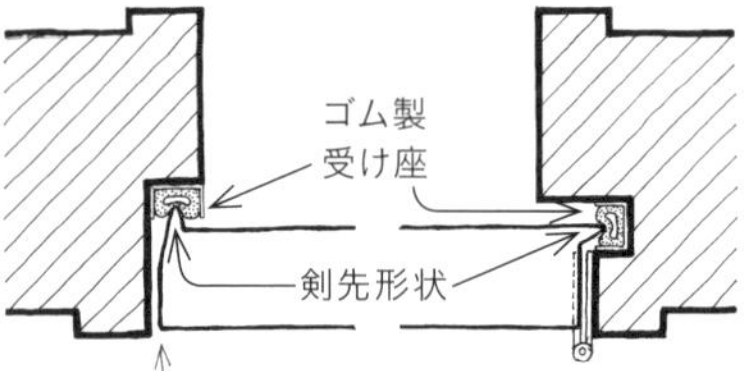

厳重なエアタイト（音楽ホール仕様）
※開閉しにくい

引戸

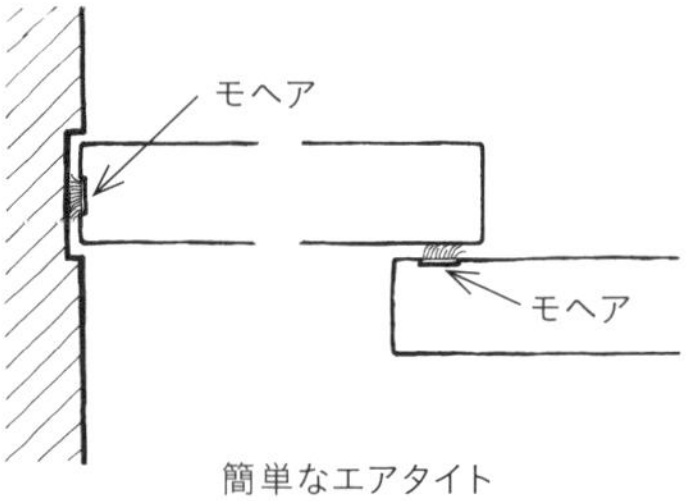

簡単なエアタイト
※開閉しやすい

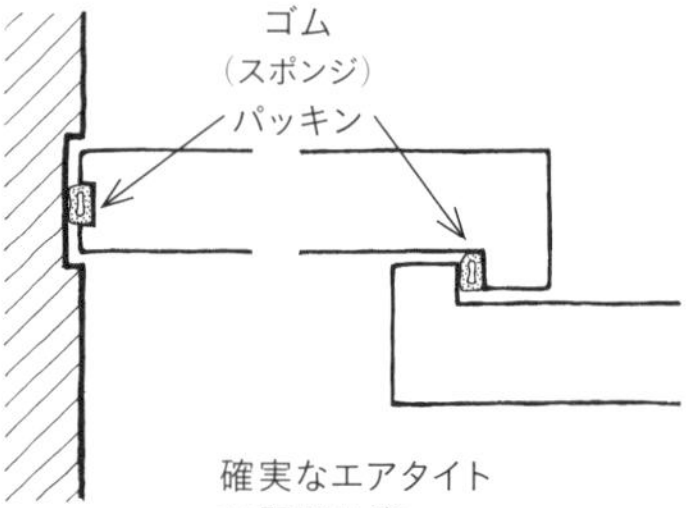

確実なエアタイト
※開閉は楽

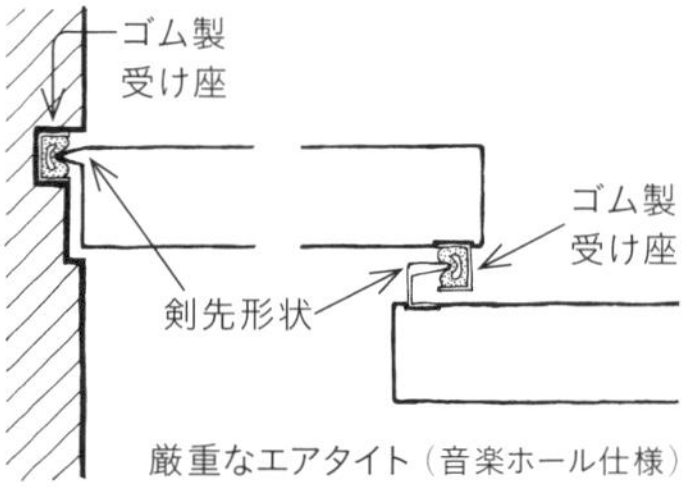

厳重なエアタイト（音楽ホール仕様）
※開閉しにくい

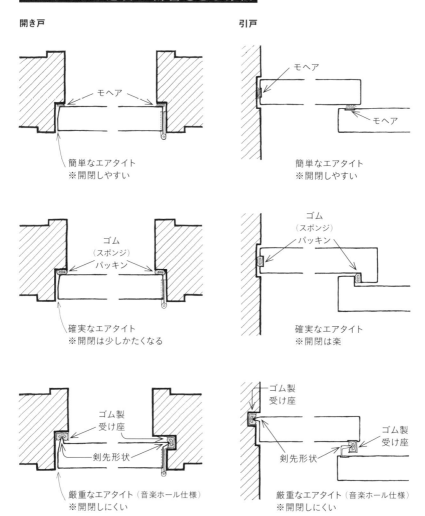

断熱・気密したのに換気しなさい？

エアタイトなどで高断熱・高気密に執心するあまり
何が起こったのか……室内空気汚染と酸欠です。

高気密・高断熱

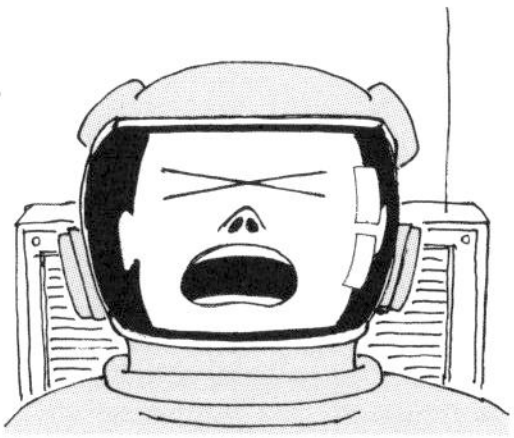

「ほらみろ、言わんこっちゃない!」と叫びたいのをこらえている私です。当たり前だよね。気密を徹底すれば、行きつく先は窒息です

居室の24時間換気

そこで、換気に必要な窓のほかに24時間回しっぱなしにする換気扇を設けなさい、という規定が決められた

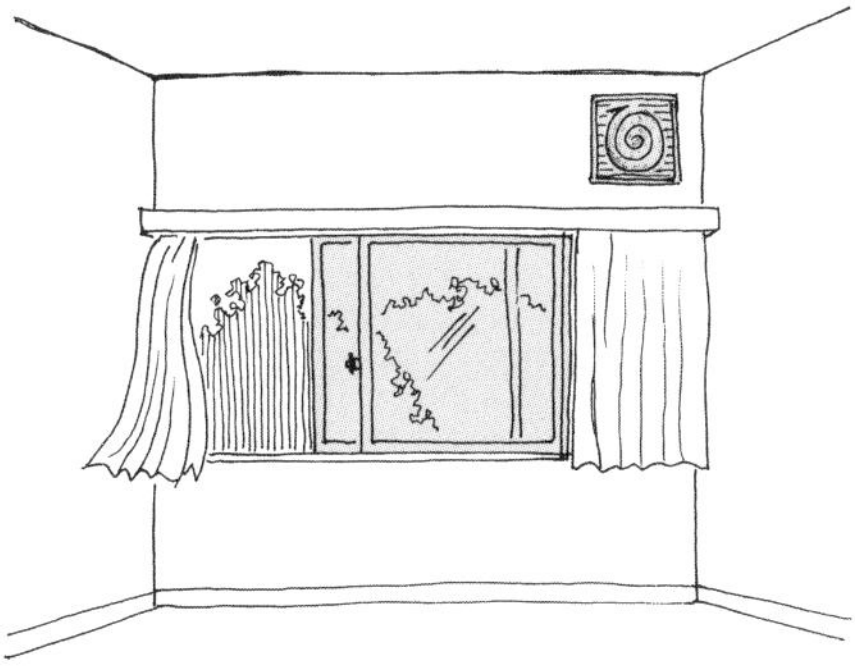

今では誰でもこの規定を疑いもなく受け入れているが、施行当時には友人の建築家たちとずいぶん不思議がったものだ。「換気扇回しっぱなしなら、窓ははめ殺し窓でもいいんじゃね?」「換気扇回しっぱなしなら、寒くてしょうがないじゃん!」

強制換気方式

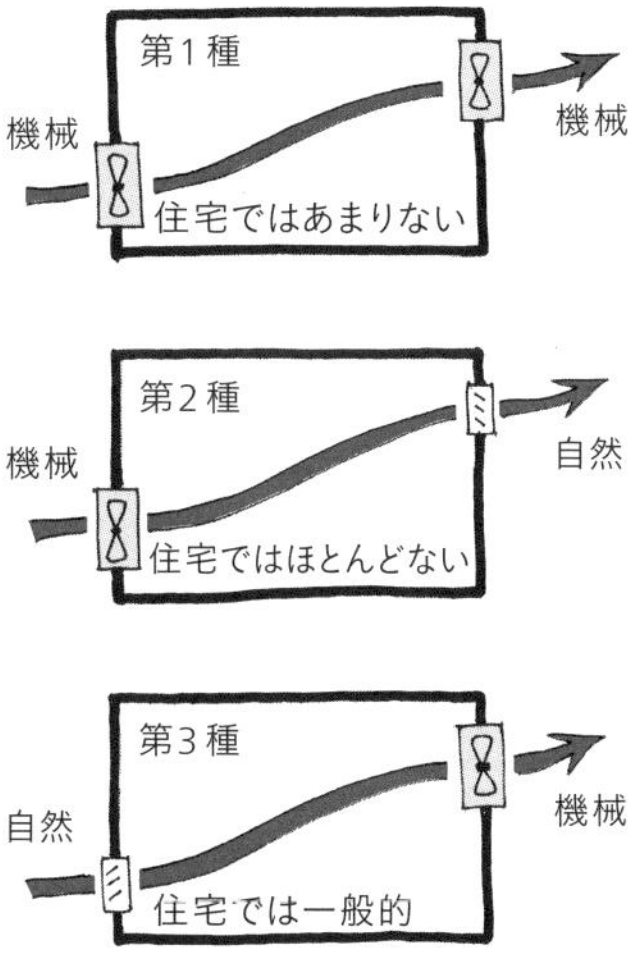

断熱が気密を促し、気密が強制換気を招いたのです

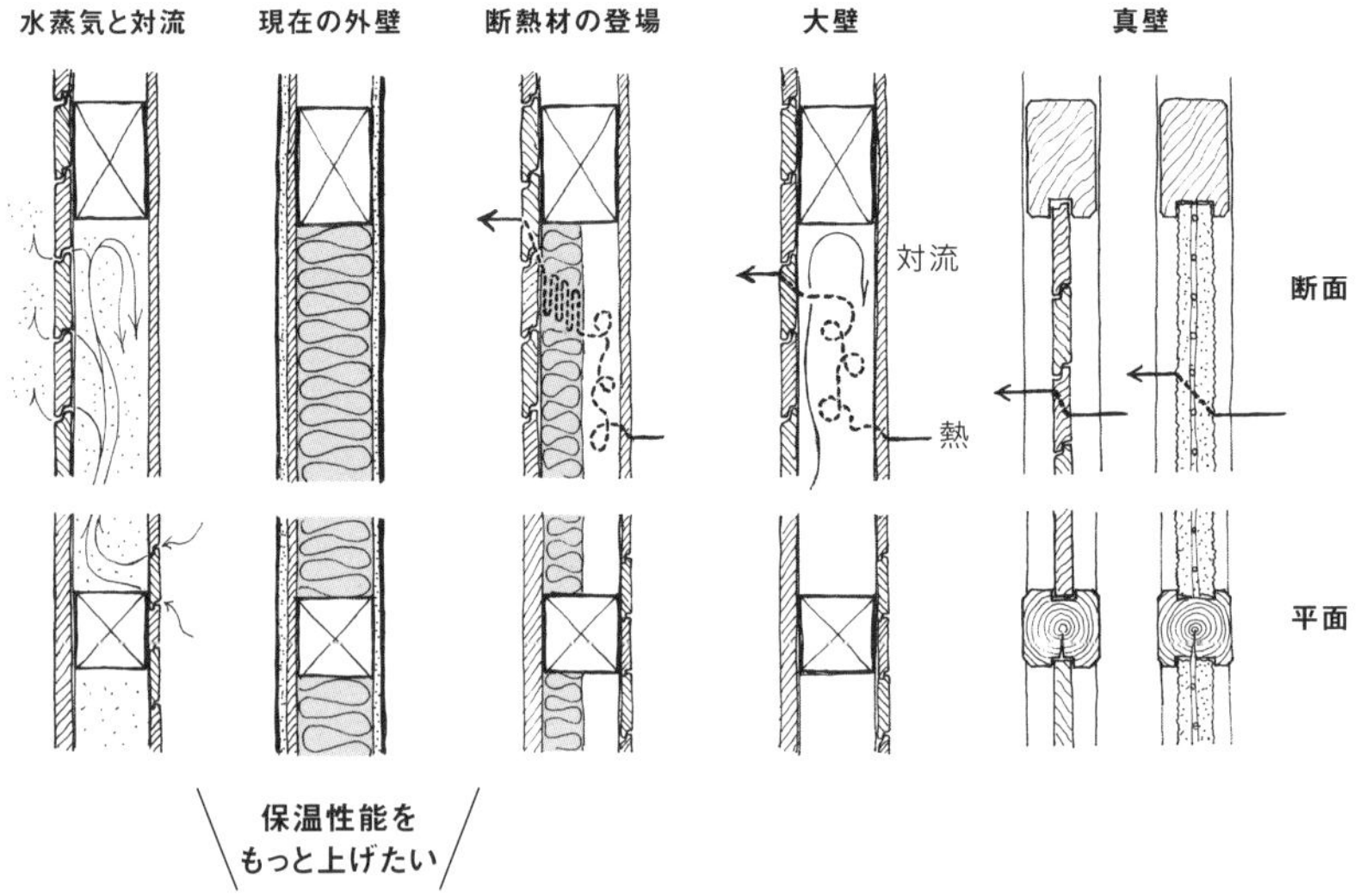

断熱が巻き起こす騒動をもう1つ

古来、日本の木造住宅の壁は真壁が主だったから、その外壁は土壁や板張りだった。それが大壁の登場で、中空の壁の内部に空気層を保持するようになって、室内の保温はずいぶんと改善されたはずだ。それをいいことに、さらに保温性能を上げたいという欲が断熱材の開発を促したのでしょう。壁内の空気は、それだけで優れた断熱材だが、対流を起こして熱の移動を助けるという茶目っ気もある。そこで、空気の分子を分断して拘束する断熱材が誕生した。今や木造住宅では、外壁の軸組の中に断熱材をきっちり充填することが当たり前になった。確かに効果は絶大で、冬ばかりか夏も私たちはその恩恵に浴している。

ところが、悪者と思われていた対流は、実は壁内の水蒸気を動かして結露を思いとどまらせ、機を見て壁の隙間から外へ逃がしてやっていたのだ。

充填した壁体内に通気層を設けなさい？

断熱材を充填され、気密でとどめを刺された壁内は窒息するしかない。
やがて「壁内結露」だ。そしてその対処療法が「壁内通気」である。

壁内結露と通気層

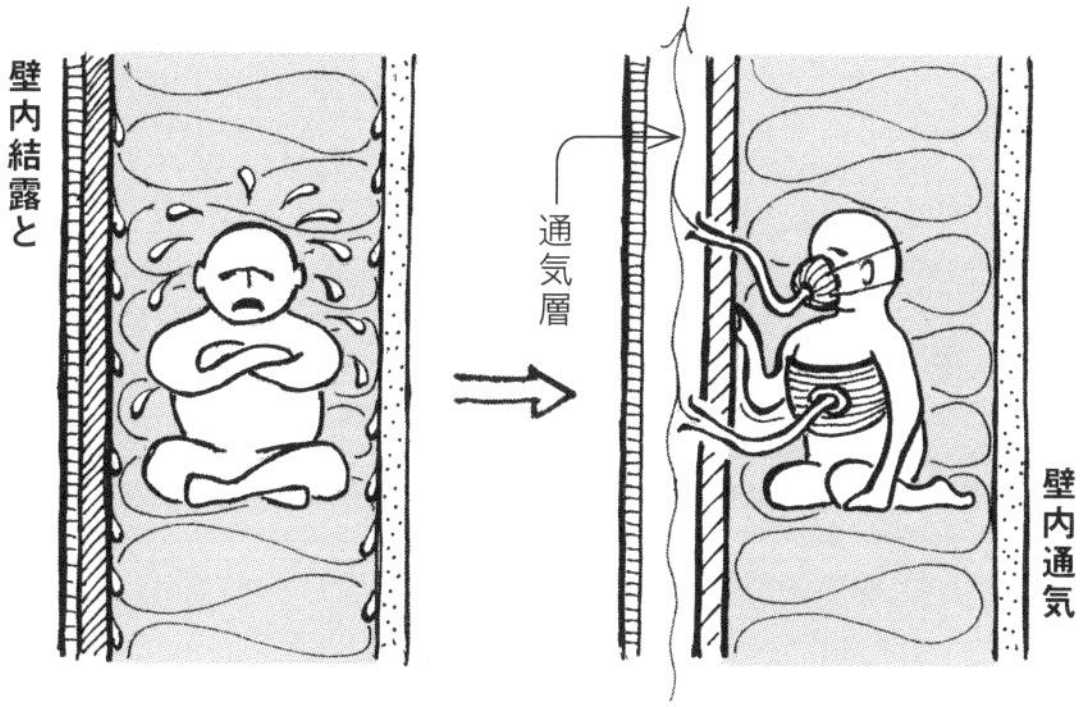

断熱したすぐ外側に通気層を設けて湿気を誘い出す、人工呼吸器みたいなものだよね

一度は空気に「動くな！」と言っておきながら、今度は「動きなさい！」と言っているようなもの。まるで檻の中のこまねずみのようじゃありませんか？

拙著『住まいの解剖図鑑』p128断熱・通気、p134風通しも併せてお読みいただければ幸いです

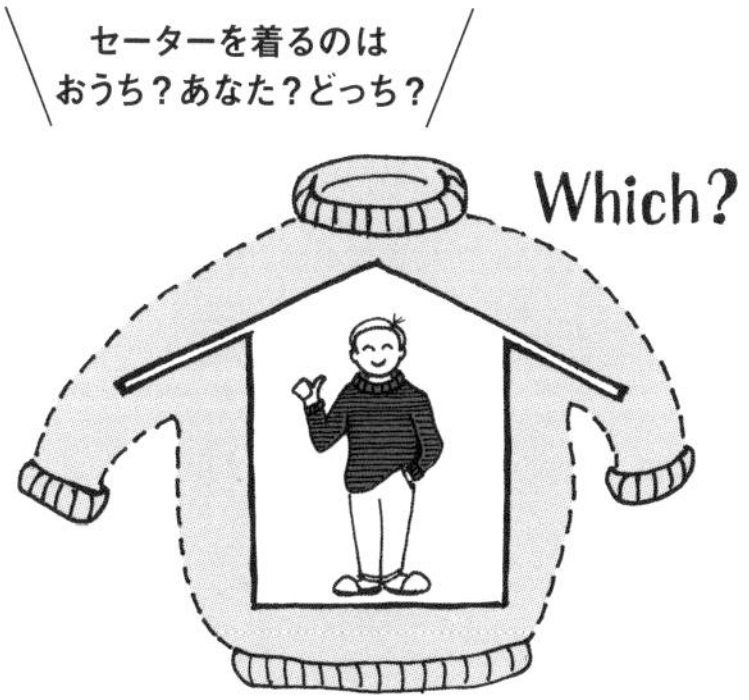

断熱の意地っ張りぶりは、とどまるところを知らないようだ。家全体に分厚いセーターを着せる前に、あなたにセーターを着てほしいと願う、私でございます

キホン その二十三

重い＝頑丈ではありません

RC造・S造・木造 どれが強いか
地震・雷・火事・親父！
襲いかかる災難に立ち向かうには？

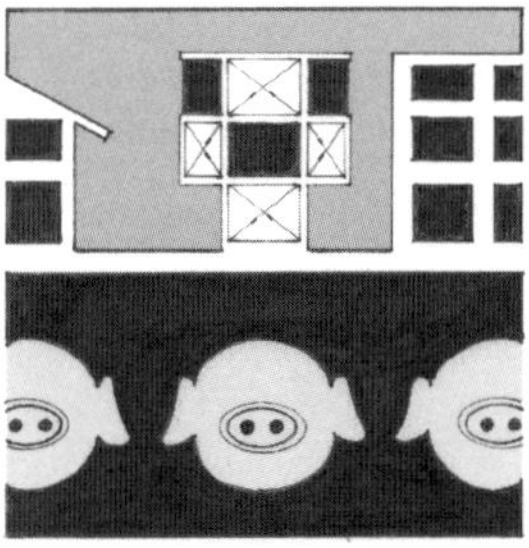

ＲＣ造とはかぎらない

「やっぱり、コンクリート造は安心よね」
「へえー、鉄骨が入っているなら強いわね」
「でもねえ、ウチは木造で我慢するわよ」
どうやら世間の人々の認識では、建物はＲＣ造→Ｓ造→木造の順にその強さが弱まって行くようだ。あなたはどう思う？

そもそも「建物の強さ」って何だろう？　何に対する強さ？　地震・雷・火事・親父！　そのとおり！　揺れ・衝撃・火災・騒音に対する強さのことです。これらをちゃんと区別して考えなきゃイケマセン。

まずは騒音に対する遮音性能から。外部の騒音も室内での大騒ぎも、建物の屋根や壁を通して内外へ伝わっていく。音に対する抵抗力は単純に重さによる。それを「質量則」という。ＲＣ・Ｓ・木造で比べれば、ＲＣ造に軍配が上がる。ただ、実際の建物では開口部も関係するから、そう簡単ではないけれどね。

次に火災に対する耐火性能。建物が燃えにくいかどうかは、使われている建材の不燃性による。コンクリートはそのものが不燃材で不燃性に優れる。とはいえ、Ｓ造や木造でも主要構造部を不燃材で被覆すれば、同等の耐火性能を得られる。

3番目が衝撃に対する性能。まさか自宅に暴走トラックが突っ込んでくることまで用心していられないから、相手は暴風です。そりゃ、暴風に対しては重いＲＣ造のほうがいいよね。ここまでは、ＲＣ造が優位に立っているけれど……。

そして、いよいよ最後が耐震力だ。人々が「ＲＣ造なら安心だ」と思う心理には、コンクリートは重くてガッチリしているから地震にも強いという想いが含まれている。実は……これが大きな勘ちがい！

遮音性能

重い隔壁ほど、音が向こう側で減衰する割合が大きくなる。
つまり遮音性能が高い=質量則

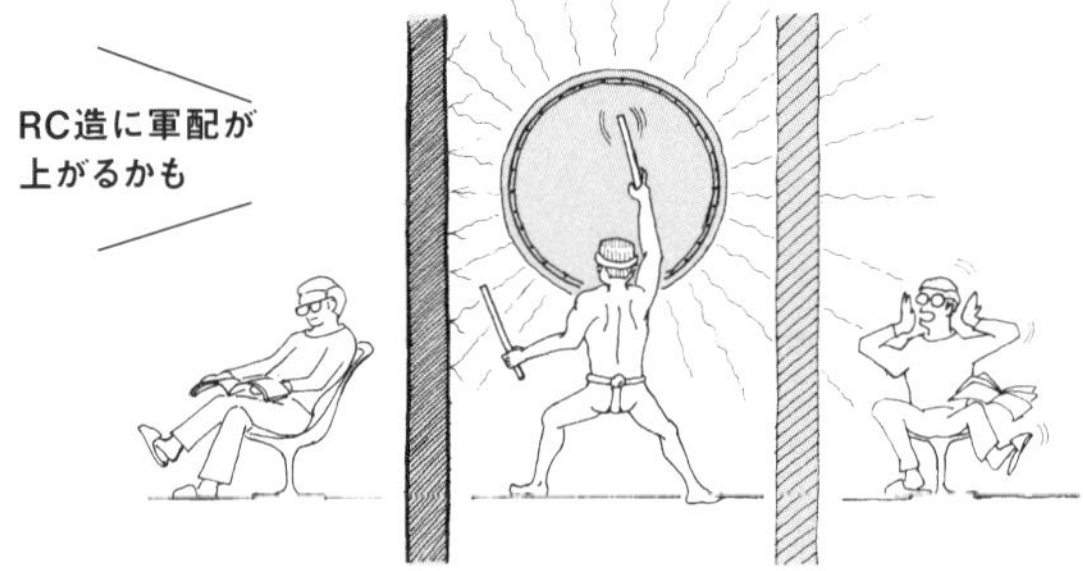
RC造に軍配が
上がるかも

耐火性能

燃えにくい建材には、耐火性能が高い順に
不燃材・準不燃材・難燃材がある。

木材は可燃物なので

鉄は不燃材だが、熱せられれば変形し強度は落ちるので

鉄筋コンクリートも不燃材だが

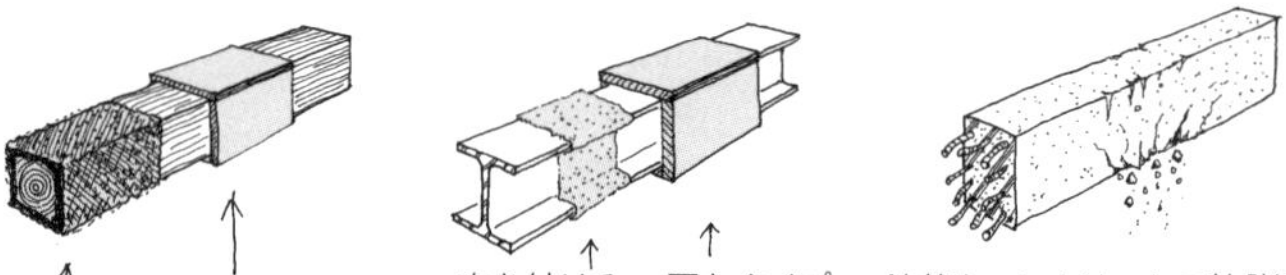

表面が焦げて炭化すると、耐火被覆と同様の効果で芯まで燃えない。そこで、その分（燃えしろ）を見込んであらかじめ太くしておく

やはり耐火被覆を施す方法もある

吹き付けるタイプ（ロックウールなど）

囲むタイプ（ケイ酸カルシウム板など）

耐火被覆を施す

鉄筋とコンクリートの熱膨張率には差があるので、熱せられればクラックが入ったり破壊したりする

耐風圧性能

耐風圧性能もRC造が偉そうだ。
ちょっとやそっとの風では吹っ飛ばされそうにない。重いからね。

耐震性能

建物は重ければ重いほど、大きく揺れちゃうのですよ。
重いことが地震に対しては不利に働くことを改めて解っておこう。

地震とは、家が建っている土俵が急に動き出すようなもの

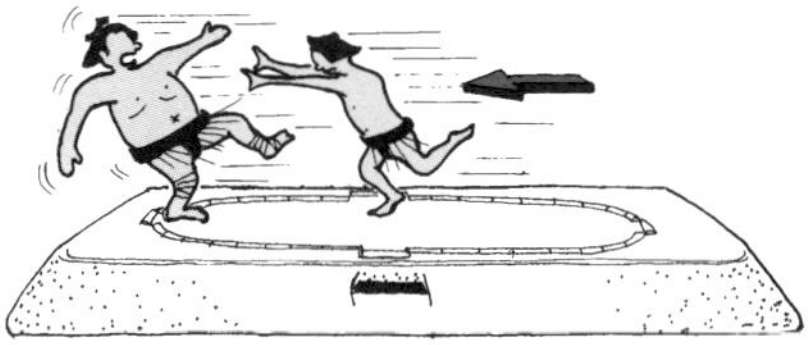

それは家が横から押されるのと同じなんだ（アインシュタインの等価原理）。押されて生ずる加速度は、家が重い（質量が大きい）ほど大きくなる。つまりダメージも大きくなるよ

建築基準法は、その建築が確保すべき性能を構造種別によって差別してはいません

キホン

その二十四

建築の歴史は重力への抵抗の歴史でした

建築とは孔のあるシェルターです
風雨から護られた空間をつくる屋根と壁。
採光と通風のために壁に開口部。

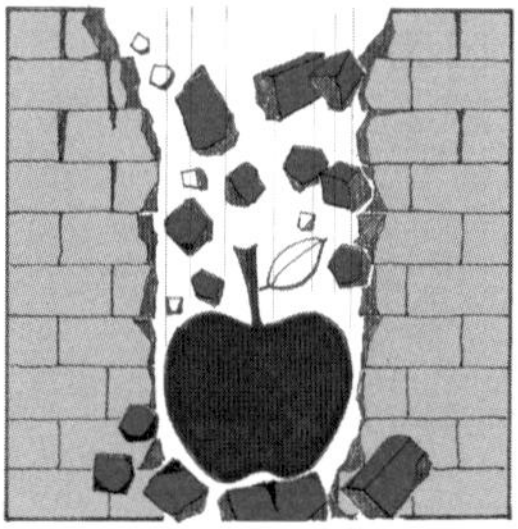

夢の無重力

伝説の名画「2001年 宇宙の旅」（2001 a space odyssey）に描かれた世界も、今や夢ではなくなった。国際宇宙ステーション内から日本人宇宙飛行士が語りかけてくる。彼と仲間のクルーは、搭乗するカプセルの中で、横に、縦に、逆さまに漂よい、飲み物の液体も丸い球になってフワフワと空中に浮んでいる。宇宙の彼方には、「無重力」の世界がある。

私たちが暮らす世界には重力がある。地球の引力が大きく働く「時間と空間の場」に住んでいる。宇宙へ飛び出して行く以外、その影響を免れる術はない。だからこそ、人類は重力に素直に従い、利用してきた。

一方で、載しかかる重力に対して抗ってきたのも事実。その苦難は、特に建築に現れている。有史以来、建築の歴史は「重力への抵抗の歴史」だと言ってもよい。

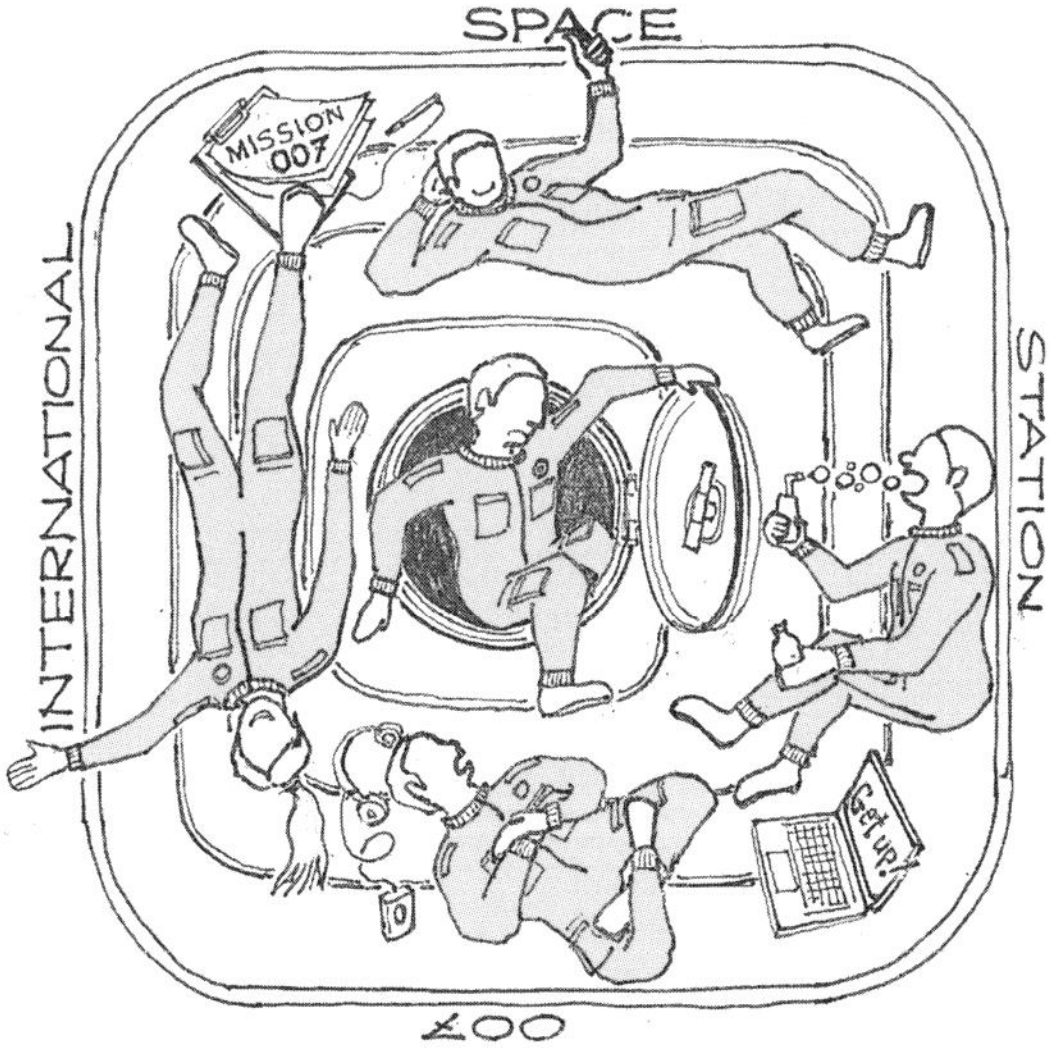

雨に抗う

屋根には勾配をつける。
空から雨が降ってくるからだ。

雨も空から落ちてくる

雨水を受け流すには、勾配が急であるほど、てっとり早い

屋根勾配と防水性能は反比例

けれども、屋根の下では頂部ほど空間が狭まってしまう。設計者がそれを嫌って勾配を緩くしたり、思いきって陸屋根に憧れたりした結果、防水の技術が発達してきた

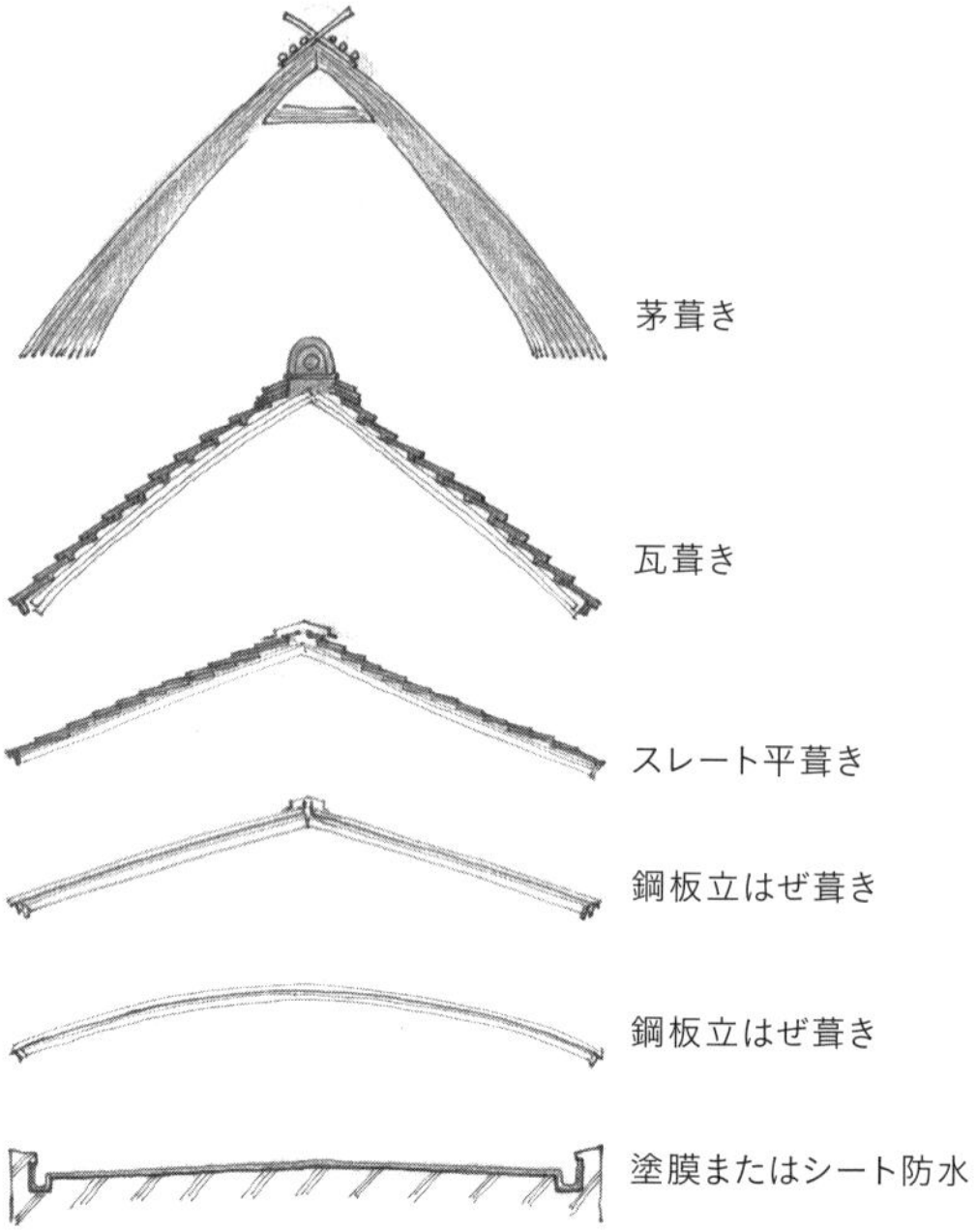

壁に孔をあけるのも重力との闘い

屋根に蓋をされ、壁に囲われた中は暗い。陽に当たりに外へ出たいし、
寒い冬には光を採り入れたい。出入口や窓、つまり開口部が欲しくなる。

重力への飽くなき抵抗

壁に孔を開けようものなら、重力が簡単には許しません。上の壁の重さが孔をめがけて集中攻撃をしかけてくる。ビリビリと亀裂が走り、壁は孔を埋めようとする

孔の上から載しかかる重さを受け流すために考えられたのがアーチ

孔を必死で護るために
考えられたのが楣

この成功に気を良くした人々は、楣とアーチを建物全体に拡げて、大きな空間を実現
（拙著『住まいの解剖図鑑』p118壁と開口も併せて読んでいただければ幸いです）

ラーメン構造

ヴォールト天井

それでも人類の欲望はとどまらなかった。「重力に軽々と打ち勝てる」ことを誇示したくなったのですね。つまり、浮いてみせることだったのです

重力のトラウマから開放されたい近代建築

これから先、建築はどこまで漂って行くのか……
「太陽熱利用電源の磁力浮遊装置」なんちゃって!?

「太陽熱利用電源の磁力浮遊装置」!?

あとがき

２００９年の秋、『住まいの解剖図鑑』を出版しました。
住宅設計を学ぶ学生・実務を始めた若い設計者・これから家を
建てようという方々に向けて、住宅とは何かを具体的に解説した本です。
その5年後に同じ出版社の編集部から、住宅設計を始めるにあたって
大切なことを、もう少し詳しく書かないか、という打診がありました。
ところが、私が実務を始めた40年前（１９７７年）と現在とでは
住宅を設計する手段は様変わりしています。分厚い建材カタログは
ウェブ上で閲覧でき、木造軸組は自動的にプレカットされ、手描きだった
作図はＣＡＤ操作に替わり、製図道具はほとんど不要になりました。
自分なりに工夫した作業は、さまざまなマシンの中に
すでに織り込み済みです。それはそれで結構なことですから
今さら私が古臭い設計方法を並べ立てても、もはや意味がない。
笑われるだけです。

ただ私は、進歩した環境がもたらした現在の住宅設計方法の中に
笑えない間違いや勘ちがいが生まれていることを心配していました。
設計作業が機械任せ・他人任せになって、設計者自身の身体感覚から
離れたところで進んではいまいか、という心配です。

- その家が必要とする建材の性質を検討する前に
まず商品群を見回していないか？
- 構造や設備の設計を
それぞれのエンジニアに任せきりにしていないか？
- 机上に定規がなく、巻尺を携帯せずに
スケール感を養えるのか？
- ウェブ上に得意げに御披露されるあの手この手に惑わされて
住宅のための設計が設計のための設計に陥ってはいまいか？

そうだとしたら、行く末に待っているのは無理と無駄であって

省エネのはずが剰エネの笑エネでありましょう。
行き過ぎた住宅設計に本来あるべき基本に戻っていただこうと
２０１６年11月から2年間にわたって『建築知識』に
「住宅設計勘ちがい解剖図鑑」を連載しました。
このほど、それらを整理し、いくぶん加筆して一冊の本にまとめました。
若い人たちが気軽に手に取ってくださるよう、タイトルを「勘ちがい」から
「そもそも」に改め、数多くの絵を追加して、柔らかい本を装いました。
いかがでしょうか？

２０２１年12月吉日

増田 奏

絵と文

増田 奏　ますだ・すすむ

1951年横浜市生まれ。一級建築士
横浜の建築家グループ「area045」会員
'75年早稲田大学理工学部建築学科卒業
'77年同大学院修士課程修了
同年より'86年までの9年間、
「住宅設計の第一人者」故 吉村順三氏の設計事務所に勤務
'86年に独立。建築設計事務所SMAを設立し、
住宅設計を中心に活動。大学非常勤講師も歴任

そもそもこうだよ
住宅設計

2021年12月6日　初版第1刷発行

著者　増田 奏
発行者　澤井聖一
発行所　株式会社エクスナレッジ
〒106-0032
東京都港区六本木7-2-26
https://www.xknowledge.co.jp

問合せ先　編集　Tel　03-3403-1381
Fax　03-3403-1345
info@xknowledge.co.jp
販売　Tel　03-3403-1321
Fax　03-3403-1829